都 序

자기 주장만 하고 있는 어리석은 이들을 깨우치기 위하여
『도서』에서 선(禪)과 교(敎)의 관계, 공종(空宗)과 성종(性宗)의
열 가지 상이점, 돈(頓)과 점(漸)의 문제,
미십중(迷十重)과 오십중(悟十重)의 과정을 밝히게 됩니다.

들어가는 말

『도서』는 수 백년 동안 강원에서 공부해 왔던 책이고, 지금도 대다수의 비구 비구니 강원에서 필수적으로 공부하는 과목입니다. 또한 제가 절 집에 와서 다양하고 복잡하게 보이는 불교의 많은 이론을 한눈에 이해할 수 있도록 많은 도움을 받은 책입니다. 이런 『도서』를 보아야 하니 말아야 하니 하여 한편에서 말이 많은 것도 사실이지만, 그만큼 이 책은 다른 책에서 볼 수 없는 어떤 매력이 있지 않았나 싶습니다.

그럼에도 불구하고 특히 선문(禪門)에서 공부하는 납자들에게 돈오돈수(頓悟頓修)를 강하게 방편으로 표방했던 은사 스님의 입장에서는 돈오점수(頓悟漸修)를 일정부분 이야기하고 있는 이 책은 그리 달가운 책이 아닙니다. 자칫 잘못하면 이 책을 번역했다는 자체가 은사 스님에게 누가 되지 않을까 하는 걱정이 이만저만이 아니었습니다.

그러나 큰스님께서 『도서』를 강하게 부정하는 것은 불교를 잘 모르는 사람들이 『도서』의 돈오점수를 이해하지 못하고, 선문(禪門)에서 말하는 증오(證悟)의 돈오(頓悟)와 교가(敎家)에서 말하는 해오(解悟)의 돈오(頓悟)를 혼동하여 동일시하는 데에 있었던 것입니다.

얼마 전 돈오돈수를 신봉하고 있던 덕망(德望) 있는 구참 스님과 이 부분을 치열하게 논쟁하던 중, 스님께서 "돈오점수의 돈오(頓悟)는 해오(解悟)"라는 말에, "스님, 『도서』에서도 돈오점수의 돈오(頓悟)는 해오(解悟)를 말합니다"라고 하니, 스님께서 깜짝 놀라시며 "그러면 돈오돈수(頓悟頓修)와 돈오점수(頓悟漸修)는 아무런 문제가 없어"라는 이야기를 들은 적이 있습니다.

그리고 『도서』 번역을 마무리하고 난 지금 저한테는, 돈오점수를 강하게 부정하여 수행자로 하여금 완전한 깨달음에 도달하도록 배려하신 큰스님의 자비심을 알고 있기에, 돈오돈수와 돈오점수의 문제점은 별로 없습니다.

『도서』는 선(禪)과 교(敎)의 전체적인 내용을 삼교(三敎)와 삼종(三宗)으로 정리하여 일심(一心)으로 회통해서 한눈에 이해할 수 있도록 정리한 책입니다. 삼교는 모든 부처님의 가르침을 밀의의성설상교(密意依性說相敎)·밀의파상현성교(密意破相顯性敎)·현시진심즉성교(顯示眞心卽性敎)로 나눈 것을 말하고, 삼종(三宗)은 부처님의 마음을 표방하는 선종(禪宗)을 식망수심종(息妄修心宗)·민절무기종(泯絕無寄宗)·직현심성종(直顯心性宗)으로 분류한 것을 말합니다.

부처님의 말씀은 부처님의 마음에서 나왔고, 그 말씀과 마음은 다른 것이 아니기에 선(禪)과 교(敎)도 일치되어야 합니다. 곧 부처님의 가르침을 이해해야 부처님의 마음을 알 수 있으며, 선심(禪心)을 지녀야 부처님의 가르침도 이해할 수 있는 것입니다. 여기서 선(禪)과 교(敎)가 회통(會通)되어 선교일치(禪敎一致)가 됩니다.

『도서』는 이런 입장에서 자기가 익힌 습(習)에 의해 자신의 주장만 하고 있는 어리석은 이들을 깨우치기 위하여 공종(空宗)과 성종(性宗)의 열 가지 다른 점과 돈(頓)과 점(漸)의 내용 및 미십중(迷十重)과 오십중(悟十重)의 과정을 밝히고 있는 것입니다.

『도서』는 사자상승(師資相承)되어 밀밀(密密)이 전수된 돈오돈수의 법(法)을 부정했던 것이 아니고, 돈오돈수야말로 있는 그대로의 실상(實相)을 드러낸 "여래의 말씀에 비밀스레 감춰둔 것은 없다"라고 한 『열반경』의 가르침을 따르고 있는 것이며, 선문(禪門)의 각 종파에서 주장하는 내용이 정법(正法)인지 사법(邪法)인지는 부처님께 의지하여 판단해야 한다고 합니다. 또한 뒷날 공부하는 이들은 부처님의 말씀을 믿되 진심(眞心)을 의지하여 깨달음을 열지 않으면 안 된다고 합니다.
경론(經論)의 방편과 실상을 알아야 모든 선종(禪宗)의 시비를 분별할 수 있고, 또 선심(禪心)의 성(性)과 상(相)을 알아야 경론(經論)의 이(理)와 사(事)를 이해할 수 있기 때문입니다.

자기의 마음을 알고 나서야 모든 가르침을 분별할 수 있는 것이기에 간절한 정을 심종(心宗)에 두어야 하고, 부처님의 가르침을 올바르게 알아야 마음 닦는 법을 이해할 수 있으므로 정성어린 마음을 교의(敎義)에 두어야 하는 것입니다.

모름지기 이 책의 인연으로 공부에 도움이 되었으면 하는 바램, 간절하게 부처님 전에 공양 올리면서 그 공덕의 법향(法香)이 온 우주법계에 회향되어 일체중생의 삶이 아름답기를 바랍니다.

2000년 만추(晚秋)의 화엄(華嚴) 법계(法界) 인월암에서

차례

- 머리말 3
- 일러두기 8

선원제전집도서 敍 / 9

선원제전집도서(禪源諸詮集都序) 상

Ⅰ. 서론
   ㈠ 이 책의 제목이 갖는 뜻은 / 21
   ㈡ 진성(眞性)의 여러 가지 뜻 / 23
   ㈢ 선정을 닦아야 한다 / 25
   ㈣ 달마선 / 26
   ㈤ 선종을 비방하는 이유 / 29
   ㈥ 선교일치(禪敎一致) / 30
   ㈦ 선의 기록을 모으는 의도 / 33

Ⅱ. 본론
   ㈠ 선의 기록이 갖는 특질 / 34
   ㈡ 선의 기록을 모아야 할 필요성 / 38
   ㈢ 선의 기록과 경론이 연관되는 열 가지 이유 / 40
      ㈠ 선(禪)과 교(敎)는 대립할 이유가 없다 / 41
      ㈡ 모든 종파의 회통을 위해서 / 44
      ㈢ 경론에 의해 옳고 그름을 판단해야 / 48
      ㈣ 경의 방편과 실상을 알아야 / 49
      ㈤ 깨달음은 삼량(三量)으로 증명되어야 / 50
      ㈥ 방편으로 다양한 의심을 풀어야 / 52
      ㈦ 법(法)과 의(義)의 차이점을 알아야 / 55
      ㈧ 마음이란 용어의 네 가지 뜻 / 58
      ㈨ 돈(頓)·점(漸)의 구별 / 62
      ㈩ 스승은 근기에 맞는 방편을 써야 / 64

四 선(禪)의 삼종(三宗)과 교(敎)의 삼교(三敎) / 67
　㊀ 식망수심종(息妄修心宗) / 68
　㊁ 민절무기종(泯絶無寄宗) / 69
　㊂ 직현심성종(直顯心性宗) / 71
　㊃ 밀의의성설상교(密意依性說相敎) / 74
　㊄ 장식파경교(將識破境敎)와 식망수심종(息妄修心宗) / 82
　㊅ 밀의파상현성교(密意破相顯性敎) / 86
　㊆ 밀의파상현성교(密意破相顯性敎)와 민절무기종(泯絶無寄宗) / 88
　㊇ 현시진심즉성교(顯示眞心卽性敎) / 92
五 달마선과 지(知) / 101
　㊀ 자성청정심(自性淸淨心)을 닦는 법 / 104
　㊁ 절대의 진심(眞心) / 106

선원제전집도서(禪源諸全集都序) 하

六 공종(空宗)과 성종(性宗)의 열 가지 상이점 / 111
　㊀ 법(法)과 의(義)의 해석에 대해서 / 113
　㊁ 제법의 본원이 공종은 성(性)으로 성종은 심(心)으로 / 114
　㊂ 성(性)의 해석에 대하여 / 115
　㊃ 지(知)와 지(智)의 해석에 대하여 / 116
　㊄ 유아(有我)와 무아(無我)의 해석에 대하여 / 117
　㊅ 진리를 드러내는 방법에 대하여 / 118
　㊆ 명(名)과 체(體)의 내용에 대해서 / 120
　㊇ 공종의 이제(二諦)와 성종의 삼제(三諦) / 124
　㊈ 삼성(三性)에 대해서 / 125
　㊉ 부처님의 덕상(德相)에 대해서 / 127

㈐ 삼교(三敎)와 삼종(三宗)의 근본은 하나 / 129
　㈀ 돈교(頓敎)와 점교(漸敎) 및 축기돈(逐機頓)과 화의돈(化儀頓) / 131
　㈁ 돈(頓)과 점(漸)의 여러 가지 해석 / 134
　㈂ 교법(敎法)의 근원은 일진(一眞)의 심체(心體) / 140
　㈃ 부처님이 경을 설하신 뜻 / 141
　㈄)부처님의 뜻과 삼교(三敎)와 삼종(三宗) / 149

㈑ 부처와 중생 및 깨달음과 미혹 / 151
　㈀ 범부가 되는 과정의 미십중(迷十重) / 154
　㈁ 부처가 되는 과정의 오십중(悟十重) / 158
　㈂ 도표를 만드는 이유 / 165
　㈃ 도표 / 167
　㈄ 도표로 자기의 위치를 알아서 수행을 해야 / 178
　㈅ 도를 닦는 마음가짐 / 182

Ⅲ. 결론

　㈀ 선원제전집을 편집하는 이유 / 186
　㈁ 심종(心宗)은 삼학(三學)에 통한다 / 189

尾註 / 193
찾아보기 / 202

▎일러두기 ▎

1) 1493년 全羅道 高山 佛名山 花岩寺 重刊本을 底本으로 한, 조계종 교육원에서 발간한 강원 도서를 번역하여 주를 달고 이해 편의상 단락을 나누었다.
2) 다른 판본과의 異字는 요즈음 많이 쓰이는 글자로 대체한다.
3) 脚註는 日本 筑摩書房에서 발행한 鎌田茂雄의 禪源諸詮集都序의 註를 많이 활용하고 있다.
4) 尾註는 조계종 교육원의 도서 교재에 실린 尾註를 그대로 참고하였다.
5) 단락별 이해를 돕고자 요점을 추려 ◉ 로 표시하였다.
6) 책의 이름은 『 』로 표시하였고, 교재원문에서 주(註)로 실린 부분은 [ ]로 표시하였다.
7) 인용문은 " "로 표시하였고, 강조하는 의미의 부호는 ' '로 표시한다.
8) 본문에 나오는 도표는 역자 나름대로 정리하고자 했으며, 이해를 돕기 위해 별도로 도표 순서대로 설명해 두었다.
9) 번역상 기교의 문제로 토를 달아 끊어 놓은 문장과 번역이 일치되지 않는 경우도 있음을 밝혀 둔다.

禪源諸詮集都序 敍1)

洪州刺史兼御史中丞2) 裴休3) 述

圭峰禪師는 集禪源諸詮하여 爲禪藏而都序之하니 河東裴休는 曰에 未曾有也니라. 自如來現世하여 隨機立教하고 菩薩間生에 據病指藥하니 故로 一代時教를 開深淺之三門하고 一眞淨心에 演性相之別法하니라. 馬龍二士 皆弘調御之經하니 而空性으로 異宗하고 能秀二師 俱傳達磨之心이나 而頓漸으로 殊稟이며 天台는 專依三觀하고 牛頭는 無有一法하며 江西는 擧體全眞하고 荷澤은 直指知見하니라. 其他 空과 有가 相破하거나 眞과 妄이 相收하여 反奪順取하며 密指顯說하니 西域中夏에 其宗이 寔繁이니라.

규봉(圭峰) 선사(禪師)는 선의 근원에 관한 기록을 모아서 선장(禪藏)을4) 만들어, 이에 대한 서문을 『도서(都序)』라고 하였는데, 저는 이 책을 "일찍이 쓰여진 적이 없었던 훌륭한 저서(著書)"라고 극찬하고 싶습니다.

여래(如來)께서 세상에 출현하시어 중생의 근기에 따른 적절한 가르침을 베풀었고 보살들도 시절인연으로 세상에 나오시어 중생의 병에 따른 적절한 처방을 내리게 되었으니, 그런 연유로 『도서』에서 부처님의 모든 가르침을 크게 세 종류로 묶어 보여 주게 되었고, 일진(一眞)의 청정한 마음에 성(性)과 상(相)으로서 분리된 법을 부연 설명하게 된 것입니다.

---

1) 元祿本에는 "禪源諸詮集序"라 되어 있고 『全唐文』 74권 및 『唐文粹』 95권에는 "釋宗密禪源諸詮序"라 되어 있다. 여기의 서문은 『隆興佛教編年通論』 27권에 수록되어 있다.
2) 洪州刺史兼御史中丞裴休述을 明藏本은 唐縣州刺史裴休述로 되어 있고 元祿本은 綿州刺史裴休撰이라 되어 있다.
3) 중국 孟州 濟源 사람으로 字는 公美로서 中唐의 정치가(787?~860?)였다. 중앙의 官界에서 監察御使, 兵部侍郎, 御史大夫를 역임하고 同平章事(852)가 되어 漕米法 稅茶法 등을 개혁하였다. 재상을 사임한 후 節度使가 되어 재차 중앙에 돌아가서 戶部尙書를 역임하기도 했다. 그러는 사이 黃蘗을 事師하게 되었고 그의 어록 『傳心法要』의 서문을 쓰기도 하였다.
4) 경률론 삼장(三藏)을 편찬한 것을 대장경(大藏經)이라고 한 것에 대하여 선사의 어록을 모아둔 것을 선장(禪藏)이라 표현한 것이다.

마명(馬鳴)과 용수(龍樹)가 모두 부처님의 경전을 널리 유포하였으나 '공종(空宗)과 성종(性宗)'으로서 종파(宗派)를 달리하였고, 혜능과 신수가 함께 달마의 마음을 전했으나 '돈종(頓宗)과 점종(漸宗)'으로서 입장이 다르며, 천태(天台)는 오로지 '삼관(三觀)'에5) 의지하였고, 우두(牛頭)는 '한 법도 있지 않다'라고 하였으며, 강서(江西)는 '체(體) 전체가 전부 진여(眞如)이다'라고 하였고 하택(荷澤)은 바로 '지견(知見)'을 가리켰습니다.

나머지는 공(空)과 유(有)로 서로 타파한다거나 진(眞)과 망(妄)으로 서로 거두어, 상대방의 근거를 반박하거나 인정하면서 은밀히 참뜻을 가리키거나 바로 설하기도 하였으니, 이에 서역(西域)과 중하(中夏)에6) 많은 종파들이 생겨났던 것입니다.

良以로 病有千源이면 藥生多品이니 投機隨器가 不得一同이라. 雖俱爲證悟之門하여 盡是正眞之道라도 [所以로 諸宗門下에 皆有達人이라] 然이나 各安所習하여 通少局多니라. 數十年中 師法은 益壞하고 以承稟 爲戶牖하여 各自開張하며 以經論 爲干戈하여 互相攻擊하니 情은 隨函矢而遷變하니라.[周禮에 日 函人은 爲甲이라. 孟子 日 矢人이 豈不仁於函人哉리요 函人은 唯恐傷人하고 矢人은 唯恐不傷人이라하니 蓋 所習之術이 使然也라. 今學者도 但隨宗徒하여 彼此相非耳니라]

진실로 병의 근원이 많았다면 치료약 또한 많이 생겨났을 터이니, 중생의 근기에 맞추어 따라가는 방편이 같을 수는 없었던 것입니다. 비록 이들이 깨달음을 증득(證得)한 문을 갖추어서 모두 바르고 참된 도(道)라 할지라도,

* 바르고 참된 도였기에 모든 종파의 문하에는 참뜻을 통달한 달인(達人)들도 있게 되었다.7)

그러나 각자 자기가 익힌 습(習)에 안주하여 참뜻에 통달했었던 자는 적었고 자기의 배움에 집착했던 자가 많았던 것입니다. 이런 잘못으로 수십 년 동안 스승의 법은 더욱 파괴되어 가고, 배우는 이들은 자기가 전수받은 공부로써 기준 삼아 각자 자기의 주장만을 펼치게 되었으며, 자기가 배운 경(經)과 논(論)으로써 창과 방패를 삼아 서로의 약점을 공격하게 되었으니, 사람의 정식(情識)이란 자기가 익힌 습(習)을 따라서 가게 되는 것입니다.

---

5) 일체를 부정하는 공관(空觀), 일체를 부정하여도 보이는 현실은 있으므로 이 현실이 인연의 힘을 빌려 있다는 가관(假觀), 공관과 가관에 치우치지 않는 중도관(中道觀), 이 세 가지가 삼관이다.
6) 西域은 인도를 말하고 中夏는 중국을 말한다.
7) 底本에서 원문으로 표기되어 있는 이 부분을 여기서는 註로 처리하였다.

*『주례(周禮)』에서 함인(函人)은 갑옷을 만드는 사람이라 하였다. 『맹자』에서는 "화살을 만든 사람이 어찌 갑옷을 만든 사람보다 어질지 않다 이야기할 수 있겠는가. 갑옷을 만드는 사람은 단지 사람이 다치게 될 것만을 걱정하고 있고, 화살을 만드는 사람은 오직 화살이 적에게 상처를 입히지 못할까 걱정하고 있을 뿐이니, 대개 익힌 기술들이 사람들의 마음을 그렇게 만드는 것이다"라고 하였으니, 이와 마찬가지로 지금 공부하는 이들도 단지 가까운 종도(宗徒)들만 따라다니면서 피차 상대방이 잘못되었다고 자기 주장만 하고 있는 것이다.

法이 逐人我以高低하여 是非紛拏해서 莫能辨析이면 則向者 世尊菩薩과 諸方敎宗이 適足以起諍後人으로 增煩惱病이니 何利益之有哉리요. 圭山大師 久而歎曰에 吾丁此時를 不可以默矣라하고 於是에 以如來三種敎義로 印禪宗三種法門하니 融鉼盤釵釧하여 爲一金하고 攪酥酪醍醐하여 爲一味니라. 振綱領에 而擧者 皆順하고 [荀子 云에 如振裘領하여 屈五指而頓之하면 順者 不可勝數니라8)]

　법이 법을 익힌 사람을 따라서 높아지기도 하고 낮아지기도 하여 시비가 뒤섞여서 바른 법을 분별할 수 없게 되었다면, 지난날 세존과 보살 및 제방의 모든 종파들의 가르침은 그 시비에 휘말려 후세 사람들의 다툼만 일으켜서 번뇌만 더해 준 격이었으니 중생에게 무슨 이익이 있겠습니까.
　규봉 대사9)가 이를 오래 탄식하다가 "내가 이 혼란한 시기를 침묵할 수만은 없다"라고 말씀하시게 되었고, 이에 여래의 세 종류 교의(敎義)로써10) 선종(禪宗)의 세 종류 선문(禪門)을11) 모두 올바른 내용이라고 확실하게 증명하여 주게 되니, 이는 금쟁반·금비녀·금팔찌를 녹여서 하나의 금 덩어리로 만들고, 연하거나 진한 우유 및 제호(醍醐)를 함께 휘저어서 한 맛이 나는 우유를 만든 격이었습니다. 문제의 요점을 들어올리니 거기에 속한 모든 내용들이 다 따라가게 되었고,
*『순자(荀子)』에서는 "만약 가죽옷의 옷깃을 털어서 손가락으로 집어 올린다면 옷 전체가 반듯하게 따라갈 수밖에 없다"라고 하였다.

---

8) 『禪源諸詮集都序』 상권 미주 (2) 참조 바람.
9) 圭山大師는 圭峯 스님을 말한다.
10) 앞으로 '敎의 三敎'로서 많이 표현될 密意依性說相敎·密意破相顯性敎·顯示眞心卽性敎를 말하며, 이는 說相敎·破相敎·卽性敎나 相敎·空敎·性敎라고 표현하기도 하니 꼭 외워두기 바란다.
11) 앞으로 '禪의 三宗'으로 많이 표현될 息妄修心宗·泯絶無寄宗·直顯心性宗을 말하며, 이는 相宗·空宗·性宗으로 표현하기도 하니 꼭 외워두기 바란다.

據會要에 而來者 同趣로다.[周易略例에 云하되 據會要에 以觀方來 則六合이 輻輳라도 未足多也라. 都序 據圓敎하여 以印諸宗하니 雖百家라도 亦無所不統이니라]

서울에 앉아서 사방을 둘러보니 이쪽으로 오는 자들의 목적지가 다같이 서울이었던 것입니다.
　　* 『주역약례(周易略例)』에서는 "서울서 사방을 둘러보며 이쪽으로 오는 자를 보게 되니 그들이 몰려온다 할지라도 그들의 목적지를 아는 데 별 어려움이 없었다"라고 하였다. 이와 같이 『도서』가 원교(圓敎)에 근거해서 그것으로 모든 종파들을 확실하게 인정함에, 수많은 종파들의 다툼이 있었더라도 또한 그들을 통합하지 못할 게 없다는 것이다.

尙恐學者之難明也하여 又復直示 宗源之本末과 眞妄之和合과 空性之隱顯과 法義之差殊와 頓漸之異同과 遮表之迴互와 權實之深淺과 通局之是非하여 [此下는 歎敍述明顯하사 而叮嚀欲人悟也라]

오히려 배우는 이들이 내용을 제대로 알기 어려울까 걱정되어, 또 다시 종지의 근원으로서 근본과 지말, 진(眞)과 망(妄)으로서의 화합, 공종(空宗)과 성종(性宗)의 드러나 있거나 숨겨진 차이, 법(法)과 의(義)의 해석에 대한 차이점, 돈점(頓漸)의 해석에 대한 의미가 같거나 다른 점, 부정과 긍정의 논리로서 상호 보완되는 점, 방편과 실상의 내용에 깊이가 다른 점, 알거나 모르고서 하는 시비를 바로 보여주어
　　* 이 다음 문장들은 서술하는 내용을 분명하게 드러내서 간절하게 사람들이 깨닫도록 하려는 것을 찬탄하는 대목이다.

莫不提耳而告之하고[12) 指掌而示之하니[13) 嚬伸而吼之로서 愛軟以誘之니라. [此下는 歎慈悲憂念이 如養赤子也라]

참뜻을 간곡히 알리게 되었고 그 내용을 바로 보여주지 않을 수 없었으니, 이는 용맹을

---

12) 『禪源諸詮集都序』 상권 미주 (3) 참조 바람.
13) 『禪源諸詮集都序』 상권 미주 (4) 참조 바람.

떨친 사자의 울음소리로서 부드러운 애정으로 바른 가르침을 권유하는 것입니다.

* 이 다음 문장들은 자비로 후학들을 걱정하는 규봉 스님의 마음이 마치 갓난아이를 양육하는 것과 같았음을 찬탄하는 대목이다.

乳而藥之는 憂佛種之夭傷也며[自斷善根하고 而作闡提를 夭傷也라]

아이 같은 중생에게 우유를 먹이고 약을 주게 되었던 것은 부처님의 종자가 일찍이 상해 버릴까 걱정했던 것이었으며,

* 스스로 선근(善根)을 끊어 영원히 성불할 수 없게 된 것을 '부처님의 종자가 일찍이 상해 버린 것'이라고 표현한 것이다.

腹而擁之는 念水火之漂焚也며,[腹은 抱也라 子生 三年然後에 免於父母之懷하면 無水火之慮니라. 今人稍長大하여 沈於五欲이 是水火也라]

아이 같은 중생들을 안아서 보호하게 되었던 것은 그들이 오욕(五欲)의 물이나 불 같은 재난에 빠지거나 타게 될 것을 걱정했던 것이며,

* 복(腹)은 싸안는다는 뜻이다. 자식이 태어나서 3년 후에 부모의 품을 벗어나게 되면 그때 물과 불의 재난에 대한 근심이 없게 된다. 지금은 중생들이 태어나서 조금 크게 되자 잘못 오욕락(五欲樂)에 빠지게 될 것을 걱정하여 이를 물과 불의 재난에 비유한 것이다.

挈而導之는 懼邪小之迷陷也며 [旣有善根하고 又離五欲이라도 復恐不入於大乘也라]

아이의 손을 잡고 길을 인도하게 되었던 것은 아이가 삿된 미로의 함정에 빠질까 근심했던 것이며,

* 이미 선근이 있고 또한 오욕락(五欲樂)을 벗어나 있더라도, 다시 대승(大乘)에 들어가지 못할까 걱정하는 것이다.

揮而散之는 悲鬪諍之牢固也니라. [旣入大乘法中이나 又互相是非故로 揮散之하니 卽都序之宗趣也라]

아이의 삿된 견해를 휘저어서 흩어지게 하였던 것은 그들의 마음이 투쟁하는 마음으로 똘똘 뭉치게 될까봐 연민하는 것이었습니다.
* 이미 대승법(大乘法)에 들어갔으나 그 가운데서 또 서로 시비하고 있기에 이를 휘저어서 흩어지게 하니, 이것이 곧 『도서(都序)』가 하려는 역할이다.

大明도 不能破 長夜之昏이요 慈母도 不能保 身後之子인데 [此下는 歎悲智與佛同也라. 佛日이 雖盛이더라도 得吾師然後에야 迴光曲照하며 佛悲雖普라도 得吾師然後에야 弘益彌多니라]

한낮의 태양도 깊은 밤의 어둠을 타파할 수 없는 것이요, 자비로운 어머니도 죽은 뒤의 자식을 보호할 수 없는 것인데,
* 이 다음 문장은 규봉 스님의 대자대비가 부처님과 똑같았음을 찬탄한다. 부처님의 광명이 치성하더라도 규봉 스님을 만난 연후에야 그 빛이 구석구석 비출 수 있게 되었으며, 부처님의 자비가 두루 했더라도 규봉 스님을 만난 연후에야 더 많이 중생을 이롭게 할 수 있었다는 것이다.

若吾師者 捧佛日而委曲迴照하여 疑瞖盡除하고 順佛心而橫亘大悲하여 窮劫에 蒙益이면 則世尊이 爲闡敎之主하고 吾師가 爲會敎之人이라. 本末이 相符하고 遠近이 相照하니 可謂 畢一代時敎之能事矣니라. [自世尊演敎로 至今日까지 會而通之하니 能事方畢이로다]

규봉 스님이 부처님의 광명을 받들어서 구석구석 비추어 흐릿한 의심을 다 제거하고 부처님의 마음을 수순하여 널리 대자대비를 펼치어서 영원토록 중생의 이익이 있게 되었다면, 세존(世尊)은 처음 가르침을 펼치신 분이 되고 규봉 스승은 그 가르침을 회통하신 분이 됩니다. 근본과 지말이 서로 부합되고 가까운 곳과 먼 곳의 일을 서로 비추게 되었으니, 규봉 스님은 가히 일대시교(一代時敎)14)의 평생 할 수 있었던 일을 다 해 마치었다 할 수 있겠습니다.

---

14) 一代時敎라는 것은 한평생을 걸쳐서 중생의 근기에 맞추어 방편으로 때와 장소에 따라 적절한 가르침을 펼치는 것이다.

* 세존이 가르침을 펼치고 나서, 금일의 모든 가르침에 이르기까지 이들을 모아 그 뜻이 하나이었음을 회통(會通)하였으니, 규봉 스님이 일평생 할 수 있는 일을 비로소 다 해 마치었다고 한 것이다.

或曰에 自如來로 未嘗大都而通之인데 今一旦에 違宗趣而不守하고 廢關防而不據하니 無乃乖秘藏密契之道乎리요. 答曰에 如來初雖別說三乘이나 後乃通爲一道하니[三十年前 或說小乘하고 或說空敎하며 或說相敎하고 或說性敎하니 聞者는 各隨機證悟하나 不相通知也라. 四十年後 坐靈鷲而會三乘하고 詣拘尸 而顯一性하니 此가 前後之軌則也라]

혹 어떤 사람이 "여래 이래로 일찍이 부처님의 가르침을 모아서 회통(會通)한 적이 없었는데, 지금 하루아침에 그 입장을 버리고 지켜야 할 기준을 폐지하여 의지하지 않으니, 이는 비장(秘藏)의 밀계(密契)인 도(道)에 어그러진 것이 아니겠습니까"라고 묻는다면, 답변하여 "여래께서 처음에는 따로 삼승(三乘)을 설했더라도 뒤에 이들을 통하게 하여 하나의 도(道)를 만들었다.

* 부처님께서 삼십 년 동안 혹 소승(小乘)을 설하고 혹 공교(空敎)를 설하며, 혹 상교(相敎)를 설하고 혹 성교(性敎)를 설했으니, 듣는 자는 각자 자기의 근기에 따라 법을 깨닫게 되었으나, 서로 통해 본뜻이 하나임을 알지는 못하였다. 사십 년 후에 영축산에서 『법화경(法華經)』을 설하면서 삼승(三乘)을 회통(會通)하고, 구시나가라에서 『열반경(涅槃經)』을 설하면서 일성(一性)을 드러내게 되니, 이것이 법의 앞뒤 맥락을 하나로 잇게 되는 규범이 되었다는 것이다.

故로 涅槃經에서 迦葉菩薩 曰에 諸佛이 有密語나 無密藏이라하니 世尊이 讚之曰에 如來之言은 開發顯露하여 淸淨無翳니라 愚人이 不解하고 謂之秘藏하나 智者가 了達하면 則不名藏이라하니15) 此其證也라하니라. 故로 王道興則 外戶不閉라도 而守在戎夷요 佛道備則 諸法總持하니 而防在魔外니라. [涅槃圓敎에 和會諸法하되 唯簡別魔說 及外道邪宗耳니라]

그러므로 『열반경(涅槃經)』에서 가섭 보살이 말하기를, '모든 부처님께서 비밀한 말씀은 있었으나, 비밀스레 감춰둔 것은 없었다'라고 하게 되니, 세존께서 이 말을 칭찬하여 '여래의 말씀은 확연히 드러나 청정하여 가려질 것이 없다. 어리석은 사람이 이것을 알지

---
15) 『禪源諸詮集都序』 상권 미주 (5) 참조 바람.

못하고 비장(秘藏)이라 말하나, 지혜로운 사람이 알게 되면 비장(秘藏)이라 말하지 않는다'라고 말씀하셨으니, 이것이 그 증거이다"라고 말하겠습니다.

그러므로 왕도(王道)가 바르게 일어나면 변방을 지키지 않더라도 국경을 수비해야 할 쪽은 오랑캐에게 있게 되는 것이요, 불도(佛道)가 여법(如法)하게 준비되면 모든 법을 다 지니게 되어 방어해야 할 의무는 마구니나 외도에게 있게 되는 것입니다.

*『열반경(涅槃經)』원교(圓敎)에서는 모든 법을 아우르고 회통(會通)하되, 오직 마설(魔說)과 외도(外道)의 삿된 종지만을 간략하게 구별하고 있다.

不當復執情하여 攘臂於其間也라. 嗚呼라 後之學者는 當取信於佛하되 無取信於人하며 當取證於本法하되 無取證於末習하라. [都序 以佛語로 印諸宗하고 以本法으로 照偏說하니 故로 叮嚀 勸其深信也라]

그러므로 다시 정식(情識)에 집착하여 그 사이에서 잘난 척을 하지 말아야 합니다. 오호라! 뒷날의 배우는 이들은 부처님을 믿되 사람을 믿는 일이 없어야 할 것이며, 본래의 법을 증득하되 지말(枝末)의 잘못된 관습을 증득하는 일이 없어야 할 것입니다.

*『도서』는 부처님의 말씀으로 모든 종파를 확실하게 인정하고, 본법(本法)으로 한쪽으로 치우친 설(說)들의 내용을 살피는 내용이니, 그러므로 간절하게 『도서』에서 깊은 신심을 내도록 권유하는 것이다.

能如是하면 則不辜圭山大師劬勞之德矣이니라[哀哀父母여 生我劬勞라하는데16) 吾師之德은 過於是矣로다. 後之人이 觀其法而不生悲感한다면 木石으로 無異也이니라]

능히 이와 같이 할 수 있다면 규봉 스님의 애쓰신 공덕에 허물이 되지 않을 것입니다.

*『시경(詩經)』에서 "슬프고 슬프도다 우리 부모님이시여, 나를 낳으시느라 참으로 애를 쓰셨도다"라고 하였는데, 규봉 스님의 공덕은 이것보다 더 훌륭한 것이다. 뒷날의 후학들이 그 법을 보고도 비감(悲感)한 마음을 내지 않는다면 목석과 다름이 없는 것이다.

---

16) 『禪源諸詮集都序』 상권 미주 (6) 참조 바람.

◉ 종밀 선사가 『선원제전집』을 편찬하여 『도서』를 쓴 것은 참으로 훌륭한 일이었다. 부처님이 중생을 교화할 때 그 근기에 맞춰 가르침을 설했기에, 뒷날 자기의 인연을 따라 용수(龍樹)의 공종(空宗)·마명(馬鳴)의 성종(性宗)·혜능(慧能)의 돈오(頓悟)·신수(神秀)의 점오(漸悟)를 비롯하여 하택(荷澤)·마조(馬祖)·천태(天台)·우두(牛頭) 등도 제각기 다른 종지(宗旨)들을 설파하게 된 것이다.

이들이 근본은 하나였지만, 각자의 문호를 열어 무리를 이루게 되자 무리의 기득권을 위하여 근본도 모르면서 서로 상대방의 약점을 공격하는 폐단이 생기게 되었다. 종밀 선사는 이를 묵시할 수 없어서 선(禪)과 교(敎)의 모든 가르침을 부처님의 마음에 의지하여, 교(敎)의 삼교(三敎)와 선(禪)의 삼종(三宗)으로 통합 분류하게 된 것이다. 그는 자기 주장만 하고 있는 어리석은 이들을 깨우치기 위하여 『도서』에서 선(禪)과 교(敎)의 관계·공종(空宗)과 성종(性宗)의 열 가지 상이점·돈(頓)과 점(漸)의 문제·미십중(迷十重)과 오십중(悟十重)의 과정을 밝히게 된다.

종밀 선사가 『도서』를 쓰는 것은 법이 사자상승(師資相承)되어 밀밀(密密)이 전수된 돈오돈수(頓悟頓修)의 도(道)를 부정했던 것은 아니었고, "여래의 말씀에 비밀스레 감춰둔 것은 없다"라고 하는 『열반경(涅槃經)』의 가르침을 따르는 것이었다. 종밀은 선(禪)의 각 종파에서 주장하는 내용이 옳은 것인지 아닌지를 부처님께 의지하여 판단하고 있다.

뒷날 공부하는 이들은 부처님의 말씀을 믿되 사람을 믿지 말아야 하며, 근본진리인 진심(眞心)에 의지하여 깨달음을 열지 않으면 안 된다고 한다. 이렇게 하는 것이 후학들이 종밀 선사의 은혜에 보답하는 것이다.

都序上

선(禪)과 교(敎)에 연관되는

첫 번째 이유로서 스승에게도 근본과 지말이 있으니
두 번째 이유로서 선에도 여러 종파가 있게 되니
⋮
아홉 번째 이유로서 깨닫고 닦아나가는 데
돈(頓)과 점(漸)의 주장이 있게 되어 서로 반대되는 듯하면서도
근본 뜻에 부합하기 때문에
열 번째 이유로서 스승이 방편을 씀에 그 방편이 제자에게
약이 될지 병이 될지를 알아야 하기 때문에

I. 서론

☐ 이 책의 제목이 갖는 뜻은

禪源諸詮集者란 寫錄諸家所述詮表 禪門根源道理 文字句偈하여 集爲一藏으로 以貽後代故로 都題此名也이니라. 禪是天竺之語로서 具云禪那이고 中華에 翻云 思惟修라하고 亦云靜慮라하니 皆是定慧之通稱也라. 源者란 是一切衆生의 本覺眞性이니 亦名佛性하고 亦名心地하니라. 悟之면 名慧하고 修之면 名定하니 定慧를 通名爲禪하나니라. 此性이 是禪之本源故로 云禪源이니라. 亦名禪那理行者는 此之本源이 是禪理이고 忘情契之하면 是禪行故로 云理行하니라. 然이나 今所集諸家述作이 多談禪理하고 少說禪行하니 故로 且以禪源으로 題之하니라.

　선원제전집(禪源諸詮集)이란 모든 종파(宗派)에서 서술한 선문(禪門)의 근원도리를 녹취(錄取)하여 한군데 모아서 선장(禪藏)을 만들어 이를 후학들에게 남겨주기 위한 것이므로, 모아놓을 도(都)란 글자를 가지고 여기서의 제목으로 이름을 붙인 것입니다.
　선(禪)은 인도의 말로서 제대로 갖추어 말하면 선나(禪那)이고, 이를 사유수(思惟修)나 정려(靜慮)라고 번역하기도 하니, 모두 정(定)과 혜(慧)를 통칭(通稱)하여 하는 말입니다. 원(源)이란 일체중생의 본각진성(本覺眞性)이니, 또한 불성(佛性)이나 심지(心地)라고 부르기도 합니다. 이를 깨달으면 혜(慧)라 하고 닦으면 정(定)이라고 하니, 이 정(定)과 혜(慧)를 통칭하여 선(禪)이라 하는 것입니다. 이 성품이 선(禪)의 본원이기에 선원(禪源)이라 말합니다.
　달리 또한 제목을 선나이행(禪那理行)이라 부르는 것은 선(禪)의 본원(本源)이 선리(禪理)이고, 정식(情識)을 잊고 이 선리(禪理)에 계합하면 선행(禪行)이기에, 이행(理行)이라 말하는 것입니다. 그러나 지금 모든 종파의 주장을 모아둔 이 책이 선리(禪理)를 많이 말하고 선행(禪行)을 적게 이야기하고 있기에 여기에서는 선원(禪源)으로 제목을 삼습니다.

◉ 『선원제전집(禪源諸詮集)』이란 책의 제목에 대해 설명한다. 이 책은 중국 당대(唐代) 모든 선종(禪宗)의 사상을 나타내는 선사의 게송이나 어록을 한 곳에 모아놓은 책이다. 선(禪)은 범어 dhyana의 음역으로 사유수(思惟修) 또는 정려(靜慮)라고 번역한다. 원(源)은 일체중생의 본원(本源)을 의미하고, 불성(佛性) 또는 심지(心地)라고 하기도 한다. 이 책에서는 선리(禪理)를 주로 설하고 있기에 이(理)와 행(行)을 의미하는 이행(理行)이라는 명칭을 사용하지 않고, 선원(禪源)이라는 명칭을 사용하는 것이다.

三 진성(眞性)의 여러 가지 뜻

今時에 有但目眞性爲禪者는 是不達理行之旨이며 又 不辨華竺之音也니라. 然이나 非離眞性하여 別有禪體니라. 但衆生이 迷眞하여 合塵하면 卽名散亂이나 背塵하여 合眞하면 方名禪定이니라. 若直論本性이면 卽非眞非妄이고 無背無合이며 無定無亂이니 誰言禪乎리오. 況此眞性은 非唯是禪門之源이라 亦是萬法之源故로 名法性이며 亦是衆生迷悟之源故로 名如來藏藏識이며17)[出楞嚴經] 亦是諸佛萬德之源故로 名佛性이며[涅槃經等] 亦是菩薩萬行之源故로 名心地니라.[梵網經 心地法門品에 云하되 是諸佛之本源이며 是菩薩道之根本이며 是大衆諸佛子之根本也라하니라18)]

요즈음 단지 진성(眞性)만 지목하여 선(禪)이라 하고 있는 자는, 선리(禪理)와 선행(禪行)의 본뜻을 통달하지 못하고, 또한 중국과 인도의 말도 잘 분별하지 못하는 것입니다. 그러나 진성(眞性)을 떠나서 달리 선(禪)의 바탕이 있는 것도 아닙니다. 단지 중생이 진성(眞性)에 미혹하여 번뇌를 따르게 되면 산란(散亂)이라고 하나, 번뇌를 등지고 진성(眞性)에 계합하게 되면 바야흐로 선정(禪定)이라 하는 것입니다.

만약 본성(本性)을 바로 논한다면 곧 진(眞)이나 망(妄)도 아니고, 등지거나 계합할 것도 없으며, 선정이나 산란이라 구별할 것도 없으니, 무엇을 선(禪)이라 하겠습니까. 더욱이 진성(眞性)은 선문(禪門)의 근원이 될 뿐만 아니라 또한 만법(萬法)의 근원이 되므로 법성(法性)이라 하며, 또한 중생의 미혹과 깨달음의 근원이 되므로 여래장(如來藏)의 장식(藏識)이라 하며,

    *『능가경』에서 나오는 내용이다.

또한 모든 부처님이 지니신 온갖 공덕(功德)의 근원이 되므로 불성(佛性)이라 하며,

    *『열반경』에서 나오는 내용이다.

또한 보살이 행하는 만행의 근원이 되므로 심지(心地)라고 합니다.

    *『범망경(梵網經)』심지법문품(心地法門品)에서는 "심지(心地)란 모든 부처님의 본원(本源)이며, 보살도를 행하는 근본이며, 모든 불자들의 근본이다"라고 하였다.

---

17)『禪源諸詮集都序』상권 미주 (7) 참조 바람.
18)『禪源諸詮集都序』상권 미주 (8) 참조 바람.

◉ 진성(眞性)은 선의 본원이 될 뿐만 아니라 만법의 근원이 된다. 여기에 계합하지 못하면 산란(散亂)한 마음이 일어나게 되나, 반대로 합일하면 선정(禪定)이 된다. 진성(眞性)은 선문(禪門)의 근원이 되고 만법(萬法)의 근원이 되므로 법성(法性)이라 하며, 중생의 미혹이나 깨닫는 근원이 되므로 여래장(如來藏)의 장식(藏識)이라 하며, 모든 부처님이 지니신 온갖 공덕(功德)의 근원이 되므로 불성(佛性)이라 하며, 또한 보살이 행하는 만행의 근원이 되므로 심지(心地)라고 한다.

三 선정(禪定)을 닦아야 한다

萬行은 不出六波羅密하고 禪門은 但是六中之一로서 當其第五인데 豈可都目眞性하여 爲一禪行哉이리요. 然이나 禪定一行은 最爲神妙하여 能發起 性上에 無漏智慧와 一切妙用과 萬行萬德하며 乃至 神通光明이 皆從定發이니라. 故로 三乘學人이 欲求聖道에 必須修禪이니 離此無門이며 離此無路니라. 至於念佛하여 求生淨土에도 亦修十六觀禪 及念佛三昧 般舟三昧니라.

만행(萬行)은 육바라밀을 벗어나지 못하고 선문(禪門)은 단지 육바라밀 가운데의 하나로 다섯 번째 선정(禪定)에 해당할 뿐인데, 어찌 모두 진성(眞性)을 하나의 선행(禪行)이 될 뿐이라 이야기할 수 있겠습니까. 그러나 선정(禪定)이란 행(行)은 가장 신묘(神妙)하여 자기의 성품 위에 무루지혜(無漏智慧)와 일체의 신묘한 작용 및 온갖 행(行)과 공덕(功德)을 드러낼 수 있으며, 나아가 신통광명 모두가 이 선정에서 생겨나는 것입니다. 그러므로 삼승(三乘)의 학인(學人)이 성스런 도를 구하고자 함에 반드시 이 선정을 닦아야 할 것이니, 이 선정을 떠나 다른 문이 없고 이 선정을 떠나 다른 길이 없기 때문입니다. 심지어 염불(念佛)하여 왕생극락정토를 구할 때에도 또한 십육관선(十六觀禪)과19) 염불삼매(念佛三昧)와20) 반주삼매(般舟三昧)를21) 닦아야 하는 것입니다.

◎ 선정의 중요성을 말하고 있다. 육바라밀 가운데의 하나인 선정이지만 이것이야말로 깨달음을 성취하게 해주는 아주 중요한 덕목이 된다.

---

19) 아미타불의 정토에 태어나기 위해 수행하는 열 여섯 종류의 觀法을 말한다. 1.日想觀 2.水想觀 3.地想觀 4.樹想觀 5.八功德水觀 6.樓想觀 7.華座想觀 8.像想觀 9.徧觀一切色身想觀 10.觀世音想觀 11.大勢至想觀 12.普觀想觀 13.雜想觀 14.上輩觀 15.中輩觀 16.下輩觀.
20) 염불에는 부처님의 모습을 념하는 염불과 입으로 부처님의 명호를 부르는 염불이 있는데, 이곳의 염불은 觀相念佛인 전자를 말한다.
21) 般舟三昧는 諸佛現前三昧나 佛立三昧라고도 말한다. 『般舟三昧經』에서 설한 것으로 일정기간 이 삼매를 수행하면 눈앞에서 모든 부처님의 모습을 볼 수 있다고 한다.

四 달마선(達磨禪)

又 眞性卽不垢不淨으로 凡聖無差이나 禪則有淺有深으로 階級殊等이라. 謂帶異計로 欣上厭下하여 而修者는 是外道禪이고 正信因果하나 亦以欣厭으로 而修者는 是凡夫禪이며 悟我空하여 偏眞之理로 而修者는 是小乘禪이며 悟我法二空하여 所顯眞理로 而修者는 是大乘禪이니라.[上四類에 皆有四色四空之異也라]

또 진성(眞性)은 더럽거나 깨끗한 것이 아니어서 범부나 성인에게 차별이 없으나, 선정이라면 깊거나 얕은 단계가 있어 차등이 있게 됩니다. 말하자면 잘못된 생각으로 하늘의 천상을 좋아하고 땅 밑의 지옥을 싫어하여 선정을 닦는 것은 외도선(外道禪)이 되고, 바르게 인과(因果)를 믿으나 또한 싫어하고 좋아하는 차별된 마음으로 선정을 닦는 것은 범부선(凡夫禪)이 되며, 아공(我空)을 깨달아 진(眞)에 치우친 이치로 선정을 닦는 것은 소승선(小乘禪)이 되고, 아공(我空)과 법공(法空)을 깨달아 드러난 진리로서 선정을 닦는 것은 대승선(大乘禪)이 되는 것입니다.

* 위 네 종류의 선정에는 모두 각각 네 가지 색계(色界) 선정과 네 가지 무색계(無色界) 선정의 다른 내용들을 가지고 있다.

若頓悟 自心이 本來淸淨하여 元無煩惱인 無漏智性을 本自具足하면 此心이 卽佛로서 畢竟無異니라. 依此하여 而修者 是最上乘禪이며 亦名如來淸淨禪이며 亦名一行三昧이며 亦名眞如三昧이니 此是一切三昧根本이라. 若能念念修習하면 自然漸得 百千三昧하리니 達磨門下의 展轉相傳者가 是此禪也이니라. 達磨未到에 古來諸家所解는 皆是前四禪八定으로서 諸高僧은 修之하여 皆得功用이라. 南嶽과 天台는 令依三諦之理하여 修三止三觀토록해서 敎理가 雖最圓妙라도 然이나 其趣入門戶次第 亦只是前之諸禪行相이라. 唯達磨所傳者는 頓同佛體로서 逈異諸門이니라.

만약 자기의 마음이 본래 청정하여 번뇌 없는 무루지(無漏智)의 성품을 스스로 구족하고 있었음을 돈오(頓悟)하게 되면, 이 마음이 곧 부처님으로서 끝내 이 마음을 떠나 다른 부처님이 없는 것입니다. 이를 의지하여 선정을 닦는 것이 최상승선(最上乘禪)이며 여래의 청정선(淸淨禪)이며22) 일행삼매(一行三昧)이며23) 또한 진여삼매(眞如三昧)라고24) 하니, 이것이 일체삼매(一切三昧)의 근본이 됩니다.

　만약 생각생각에 이 선정을 닦아 익힐 수만 있다면, 자연 점차적으로 백천삼매(百千三昧)를 얻게 되니, 달마 문하에서 면면히 전해져 내려온 것이 바로 이 선정(禪定)입니다. 중국에 달마가 오기 전 많은 불교 종파들의 견해는 모두 사선팔정(四禪八定)으로서25) 모든 고승들은 이를 닦아 공부의 힘을 얻게 되었습니다. 남악혜사(南岳慧思)와26) 천태지의(天台智顗)가27) 삼제(三諦)의28) 이치에 의지해 삼지삼관(三止三觀)을29) 닦도록 하여서 비록 이 교리가 가장 원만하고 신묘하다 할지라도, 선정의 경계에 들어가는 문호의 차제 또한 다만 앞에서 말한 사선팔정(四禪八定)의 행상일 뿐이었습니다. 오직 달마 스님께서 전하고자 했던 내용은 단숨에 부처님의 바탕과 같아지는 것으로서, 모든 문파에서 주장했던 내용과는 크게 달랐던 것입니다.

---

22) 보살의 선정인 大乘道보다도 높은 경지라는 의미로서 如來禪이라 하였다. 『伝燈錄』 28권 馬祖道一禪師示衆의 말미에 「本有今有不仮修道坐禪 不修不坐卽是如來淸淨禪」이란 구절이 있다.
23) 『文殊般若經』과 『起信論』에 설해져 있는 삼매이다. 『起信論』에서는 "이와 같은 삼매에 의지하기에 곧 法界一相임을 안다. 말하자면 一切諸佛의 法身과 衆生身이 평등하여 둘이 없는 것을 一行三昧라고 한다. 그러므로 바야흐로 眞如가 이 삼매의 근본임을 알아야 한다"라고 말하니, 부처와 중생이 하나의 體로서 둘이 아닌 경지를 말한다. 禪宗에서 일행삼매를 최초로 설했던 사람은 第四祖 道信(580-651)이다. 天台智顗의 『摩訶止觀』 2권 상에서는 네 종류의 삼매 가운데 常坐三昧를 一行三昧로 하고 있다. 『六祖壇經』 『南宗定是非論』을 비롯하여 선종의 기록에서는 많이 인용되고 있는 용어이다. 또 飛錫의 『念佛三昧寶王論』에도 보인다.
24) 『起信論』에서 설하고 있는 삼매이다.
25) 四禪은 色界의 네 종류 선을 말하고, 八定은 색계의 四禪에다 무색계의 空無邊處・識無邊處・無所有處・非想非非想處를 더한 것을 말한다. 중국 불교 최초의 번역자 安世高가 禪經을 번역한 이래 達磨禪이 일어날 때까지 많은 수행자가 이 四禪八定을 수행하였다. 慧皎의 『高僧伝』을 참조해 보라.
26) 남악혜사(515-577)는 중국 천태종의 第二祖다. 『법화경』에 의해 法華三昧를 체득하고 말법시대에 정법을 펼친 사람이다. 大蘇山에 있을 때 天台智顗에게 법을 전했다. 그의 저서 『立誓願文』은 종교생활을 하는 사람의 생각이 잘 토로되어 있는 작품이다.
27) 천태지의(538-592)는 중국 천태종의 第三祖지만 실제적으로는 천태종을 크게 완성시켜 浙江省 天台山에서 天台思想을 확립한 사람이다. 『法華玄義』와 『摩訶止觀』 같은 불후의 명작을 저술하였다.
28) 三諦는 천태교학의 근본사상인데, 諦는 satya의 번역으로 진리를 의미한다. 천태지의는 二諦인 眞諦와 俗諦를 발전시켜 空諦와 假諦와 中道諦의 三諦를 만들었다. 모든 존재를 無自性 空이라고 보는 것이 空諦이고, 그러나 이것이 인연에 의해 임시로 존재하고 있는 것을 假諦라고 하며, 모든 존재를 空諦나 假諦에 치우쳐서 볼 것이 아니라 있는 그대로의 實相을 보아야 한다는 것을 中道諦 또는 第一義諦라고 한다.
29) 三諦의 사상을 구체적으로 실천하는 것을 三觀이라 하는데 천태의 三觀은 『瓔珞本業經』에 설해진 것을 정리한 것이다. 空觀과 假觀과 中道觀을 차례로 닦아 나가는 것을 次第三觀이라 하고, 一心의 입장에서 三觀을 동시에 觀하는 것을 一心三觀이라 한다. 천태의 구극적인 진리는 이 一心三觀을 말한다. 종밀은 이 三觀의 敎義는 훌륭하지만 실제로는 小乘禪을 사용하고 있다고 비판하고 있다. 三止는 三觀에 대비되어 마음을 한 곳에 모은 선정의 상태를 강조한 말이고, 三觀은 사물의 실체를 연기의 입장에서 통찰하는 것을 말한다.

선(禪)을 다섯 종류로 분류하여 외도선(外道禪)·범부선(凡夫禪)·소승선(小乘禪)·대승선(大乘禪) 및 최상승선(最上乘禪)으로 나누었다. 최상승선(最上乘禪)은 여래청정선(如來淸淨禪)이나 일행삼매(一行三昧) 또는 진여삼매(眞如三昧) 등으로 불리는 달마선(達磨禪)이었고, 뒤에 이것은 조사선(祖師禪)으로 부르게 되었다. 최상승선은 본각(本覺)의 진성(眞性)을 발현시키는 깨달음을 말하고, 이것에 의해 백천삼매(百千三昧)를 얻게 되는 것이 가능하다. 삼지삼관(三止三觀)을 설하는 천태(天台)의 선(禪)도 사선팔정(四禪八定)을 주로 하는 소승선(小乘禪)으로서 달마의 선풍에는 미치지 못하는 것이다.

5 선종을 비방하는 이유

>故로 宗習者는 難得其旨니라. 得卽成聖하여 疾證菩提이나 失卽이면 成邪로서 速入塗炭이니라. 先祖가 革昧防失故로 且人傳一人하나 後代에 已有所憑故로 任千燈千照라 洎乎法久成弊하여 錯謬者 多하니 故로 經論學人의 疑謗이 亦衆이니라.

그러므로 종지를 닦아 익히려고 했던 자는 그 종지(宗旨)를 얻기가 어려웠습니다. 이 도리를 얻으면 성인(聖人)이 되어 깨달음을 빠르게 증득하게 될 것이나, 이 도리를 잃는다면 사도(邪道)가 되어 삼악도(三惡道)에 여지없이 떨어지게 되는 것입니다. 윗대의 조사들이 법에 대한 어리석음을 깨면서 실수를 방지토록 처음에는 법이 한 사람에게만 전해지게 되었으나, 후대에 많은 종장(宗匠)이 배출되면서 의지할 곳이 많아졌으므로, 눈 밝은 선지식의 각자 역량에 전법(傳法)이 맡겨지게 되었습니다. 그러나 이 법이 오래 가면서 폐단이 생기자 법을 잘못 아는 자가 많아지게 되었으니, 그러기에 경론(經論)을 공부하는 학인들의 의심과 비방도 많아지게 된 것입니다.

◉ 선종(禪宗)이 교가(敎家)의 사람들에게 비방받는 이유를 밝히고 있다. 달마의 법문은 돈오(頓悟)에 입각했으므로 그 종지를 바르게 이해하는 것이 어려웠다.『육조단경(六祖壇經)』을 보면 선종 초기의 전법은 의발(衣鉢)을 의지하여 전해졌지만, 뒷날 많은 종장이 배출되면서 각자의 인연으로 선을 배우게 되었다. 그러나 참다운 법을 모르고 자기의 익숙한 공부에 안주하여 그 법만이 제일이라 잘못 생각하는 사람이 많아지게 되는데, 교가(敎家)에서는 이런 선종의 사람들을 비방하는 것이다.

⑥ 선교일치(禪敎一致)

原夫佛說頓敎漸敎와 禪開頓門漸門의 二敎와 二門이 各相符契라. 今에 講者는 偏彰漸義하고 禪者는 偏播頓宗이라 禪과 講이 相逢에 胡越之隔이니라. 宗密은 不知커라 宿生에 何作熏得此心하여 自未解脫하고 欲解他縛인고. 爲法 忘於軀命이요 愍人 切於神情이니라.[亦知 淨名이 云 若自有縛으로 能解他縛이면 無有是處라하나30) 然이나 欲罷해도 不能이면 驗컨대 宿習을 難改故라]

무릇 부처님이 설하신 돈교(頓敎)와 점교(漸敎),31) 선(禪)에서 주장한 돈문(頓門)과 점문(漸門)을32) 비교하여 살펴보건대 두 가르침과 두 선문(禪門)은 서로 잘 맞아떨어집니다. 그러나 지금 불법을 강의하는 자는 점교(漸敎)와 점문(漸門)의 뜻만을 드러내고, 선(禪)을 하는 자는 돈종(頓宗)만을 전파하고 있습니다. 그렇게 되자 선사와 강사가 서로 만남에 불법에 대한 견해가 호월지격(胡越之隔)으로33) 서로 먼 거리감만 느끼게 합니다. 종밀(宗密)은 알지 못하겠습니다. 전생에 무엇으로 이 마음을 훈습하였기에 스스로 해탈하지도 못하고서 남의 결박을 풀어주려 하고 있는가를. 이는 법을 위하여 몸을 아끼지 않는 것이요, 중생을 연민하는 그 마음이 간절하기 때문입니다.

  * 또한 『정명경(淨名經)』에서 "만약 자신이 결박당해 있는데도 다른 사람의 결박을 풀어준다고 하면 옳지 않다"라고34) 한 말을 알고 있었으나, 그러나 그 마음을 버리려고 해도 버리지 못했다면 점검해 보건대 전생의 익혔던 습(習)을 고치기 어려웠기 때문이다.

每歎 人與法差하여 法爲人病故로 別撰經律論疏하여 大開戒定慧門하고 顯頓悟하여 資於漸修하며 證師說 符於佛意하여 意旣本末而委示하나 文乃浩博而難尋이라. 况學이 雖多라도 秉志者 少이니 況迹涉名相으로 誰辨金鍮리요. 徒自疲勞하고 未見機感이니라. 雖佛說 悲

---

30) 『禪源諸詮集都序』 상권 미주 (9) 참조 바람.
31) 돈교와 점교는 중국 남북조 시대에 사용된 敎判이며, 천태종에는 돈교·점교·비밀교·부정교의 四敎判이 있었다. 화엄종은 小乘敎·始敎·終敎·頓敎·圓敎의 五敎判을 사용하며 『維摩經』은 頓敎라고 한다. 澄觀 이후에는 돈교는 선종을 가리키게 되었다. 『화엄경』을 돈교라 한 최초의 학자는 慧觀이며, 화엄종의 第二祖 智儼은 『孔目章』 2권에서 一行三昧를 돈교라고 하고 있다.
32) 禪宗에서 南宗을 頓門이라 하고 北宗을 漸門이라 한다.
33) 胡越之隔의 胡는 북쪽의 나라를 말하고 越은 남쪽의 나라를 말한다. 두 나라 사이의 거리가 극히 멀다는 의미로 사람의 사이가 아주 멀어질 때 많이 쓰이는 비유이다.
34) 이 단락은 『淨名經』 文殊師利問疾品第五에서 인용한 글이다.

增是行이나 而自慮愛見難防하고 遂捨衆入山하여 習定均慧할새 前後息慮가 相繼十年이라.
[云 前後者는 中間에 被敕하여 追入內 住城二年에 方卻表請歸山也라]

매번 사람의 근기(根機)와 법의 내용에 차이가 있어 좋은 법이 오히려 사람의 병(病)이 되고 있는 것을 탄식하였기에 따라 경률(經律)의 논소(論疏)를 찬술해서 계정혜(戒定慧) 삼학(三學)의 문을 크게 열고, 돈오의 뜻을 드러내어 점수의 이론을 보충했습니다. 그리고 조사 스님들의 말씀이 부처님의 뜻에 어긋나지 않았음을 증명하려는 의도로서 법의 근본과 지말을 자세히 보여주게 되었습니다.

그러나 그 글의 내용은 너무나 많고 다양했습니다. 그러므로 널리 배우려는 사람이 많았다 할지라도 그 뜻을 변치 않고 지킨 사람은 많지 않았습니다. 하물며 그 많은 글을 누가 섭렵하여 진리인가 아닌가를 잘 알고 구별할 수 있었겠습니까. 부질없이 나 스스로만 피로하였고, 아직까지 어떤 사람도 그 내용을 바로 알고 받아들이는 것을 보지 못했습니다.

비록 부처님께서 자비심을 많이 내면 낼수록 이것이 보살행이라고 말씀하셨어도 내 스스로의 애견(愛見)은 극복하기 어려운 것임을 생각하였고, 마침내 대중을 떠나 산중에 들어가 선정(禪定)과 지혜(智慧)의 조화로운 생활 속에 세상의 인연을 쉬어 버린 것이 10년이었습니다.35)

* 원문의 전후(前後)라는 표현은, 산중에서 수행하는 중간에 임금의 부름을 받고 궁성에 들어가 2년을 머물고 나서야 임금께 산에 들어가기를 다시 청한 일이 있었기에 이 내용을 말한 것이다.

微細한 習情의 起滅이 彰於靜慧하고 差別된 法義의 羅列이 現於空心이라. 虛隙日光에 纖埃擾擾하고 淸潭水底에 影像昭昭하니 豈比夫空守默之癡禪과 但尋文之狂慧者이리오. 然이나 本因了自心하여 而辨諸敎故로 懇情於心宗이요 又 因辨諸敎하여 而解修心故로 虔誠於敎義니라.

그러자 미세한 습기의 정식(情識)이 일어나고 사라짐이 고요한 지혜(智慧) 속에서 확

---

35) 종밀은 長慶元年(821) 정월에 終南山 草堂寺로 들어갔으니, 대중을 떠나 산에 들어갔다는 때는 이 연도를 가리킨다. 太和二年(828)부터 太和三年(829)까지 2년간은 文宗의 부름으로 궁궐에 들어갔으므로 이 기간을 제외하고, 太和四年부터 太和六年까지의 3년과 궁궐에 들어가기 이전의 長慶元年부터 太和元年까지의 7년을 합치면 10년 간이 종남산 초당사에서 은거한 기간이 된다.

연하였고, 차별된 법(法)과 의(義)의 뜻이 공(空)인 마음에 활짝 펼쳐지게 되었습니다. 밝은 창의 빈틈 사이 화사한 햇살 속에서 미세한 먼지의 흔들림이 보였고, 맑은 호수의 물 속에 모든 형상이 환하게 비치게 되었습니다. 이러한 정혜(定慧)를 어찌 부질없이 침묵만을 고수하는 어리석은 선(禪)이나, 문자나 파고드는 광기의 지혜들과 비교할 수 있겠습니까. 그러나 본래 자기의 마음을 알아 모든 가르침을 분별하는 것이기에 간절한 정을 심종(心宗)에36) 두었고, 또한 모든 가르침을 올바르게 분별하여 마음 닦는 법을 이해하였기에 공경하고 정성어린 마음을 교의(敎義)에 두게 된 것입니다.

◎ 종밀은 자기 수행의 체험으로 선교일치(禪敎一致)를 주장하고 있다. 당시의 상황이 선종(禪宗)에서는 교가(敎家)를 공격하고, 교가에서는 선종을 자기만이 옳다고 공격하는 상황이었기에, 종밀은 그 점을 비판하고 선교일치(禪敎一致)를 주장하게 되었다. 그 근거로서 선(禪)에 돈(頓)과 점(漸)이 있듯, 교(敎)에도 돈(頓)과 점(漸)이 있어 서로의 뜻이 합치되고 있는데, 그 사실을 모르기에 선(禪)과 교(敎)가 대립하고 있다는 것이다.

---

36) 부처님의 마음을 밝히는 宗으로서 禪宗을 가리킨다.

㋆ 선(禪)의 기록을 모으는 의도

敎也者는 諸佛菩薩의 所留經論也이고 禪也者는 諸善知識의 所述句偈也라. 但佛經은 開張하여 羅大千八部之衆하고 禪偈는 撮略으로 就此方一類之機이니 羅衆則莽蕩難依이나 就機則指的易用이라. 今之纂集은 意在斯焉이니라.

교(敎)란 모든 부처님과 보살의 말씀이 기록되어 있는 경론(經論)을 말하고, 선(禪)이란 모든 선지식의37) 체험에서 서술된 글과 게송을 말합니다. 단지 부처님의 경전은 그 내용이 삼천대천세계의 중생과 팔부중(八部衆)을38) 망라한 가르침을 펼치고 있었을 뿐이고, 선(禪)의 게송은 요점을 모아 간략하게 이 근기에 맞는 중생에게 그 가르침을 맞추어 주었을 뿐입니다. 온 중생을 망라한 가르침이라면 그 내용이 너무 많기에 어느 하나를 선택해서 의지하여 공부하기 어려우나, 어떤 근기에 맞추어진 내용이라면 그 수준에 맞추어서 쉽게 사용할 수 있는 것입니다. 지금 선의 기록을 모아 책을 엮으려고 하는 의도가 여기에 있습니다.

◎ 경문(經文)이 널리 읽혀지고 이해되어지는 것에 반하여서, 선의 기록은 도(道)를 구하는 특정인만이 이해할 수밖에 없는 것이다. 그러므로 『선원제전집』은 훌륭하고 능력있는 사람들의 지향점이 되어 활용될 수 있어야 한다. 종밀은 그와 같은 사람들을 위하여 선의 기록을 모아 책을 엮으려는 것이다.

---

37) 선지식이란 정법을 설하여 공부하는 사람을 인도할 수 있는 덕과 수행이 겸비된 사람을 말한다. 선종에서 스승을 부를 때 쓰이기도 하는 말이다.
38) 불교를 보호하는 神衆들로서 天·龍·夜叉·乾闥婆·阿修羅·迦樓羅·緊那羅·摩睺羅迦를 말한다.

Ⅱ. 본론

□ 선의 기록이 갖는 특질

問이라. 夫言撮略者는 文雖簡約하더라도 義는 須周足이니 理應 撮束多義 在少文中이라. 且 諸佛說經에는 皆具法[法體] 義[義理] 因[三賢十地39) 三十七品40) 十波羅密也41)] 果[佛之德用] 信[信法] 解[解義] 修[歷位修因] 證[證果]하여 雖世界各異하여 化儀不同이라도 其所立教는 無不備此하니라. 故로 華嚴 每會 每位에서 皆結云하되 十方世界가 悉同此說이니라. 今覽所集 諸家禪述하니 多是隨問反質이나 旋立旋破하여 無其倫序로서 不見始終이니 豈得名爲撮略 佛教리오.

問 : 무릇 요점을 모아 간략히 한다는 것은 문장이 간략하더라도 모든 뜻을 빠짐없이 구족(具足)해야 하니, 이치상으로 응당 많은 뜻이 모아져 간결한 문장 속에 있어야 합니다. 모든 부처님께서 설하신 경(經)에도 모두 법의(法義)42)·인과(因果)·신해수증(信解修證)을 갖추고 있어, 비록 세계가 제각기 달라 교화하는 의식(儀式)이 다르더라도 그 가르침 속에는 이 내용을 갖추고 있지 않은 것이 없어야 합니다.

그러므로『화엄경』의 법회를 보는 모든 자리에서 매번 "시방세계에서 설한 법문이 모두 이 설과 같다"라고 결론지어 말하는 것입니다. 지금 모아둔 제가(諸家)의 선(禪)에 관한 기록을 보니, 대체적으로 질문을 따라 반문(反問)한다거나, 긍정이나 부정만 되풀이하는 형식으로 논리가 없어 처음과 끝을 알아 볼 수 없습니다. 그런데 어찌 부처님의 가르침을

---

39) 三賢十地는 三賢十聖이라고도 하며, 보살이 수행하는 과정의 지위를 말한다. 十住·十行·十廻向을 三賢이라 하고, 初地부터 十地까지를 보통 十地라고 말한다.
40) 三十七品은 三十七菩提分이나 三十七助道品이라고도 하니, 四念處·四正勤·四如意足·五根·五力·七覺支·八正道를 합해 놓은 것이다.
41) 十波羅密은 施·戒·忍·精進·靜慮·般若·方便·願·力·智波羅密의 열 종류를 말한다.
42) 法義에서 보통 法은 근본진리를 말하고 義는 그 작용을 말한다. 예를 들어『起信論』의 衆生心은 法이고 體相用 三大는 義이다.

간략하게 모아 놓았다고 이야기할 수 있겠습니까.

答이라. 佛出世立敎와 與師隨處度人은 事體가 各別이라. 佛敎는 爲萬代依憑이니 理須委示하며 師訓은 在卽時度脫이니 意使玄通이라. 玄通은 必在忘言故로 言下에 不留其迹이라. 迹絶於意地하고 理現於心源이니 卽 信解修證을 不爲而自然成就하며 經律과 論疏를 不習而自然冥通하리라.

答 : 부처님께서 온 중생을 제도하려 세상에 펼치신 가르침과 상황에 맞추어 중생들을 제도하는 조사 스님들의 가르침은 하는 일 자체가 내용이 다릅니다. 부처님의 가르침은 세상 사람들의 영원한 의지처가 되려 자세히 이치를 드러내야 했으며, 조사 스님들의 가르침은 중생들을 즉시 제도하는 자리에서, 뜻이 현묘(玄妙)하게 통하는 데 있었던 것입니다. 현묘(玄妙)하게 통(通)함은 반드시 말을 잊는 자리어야 했기에, 말이 떨어진 자리에서도 흔적을 남기지 않습니다. 흔적이 마음에서 사라지고 이치가 마음의 근원에서 나타나니 곧 신(信)·해(解)·수(修)·증(證)을 성취하려고 하지 않아도 자연스레 성취하며, 경률(經律)과 논소(論疏)를 배우고 익히려 하지 않아도 자연스레 자기도 모르게 통하는 것입니다.

故로 有問에 修道이면 卽答에 以無修라하며[43] 有問에 求解脫이면 卽反質에 誰縛이리오하며[44] 有問에 成佛之路이면 卽云에 本無凡夫라하며 有問에 臨終安心이면 卽云에 本來無事라하니라. 或亦云에 此是妄이요 此是眞이요 如是用心이요 如是息業이라하니 擧要而言하면 但是隨當時事하여 應當時機니라. 何有定法하여 名阿耨菩提라하며 豈有定行하여 名摩訶般若라하리오. 但得情無所念하고 意無所爲하며 心無所生하고 慧無所住하면 卽眞信眞解眞修眞證也이니라.

그러므로 "도(道)를 닦아야 합니까"라는 질문이 있으면 곧 "닦을 것이 없다"는 것으로

---

43) 『禪源諸詮集都序』 상권 미주 (10) 참조 바람.
44) 『禪源諸詮集都序』 상권 미주 (11) 참조 바람.

답변하고, "해탈을 어떻게 구해야 합니까"라는 물음이 있으면 곧 "누가 너를 속박하고 있는가"라고 거꾸로 질문하였으며, "성불(成佛)의 길"을 물으면 "본래 범부가 없었다"라고 말하였고, "임종(臨終)을 당해 마음 상태가 어떻습니까"라고 물으면 "본래 생사가 없느니라"고 답변했습니다. 혹은 "이것은 허망하다" "이것이 진짜다" "이와 같이 마음을 써야 한다" "이와 같이 업(業)을 쉬어야 한다"라고 하기도 하였으니, 이들의 요점을 들어 말한다면 단지 당시의 존재 상황에 따라 법거래(法去來)하는 당사자의 기틀에 응했을 뿐입니다. 여기에 어찌 결정된 법이 있어서 아뇩보리(阿耨菩提)라45) 하고, 어찌 정해진 행이 있어서 마하반야(摩訶般若)라고46) 이름하겠습니까. 단지 정식(情識)으로 생각할 것이 없고, 그 뜻이 하는 바가 없으며, 마음이 생겨날 것도 없고 지혜가 머물 바도 없었다면 곧 이것이 참다운 신(信)·해(解)·수(修)·증(證)이 되는 것입니다.

若不了自心이면 但執名教이니 欲求佛道者 豈不現見이리요. 識字看經이 元不證悟이며 鎖文釋義가 唯熾貪瞋耶이라. 況阿難은 多聞總持라도 積歲토록 不登聖果이나 息緣返照 暫時에 卽證無生이니 卽知 乘敎之益과 度人之方이 各有其由이니 不應於文字而貴也니라.

만약 자기의 마음을 알지 못했다면 명교(名教)에만 집착했을 뿐이니, 불도(佛道)를 구하려고 하는 자가 어찌 있는 자리에서 진리를 보려하지 않는 것입니까. 글자를 알고 경(經)을 본다는 것이 원래 깨달음을 증득하는 것은 아니며, 문장을 풀어서 뜻을 해석한다는 것이 오히려 탐진치(貪瞋癡) 삼독(三毒)만을 더해 주고 있을 뿐입니다. 더욱이 부처님의 많은 법문을 들어 알고 있는 아난(阿難)은 세월이 흘렀어도 성인의 깨달음에는 올라가지를 못하였으나, 잠깐 반연을 쉬어 회광반조하는 사이 무생(無生)의 법을 증득하게 된 것입니다. 곧 가르침을 활용하여 중생에게 주는 이익과 중생을 제도하는 방법이 제 나름대로의 연유가 있었음을 알게 되었으니, 응당 문자만을 귀하게 여길 것은 아닙니다.

---

45) 阿耨菩提는 범어의 阿耨多羅三藐三菩提의 줄인 말로서 無上正等正覺으로 번역한다.
46) 摩訶般若는 大般若나 大智慧를 말한다. 『摩訶般若波羅蜜經』에 나온다.

◉ 선의 기록이 갖는 성격과 특질을 밝혔다. 경문(經文)은 법의(法義)와 인과(因果) 및 신해수증(信解修證) 등을 구체적으로 잘 설명하고 있으며, 용어도 아뇩보리(阿耨菩提)나 마하반야(摩訶般若) 등의 교학적(教學的)인 어구로 쓰여지고 있다. 그런데 선의 기록들은 스승과 제자의 문답으로 쓰여지거나 깨달음의 경지를 자유롭게 표현했던 것들로서 말이나 문자를 초월한 것이다. 예를 들어 "도(道)를 어떻게 닦아야 합니까"라고 질문하면 "닦을 필요 없다"라고 답변하고, "성불(成佛)"하는 방법을 물으면 "본래 범부라고 할 것이 없어 성불할 필요가 없다"라는 식으로 답변하는 것이다. 당시의 선승들이 중생들을 교화하는 수단과 방법 등을 여기서 일부분 엿볼 수 있지 않을까 싶다.

三 선(禪)의 기록을 모아야 할 필요성

問이라. 旣重得意하여 不貴專文인데 卽何必纂集此諸句偈리요.

問 : 이미 선종에서 뜻 얻는 것만 중요시하여 문자에 전념하는 것을 귀하게 여기지 않는데, 하필 선에 관한 기록이나 게송을 모아서 책을 만드는 것입니까.

答이라. 集有二意니라. 一은 雖有師授라도 而悟不決究와 又 不逢善知識이나 處處에 勘契者가 令覽之하여 遍見諸師言意하고 以通其心으로 以絶餘念이니라. 二는 爲悟解了者가 欲爲人師에 令廣其見聞하여 增其善巧해서 解攝衆答問教授也니 卽上云하되 羅千界라면 莽蕩하여 難依이나 就一方이면 指的易用이라함이 是也니라. 然이나 又 非直資忘言之門라 亦兼裨垂敎之益이요 非但令意符於佛이라 亦欲使文合於經이니라. 旣文似乖而令合이 實爲不易라. 須判一藏經의 大小乘과 權實理와 了義不了義해야 方可印定 諸宗禪門이 各有旨趣로서 不乖佛意也이니라. 謂一藏經論을 統唯三種하고 禪門言敎를 亦統唯三宗하니 配對相符하여야 方成圓見이니라.

答 : 선의 기록과 게송을 모아 책을 내는 데는 두 가지 뜻이 있습니다. 첫째는 비록 스승의 가르침이 있었다 하더라도 그 내용을 스스로 깨달아 결정적으로 알지 못하는 사람과, 선지식을 만나지 못했으나 곳곳에 법에 계합할 만한 사람들이 『도서』를 열람하도록 하여 모든 선지식의 참다운 말과 뜻을 두루 보고 그 마음을 통하게 함으로써 다른 망념을 끊어내고자 하기 때문입니다.

둘째는 깨달아 안 자가 다른 사람의 스승이 되고자 함에, 이 책으로 견문(見聞)을 넓혀 좋은 방편을 많이 알게 해서, 대중들의 질문에 막힘 없이 답변하며 가르치는 법을 알게 하려는 것입니다. 곧 앞에서 말한 "온 중생을 망라한 가르침이라면 그 내용이 너무 많아 어느 하나를 선택해서 의지하기 어려우나, 어떤 근기에 맞추어진 내용이라면 그 수준에 맞추어 쉽게 사용할 수 있다"라고 한 내용이 이것을 말합니다.

그러나 이 책은 또한 말을 잊어버린 선문(禪門)을 도와줄 뿐만 아니라 부처님의 가르침도 돕게 되는 이익이 있습니다. 조사 스님들의 뜻을 부처님의 뜻에 부합하게 할 뿐만 아니라, 그들의 글이 부처님의 경에도 합치되도록 하는 것입니다. 이미 부처님의 뜻에 어긋나 있는 듯한 글을 부처님의 뜻에 합치되도록 하는 것은 실로 쉬운 일이 아닙니다.

이는 모름지기 하나의 대장경(大藏經)에 들어 있는 대승(大乘)과 소승(小乘), 방편과 실상의 이치, 요의(了義)와 불요의(不了義)를 잘 파악하고 있어야, 모든 종파의 선문(禪門)에서 제각기 주장하는 종지(宗旨)가 부처님의 뜻에 어긋나지 않았음을 확실하게 증명할 수 있는 것입니다. 이것은 말하자면 전체 대장경 속에 있는 경론(經論)을 오직 세 종류의 가르침으로 분류한 삼교(三敎)로 통합하고, 선문(禪門)의 언교(言敎) 또한 세 종류의 종(宗)으로 분류한 삼종(三宗)으로 통괄한다는 내용을 말하니, 선(禪)과 교(敎)가 배대되어 서로 부합하여야만 원만한 견해를 이루게 되는 것입니다.

◉ 선의 기록이나 게송을 모으는 이유와, 그 내용들이 경문(經文)의 본래 뜻과 일치하고 있음을 밝혔다. 선의 기록이나 게송을 필요로 하는 것은 아직 깨달음을 얻지 못한 자와 이미 깨달음을 얻은 자 둘 다이다. 스승을 따라다니면서 배우는 자라도 아직 깨닫지 못한 자는 깨달음의 경지를 설파한 선의 게송을 읽어야 할 것이고, 스승 없이 깨달은 자라도 그의 공부를 확인하기 위하여 더욱 많은 선사의 게송을 읽어야 할 것이다. 또 깨달음을 열어 다른 사람의 사표(師表)가 될 자는 제자들을 지도하기 위한 많은 방편을 알고자 모든 선사의 게송을 배워야 할 것이다. 선의 기록이나 게송은 선문(禪門)의 역할뿐만 아니라 또한 그 진의(眞意)가 경문(經文)의 취지와도 일치하게 되니, 선의 기록이나 게송을 읽는 것이 오히려 경문의 진의를 바르게 이해할 수 있는 것이다. 선(禪)과 경(經)이 모순되지 않는다면, 경(經)을 분류한 삼교(三敎)와 대응하여 선문(禪門)도 또한 삼종(三宗)으로 나누어질 것이다.

三 선(禪)의 기록과 경론(經論)이 연관되는 열 가지 이유

問이라. 今集禪詮인데 何關經論이요. 答이라. 有十所以이니 須知經論權實해야 方辨諸禪是非하고 又 須識禪心性相해야 方解經論理事니라. 一은 師有本末이니 憑本印末故이니라. 二는 禪有諸宗하여 互相違阻故이니라. 三은 經如繩墨이니 楷定邪正故이니라. 四는 經有權實이니 須依了義故이니라. 五는 量有三種이니 勘契須同故이니라. 六은 疑有多般이니 須具通決故이니라. 七은 法과 義가 不同이니 善須辨識故이니라. 八은 心이 通性相하여 名同이나 義別故이니라. 九는 悟修頓漸이니 言似違反故이니라. 十은 師授方便에 須識藥病故이니라.

問 : 지금 선(禪)에 관련된 글을 모았는데, 어찌 경론(經論)을 연관시키는 것입니까.

答 : 여기에는 열 가지 이유가 있습니다. 이는 모름지기 경(經)과 논(論)의 방편과 실상을 알아야 모든 선종(禪宗)의 시비를 분별하고, 또 선심(禪心)의 성(性)과 상(相)을 알아야 경(經)과 논(論)의 이(理)와 사(事)를 이해하기 때문입니다.

첫 번째 이유로서 스승에게도 근본과 지말이 있으니, 근본에 의지하여 지말을 확실히 옳다고 인정해야 하기 때문입니다.

두 번째 이유로서 선에도 여러 종파가 있게 되어 종지를 서로 어긋나게 주장하는 일이 있기 때문입니다.

세 번째 이유로서 경(經)은 목수 일을 할 때 일의 표준을 삼는 먹줄과 같아서, 본보기가 되어 모든 논쟁의 옳고 그름을 결정하기 때문입니다.

네 번째 이유로서 경(經)에는 방편과 실상이 있으니, 모름지기 요의(了義)에 의지하여 이를 알아야 하기 때문입니다.

다섯 번째 이유로서 사물의 이치를 아는 양(量)에는 세 종류가 있게 되니, 이치에 맞아 떨어지는 것은 모름지기 비량(比量)·현량(現量)·불언량(佛言量)으로 나타난 이치가 같아야 하기 때문입니다.

여섯 번째 이유로서 의심에는 여러 가지가 있으니, 모름지기 모든 방편을 갖추어 막힘없이 해결해야 하기 때문입니다.

일곱 번째 이유로서 법(法)과 의(義)가 같지 않으니, 잘 분별하여 알아야 하기 때문입니다.

여덟 번째 이유로서 마음이 성(性)과 상(相)에 통해 표현된 명자(名字)가 같더라도 뜻은 다르기 때문입니다.

아홉 번째 이유로서 깨닫고 닦아나가는 것에 돈(頓)과 점(漸)의 주장이 있는데, 이 주장이 서로 반대되는 듯하면서도 근본 뜻에 부합하기 때문입니다.

열 번째 이유로서 스승이 방편을 씀에 그 방편이 제자에게 약이 될지 병이 될지를 알아야 하기 때문입니다.

◉ 선(禪)의 기록과 경론(經論)이 연관되는 열 가지 이유를 밝혔다. 선(禪)의 삼종(三宗)과 교(敎)의 삼교(三敎)를 대응시킬 수 있는 이유와 그 근거를 대고 있으니, 다음부터 그 내용을 하나하나 해석해 나가는 것이다.

㈠ 선(禪)과 교(敎)는 대립할 이유가 없다

初言에 師有本末者는 謂 諸宗始祖 卽是釋迦니라. 經是佛語이고 禪是佛意이니 諸佛心口는 必不相違니라. 諸祖相承의 根本은 是佛親付이고 菩薩이 造論은 始末이 唯弘佛經이며 況 迦葉乃至毱多47) 弘傳함에 皆兼三藏이라. 提多迦已下 因僧起諍으로 律敎別行이다가 罽賓國已來 因王難으로 經論分化하니라.48)

첫 번째 이유로서 "스승에게도 근본과 지말이 있다"라고 한 것은 무엇을 말하겠습니까. 이것은 모든 불교의 모든 종파는 시조(始祖)가 곧 석가모니 부처님이라는 사실을 말합니다. 경(經)은 부처님의 말씀이고 선(禪)은 부처님의 마음이니, 모든 부처님의 마음과 말씀은 반드시 서로 어긋날 게 없다는 것입니다. 모든 조사 스님들이 이어가는 법의 근본은 부처님이 친히 전해 주신 것이었고, 보살이 논(論)을 만든 이유는 처음부터 끝까지 오직 부처님의 말씀을 홍포(弘布)하는 것이었으며, 더욱이 가섭(迦葉)에서49) 사조(四祖) 우

---

47) 優婆毱多는 西天二十八祖중 第四祖로서 無相佛이라고도 불렸는데, 佛滅 200년 후 阿育王 때의 사람이다.
48) 禪源諸詮集都序 상권 미주 (12) 참조바람.
49) 마하가섭은 부처님의 제자로서 頭陀第一이다. 以心傳心으로 부처님의 법을 전해 받은 禪宗의 第一祖로 西天二十八

파국다에 이르기까지 널리 법을 전했을 때는 모두가 경(經)·율(律)·논(論) 삼장(三藏)을 겸비했던 것입니다.

그러다 오조(五祖) 제다가(提多迦)50) 이후 마사제파(摩訶提婆)의 오사망언(五事妄言)으로 분쟁이 일어나 율(律)과 교(教)로 나누어졌고, 계빈국(罽賓國)51) 이래 이십사조(二十四祖) 사자존자(師子尊子)가 왕난(王難)을 만나 선장(禪藏)을 남천축에 경론(經論)을 북천축에 남겨 놓고 죽으면서 선(禪)과 경론(經論)이 나뉘지게 되었습니다.

中間의 馬鳴과 龍樹는 悉是祖師로서 造論과 釋經이 數千萬偈니라. 觀風化物에 無定事儀이니 未有 講者毀禪하고 禪者毀講이니라. 達磨 受法天竺하고 躬至中華하여 見此方學人 多未得法하고 唯以名數爲解하고 以事相爲行이라 欲令知月不在指하려 法是我心故로 但以心傳心하고 不立文字하니 顯宗破執故로 有斯言이언정 非離文字하여 說解脫也이니라. 故로 教授得意之者는 卽頻讚金剛楞伽하여 云하되 此二經이 是我心要라하니라.

제다가(提多迦)와 사자존자(師子尊子)의 중간에 출현한 마명(馬鳴)과52) 용수(龍樹)는53) 모두 조사 스님으로서 논(論)을 짓고 경(經)을 해석한 것이 수천 만 게송이나 되었습니다. 이렇게 시대의 방편으로 중생을 교화하니 결정되어진 격식이 없었으며, 아직까지 강설하는 자 선을 비방하고 선을 하는 자 강설을 훼손한 적이 없었습니다.

달마 대사가 천축에서 법을 받고 몸소 중국에 오시어서, 이 땅의 학인들이 대개 올바른 법을 알지 못하고 오직 개념으로 알음알이를 삼고 보이는 모습으로 수행을 삼고 있는 것을 보게 되었습니다. 그는 달이 손가락에 있지 않았음을 그들이 알게 하려, 법이 우리의 마음이었기에 단지 마음으로써 마음을 전했을 뿐 문자를 내세우지를 않았습니다. 종지(宗旨)를 드러내어 집착을 타파하려 했었기에 "문자를 내세우지 않았다"라는 말이 있게 되었을지언정, 문자를 떠나서 해탈을 설하고 있었던 것은 아닙니다. 그러므로 교수법에

祖의 第一祖다. 二十八祖에 대한 설은 『付法藏伝』『摩訶止觀』『歷代法寶記』『六祖壇經』『寶林伝』『內證佛法相承血脈譜』『圓覺經大疏鈔』『聖胄集』『祖堂集』『伝燈錄』 등을 참조 바람. 第二祖는 阿難尊者이고 第三祖는 商那和修이다.

50) 提多迦 이후 부처님의 법 가운데에서 律藏이 분리되어 정립되었다고 한다.

51) 罽賓國은 지금 인도 서북부의 kashmir주다. 『付法藏伝』에 계빈국의 왕이 師子尊者를 참할 때 머리에서 피가 나오는 대신 우유가 쏟아졌다는 전설이 있는데, 여기서 말하는 王難이 그 전설을 말한다.

52) 馬鳴은 범어로 Asvaghosa라 부른다. 『大乘起信論』을 저술한 西天二十八祖의 한 사람이다.

53) 龍樹는 150-250년경의 사람으로 八宗의 祖師라 불리며 범어로는 Nagarjuna라고 부른다. 저서로는 『中論』과 『大智度論』이 있다.

통달한 사람들은 수시로 『금강경(金剛經)』과 『능가경(楞伽經)』을 찬탄하면서 "이 두 가지 경이 내 마음의 요체(要體)다"라고 말했던 것입니다.

> 今時弟子가 彼此迷源하여 修心者는 以經論爲別宗하고 講說者는 以禪門爲別法이라. 聞談因果修證하면 便推屬經論之家하고 不知修證이 正是禪門之本事이며 聞說卽心卽佛하면 便推屬胸襟之禪하여 不知心佛이 正是經論之本意니라.[有人이 難云하되 禪師 何得講說을 余今此答也러] 今若不以權實經論으로 對配深淺禪宗이면 焉得以敎照心이며 以心解敎이리오.

요즈음 불제자들 피차가 마음의 근원에 미혹하여, 마음을 닦는 자는 경론(經論)을 별다른 종교로 보고, 불법(佛法)을 강설하는 사람은 선문(禪門)을 불법(佛法)과 차원이 다른 법(法)으로 삼게 된 것입니다. 그러므로 인과(因果)와 수증(修證)에 관한 이야기를 들으면 경론(經論)을 읽는 하열한 근기들로 치부해 버려 수증(修證)이 바로 선문(禪門)의 본분사임을 알지 못하고, 즉심즉불(卽心卽佛)의 이야기를 들으면 '그게 말뿐이고 생각이지 뭐 별다른 것이 있나' 하여 '마음이 부처'임이 바로 경론(經論)의 본 뜻이었음을 알지 못합니다.

  * 어떤 사람이 힐난하여 "선사(禪師)가 어찌 강설할 수 있겠는가"라는 질문을 함에, 내가 지금 여기에서 답변을 한다.

지금 만약 방편과 실상을 갖추고 있는 경론(經論)으로써 내용의 깊이를 다르게 갖고 있는 선종을 배대하지 않고 있다면, 어찌 교(敎)로써 마음을 비추어 보고 마음으로써 교(敎)를 이해할 수 있었겠습니까.

◉ 선(禪)과 교(敎)가 대립할 이유가 없음을 역사적으로 설명하고 있다. 모든 법의 근본을 따져 보면 석가모니 부처님으로서 부처님의 말씀이 경(經)이었고 부처님의 마음이 선(禪)이었다. 부처님의 가르침을 전해 받은 가섭과 우파국다와 제다가 등은 경(經)·율(律)·론(論) 삼장(三藏)을 설하였고, 마명(馬鳴)과 용수(龍樹)는 논(論)을 짓게 되었다.
그러나 이들은 선(禪)을 비방하지도 않았고, 선사(禪師)들 또한 경사(經師)나 율사(律師) 및 논사(論師)들을 비난하지 않았다. 달마가 불립문자(不立文字)를 주장했던 것은 이심전심(以心傳心)을 강조하는 방편이었을 뿐, 경전 그 자체를 부정했던 것은 아니었다. 초기의 선종(禪宗)이 『능가경』을 전수하고 『금강경』을 중시했던 것이 그 좋은 증거이다.

그럼에도 불구하고 당시의 선사와 강사들은 서로 대립하여 자기만 옳다고 주장하니, 이는 잘못된 일이었다. 그러므로 종밀은 선(禪)과 교(敎)를 대응시켜 그 내용이 같다는 사실을 확인하지 않으면 안 되었던 것이다.

㈢ 모든 종파의 회통을 위해서

　　二는 禪有諸宗으로 互相違反者란 무엇인가. 今集所述이 殆且百家나 宗義別者를 猶將十室하노니 謂江西荷澤 北秀南侁 牛頭石頭 保唐宣什 及稠那天台等이라 雖皆通達하여 情無所違라도 而立宗傳法에는 互相乖阻하니 有以空으로 爲本하며 有以知로 爲源하며 有云하되 寂默이라야 方眞이라하고 有云하되 行坐皆是라하며 有云하되 現今朝暮分別爲作이 一切皆妄이라하며 有云하되 分別爲作이 一切皆眞이라하며 有萬行悉存하며 有兼佛亦泯하며 有放任其志하며 有拘束其心하며 有以經律로 爲所依하며 有以經律로 爲障道하니라. 非唯汎語라 而乃確言하여 確弘其宗하며 確毁餘類라 後學이 執言迷意하여 情見이 乖張이니 爭不和會也리요.

두 번째 이유로서 "선에도 여러 종파가 있게 되어 종지를 서로 어긋나게 주장하는 일이 있기 때문이다"라고 한 것은 무엇을 말하겠습니까.

지금 선에 관한 기록을 모아 놓은 것이 무척 많으나 그들의 종지(宗旨)가 갖고 있는 내용이 다른 것을 우선 크게 열 종류로 나누어서 이야기해 보면, 강서마조(江西馬祖),[54] 하택신회(荷澤神會),[55] 북종신수(北宗神秀),[56] 남선지선(南侁智詵),[57] 우두법융(牛頭法融),[58] 석두희천(石頭希遷),[59] 보당무주(保唐無住),[60] 과랑선십(果閬宣什),[61] 혜조

---

54) 江西省에서 활약한 馬祖道一(709-788) 스님은 南嶽懷讓 선사의 제자이다. 洪州宗의 始祖로서 문하에 百丈懷海 스님이 있다. 『大疏鈔』 3권 및 『禪門師資承襲圖』에서 마조도일 스님은 淨衆寺 無相의 제자였다고 한다. 남악회양에게 법을 이어받기 전에 마조 스님이 종밀 스님과 함께 淨衆宗의 계통을 공부했다고 하는 것은 중요한 것을 시사할 수 있다고 본다.
55) 荷澤神會(670-762)는 六祖慧能의 제자로서 北宗禪을 배척하는 스님이다. 神會의 사상은 敦煌寫本을 수집한 胡適氏 校訂의 『神會和尙遺集』에 의해 아는 것이 가능하다.
56) 北宗의 神秀는 五祖弘忍의 제자로서 측천무후에게 중용되어 長安과 洛陽 지방에서 北宗禪을 선양하여 한 때는 長安 佛敎의 주류를 이루었다. 문하에는 普寂과 義福 등의 고승이 배출되었다. 神秀傳에 대해서는 『楞伽師資記』에 인용되어진 『楞伽人法志』, 『傳法宝紀』와 張說의 『荊州玉泉寺大通禪師碑銘幷書』를 참조했으면 좋겠다.
57) 南侁智詵(609-702) 스님은 처음에 玄奘三藏에게 師事하다가 나중에 弘忍의 십대제자 가운데 한 사람이 되었다. 그의 저서로는 『虛融觀』 3권 『緣起』 1권 『般若心經疏』 1권이 있다. 智詵의 계통을 淨衆禪이라 하는데 법맥을 밝히는 데 쓰이는 史料로는 『歷代法寶記』가 있다.

(慧稠)와 구나발타라(求那跋陀羅),62) 천태지자(天台智者)63) 등을 말할 수 있겠습니다.

　이들이 비록 모두 종지를 통달하여 쓰는 마음이 어긋날 게 없더라도 종지를 세우고 법을 전하는 데에는 서로 괴리감이 있었으니, '공(空)'으로써 근본을 삼기도 하며,64) '지(知)'로써 본원(本源)을 삼기도 하며,65) '적묵(寂默)이라야 진(眞)이다'라고 하기도 하며,66) '행주좌와(行住坐臥) 모두 옳은 것이다'라고 하기도 하며,67) '아침저녁으로 분별하여 짓는 모든 행위가 허망하다'라고 하기도 하며,68) 반대로 '분별하여 짓는 모든 행위가 진(眞)이다'라고 하기도 하며,69) '만행이 다 존재한다'라고 하기도 하며, 역으로 '부처님과 더불어 일체 모든 것이 사라진다'라고 하기도 하며, '법을 찾으려는 의지를 완전히 놓아 버려라'고 하기도 하며, '그 마음을 잘 단속해야 한다'라고 하기도 하며, '경율(經律)로써 의지처를 삼아야 한다'라고 하기도 하며, '경률(經律)은 도(道)를 장애한다'라고 하기도 했습니다. 이러한 주장을 널리 말로써 할 뿐만 아니라 확언하여, 자기 종파의 종지를 확실하게 펼치면서 다른 종파의 주장을 확실하게 짓밟아 버리는 것이었습니다. 뒷날의 후학들이 이 말들의 표면만 집착함으로 참뜻을 알지 못하여 잘못된 견해가 더 벌어지게 되었으니, 어찌 이들을 조화롭게 회통(會通)시키지 않을 수 있겠습니까.

---

58) 牛頭法融(594-657)은 茅山에 들어가 三論宗의 旻法師를 따라 출가하고, 貞觀十七年(643) 牛頭山 幽栖寺에 들어가 禪을 닦았으며, 저서로는 『心銘』『絶觀論』이 있다. 그의 제자로는 曇璀와 智巖 등이 있다. 法融의 계통을 牛頭禪이라 부르며, 이는 중국 三論學 般若學의 실천적 전개의 모습을 띠고 있다.

59) 石頭希遷9700-790)은 靑原行思의 제자로서 無際大師라는 諡號를 받았다. 저서로는 參同契가 있고, 曹洞宗의 원류가 된다.

60) 保唐無主(714-774)는 無相(684-762)의 제자로서 無相의 淨衆派에 상대되는 保唐派를 열었다. 無主의 제자가 쓴 『歷代法寶記』는 無相과 無主의 스승과 제자 관계를 강조하고 있다.

61) 果閬宣什은 五祖弘忍이 제자인데 『承襲圖』에는 北宗神秀와 함께 六祖慧能의 제자로 나와 있다. 『大疏鈔』 3권 下에는 第六家로서 南山念佛門禪宗을 들고 있고, 이를 전파한 사람 가운데 宣什이 들어간다. 果閬宣什의 果는 果州를 말하고 閬은 閬州를 말하는데, 모두 중국의 四川省에 있는 지명이다.

62) 慧稠와 求那跋陀羅는 北魏의 佛陀禪師로부터 禪法을 전수받았다.

63) 道宣의 『續高僧伝』과 宗密의 『都序』에서는 天台에서 지향하고 있는 것을 習禪이라 하였다.

64) 空으로써 근본을 삼는 것은 牛頭宗의 敎說인데, 『도서』에서 말하는 泯絶無寄宗이 여기에 해당한다. 牛頭宗에는 공을 설한 三論宗의 영향이 강하다.

65) 知로써 本源을 삼는 것은 荷澤禪의 敎說이다. 神會의 『壇語』에는 "無主의 마음은 知를 벗어나지 않고, 知는 無主를 벗어나지 않는다"라는 내용이 있고, 또 『大疏鈔』 3권 下에는 "萬法이 旣空하고 心體가 本寂하니 寂卽法身이요 卽寂而知이니 知卽眞智라"라는 내용이 있다.

66) 寂默이라야 眞이라는 것은 北宗의 敎說이다. 대상인 번뇌를 제거하여 마음을 고요하게 통일시킨다는 내용이다.

67) 『伝燈錄』 6권에 있는 洪州宗 계통의 大珠慧海의 어록에 "행주좌와 도 아닌 것이 없다"라고 하는 내용이 나와 있다.

68) "아침저녁으로 분별하여 짓는 모든 행위가 허망하다"는 것은 『大疏鈔』 3권 下에서 "第三家는 일체가 모두 妄이다"라는 내용이 나오므로 五祖弘忍의 제자 嵩嶽少林寺 慧安의 설이 아닐까 싶다.

69) "분별하여 짓는 모든 행위가 眞이다"는 『大疏鈔』 3권 下에서 馬祖道一의 洪州宗을 가리키는데, 『承襲圖』에서도 마찬가지다. 『馬祖語錄』에는 "眞을 떠나 서 있을 곳이 없다. 서 있는 자리가 곧 眞이다"라는 내용이 있다.

問이라. 是者는 卽收하고 非者는 卽揀이어늘 何須委曲和會리요. 答이라. 或空或有 或性或相이 悉非邪僻이라. 但緣各皆黨己爲是하고 斥彼爲非하여 彼此確定하니 故로 須和會니라.

問 : 옳은 것은 받아들이고 잘못된 것은 가려내면 될 일인데, 어찌 자세히 챙겨서 조화롭게 회통시켜야 할 필요가 있겠습니까.

答 : 혹 공(空)이나 유(有), 성(性)이나 상(相)을 진리라고 주장하고 있는 것이, 진실의 입장에서는 모두 삿되거나 편협한 것만은 아닙니다. 단지 각자 모두가 자기의 종파를 인연하여 그 종파의 주장만을 옳다하고 다른 종파의 주장을 그르다고 배척하여, 서로 자기의 종지만을 옳다라고 확정하게 되니, 그러므로 이들의 주장을 조화롭게 회통시켜야 할 필요가 있는 것입니다.

問이라. 旣皆非邪이면 卽各任確定인데 何必和會리요. 答이라. 至道歸一하고 精義無二이니 不應兩存이라. 至道非邊이요 了義는 不偏이니 不應單取라. 故로 必須會之爲一하여 令皆圓妙이니라.

問 : 이미 모두 삿된 견해가 아니었다면 각자의 주장에 알아서 맡기면 될 일인데, 이들의 주장을 어찌 반드시 조화롭게 회통시켜야 할 필요가 있겠습니까.

答 : 지극한 도는 하나로 돌아가고 정미로운 뜻은 둘이 아니니, 이들이 배척하여 서로 다른 것으로서 존립할 것은 아닙니다. 지극한 도는 한쪽으로 치우친 것이 아니요 요의(了義)는 편협한 것이 아니니, 어느 한쪽만을 취할 것도 아닙니다. 그러므로 이들을 반드시 회통하여 하나로 만들어서 모든 견해가 원융 미묘하도록 해야 할 것입니다.

問이라. 以冰雜火하면 勢不俱全하고 將矛刺盾하면 功不雙勝하니 諸宗所執이 旣互相違하여 一是이면 則一非이어늘 如何會令皆妙리요. 答이라. 俱存其法하며 俱遣其病하면 卽皆妙也니 謂 以法就人하면 卽難이나 以人就法하면 卽易니라. 人은 多隨情互執이니 執卽相違하여 誠

如冰火相和하며 矛盾相敵故로 難也니라. 法은 本稱理互通이니 通卽互順하여 自然 凝流皆水이며 鐶釧皆金故로 易也니라. 擧要而言하면 局之에 卽皆非하나 會之에 卽皆是하니라. 若不以佛語로 各示其意하고 各取其長해서 統爲三宗하여 對於三敎하면 則何以 會爲一大善巧 俱成要妙法門하여 各忘其情하고 同歸智海리요.[唯佛所說이 卽異而同故로 約佛經하여 會三爲一하니라.]

問 : 얼음을 불에 넣게 되면 얼음과 불 모두의 세력이 온전치를 못하고 창으로 방패를 찌르게 되면 어느 하나는 지게 되어 있습니다. 모든 종파에서 주장하는 내용이 이미 서로 어긋나서 하나가 옳으면 다른 하나는 잘못되는 것인데, 어떻게 이들 모두를 모아 원융 미묘하게 할 수 있겠습니까.

答 : 주장하는 법 모두를 놓아두면서 잘못된 병(病)만 버리게 된다면 곧 모든 것이 원융 미묘하게 되니, 이는 법을 가지고 사람에게 맞추면 어려운 일이 되나 사람을 법에 맞추면 쉬운 일이 된다는 것을 말합니다. 사람은 대개 익힌 정(情)에 따라 집착하고 집착하면 곧 서로 어긋나서, 진실로 얼음과 불이 서로 섞이거나 방패와 창이 서로 대적하는 것과 같기에, 서로 회통하여 화합하기 어려운 법입니다.

법은 본래의 이치에 칭합하여 시로 통하는 것이니, 통하면 서로 수순하여 자연 얼음이나 흐르는 물이 모두 물이며 금가락지나 금팔찌가 모두 금인 것과 같기에, 서로 회통하여 화합하기 쉬운 것입니다. 요점을 들어 말하자면 한 곳에 집착하면 모든 것이 잘못이 되나, 회통하면 모든 것이 옳게 된다는 것입니다.

만약 부처님의 말씀으로 각각 그 뜻을 보여주고 각자의 장점만을 취해서, 세 종류의 종(宗)으로 통합하여 세 종류의 교(敎)에 배대하지 않았다면, 어떻게 이들을 회통하여 하나의 크고 훌륭한 방편을 갖춘 요긴하고 오묘한 법문을 삼아 각자 익힌 정식(情識)을 버리고 똑같이 일체 지혜의 바다에 돌아갈 수 있겠습니까.

* 오직 부처님이 설하신 법만이 다른 내용 속에서도 근본이 같기에, 불경(佛經)을 기준 삼아 세 가지 다른 주장을 회통하여 하나로 만든다는 것이다.

◎ 당(唐)나라 중기 남종(南宗)과 북종(北宗)으로 나누어진 선종(禪宗)은 다시 수많은 종파로 분파(分派)되어 백가쟁명(百家爭鳴)을 이루게 되었다. 그 가운데에서도 특히 유명한 강서(江西), 하택(荷澤), 북수(北秀), 남선(南侁), 우두(牛頭), 석두(石頭), 보당(保唐), 선십(宣什), 혜조와 구나발타라, 천태(天台) 등의 모든 종파들은 제각기 자기 종파의 입장만을 옳다고 주장하고 있었다. 이러한 입장을 통합하고 정리하기 위해서는, 부처님의 가르침에 의거한 교(敎)의 삼교(三敎)와 선(禪)의 삼종(三宗)을 배대하지 않으면 안 되었다는 것이다.

㊂ 경론(經論)에 의해 옳고 그름을 판단해야

三은 經如繩墨이니 楷定邪正者란 무엇인가. 繩墨이 非巧나 工巧者 必以繩墨으로 爲憑하듯 經論이 非禪이나 傳禪者 必以經論으로 爲準하니라. 中下根者 但可依師이니 師自觀根하여 隨分指授어니와 上根之輩 悟雖圓通이나 未窮佛言이면 何同佛見이리요.

세 번째 이유로서 "경(經)은 목수 일을 할 때 일의 표준을 삼는 먹줄과 같아서, 본보기가 되어 모든 논쟁의 옳고 그름을 결정하기 때문이다"라고 한 것은 무엇을 말하겠습니까. 먹줄이 기교를 부리는 것은 아니나 목공은 반드시 먹줄로 일의 기준을 삼아야 하듯, 경론(經論)이 선(禪)은 아니나 선(禪)을 말하는 이는 반드시 경론(經論)에 의해 옳고 그름의 기준을 삼아야 합니다. 중(中)·하근기(下根機)는 단지 스승만 의지할 수 있을 뿐이니, 스승은 제자의 근기를 보아 그 근기에 따라 가르침을 주어야 합니다. 상근기(上根機)가 깨달음을 비록 원융하게 통했다 하더라도 아직 부처님의 말씀을 알지 못했다면, 그 깨달음이 어찌 부처님의 견해와 같은 줄 알 수 있겠습니까.

問이라. 所在에 皆有佛經이니 任學者 轉讀勘會인데 今集禪要에 何必辨經이리요. 答이라. 此意가 卽其次之文이니 便是答此問也니라.

問 : 가는 곳마다 모두 부처님의 경전이 있으니 공부하는 사람들이 읽어가며 경전의 뜻을 아는데 맡기면 될 것인데, 지금 선(禪)의 요체(要體)를 모아두는 자리에서 하필 경론(經論)의 뜻을 드러내려 하십니까.

答 : 이 의도가 곧 다음에 나오는 내용이 되니, 바로 이 질문에 대한 답변이 됩니다.

◉ 많은 종파가 있는 선종에서 어느 종파가 옳은지를 구분하는 것은 쉬운 일이 아니다. 그러므로 선의 옳고 그름을 판단하는 것은 경론을 의지하지 않으면 안 된다.

㈣ 경의 방편과 실상을 알아야

文에 云四는 經有權實이니 須依了義者란 무엇인가. 謂 佛說諸經에는 有隨自意語하며 有隨他意語하며 有稱畢竟之理하며 有隨當時之機하며 有詮性詮相하며 有頓漸大小하며 有了義不了義하여 文이 或敵體相違라도 義는 必圓融無礙하여 龍藏浩瀚하니 何見指歸리요. 故로 今에 但以二十餘紙로 都決擇之하여 令一時圓見佛意하니 見佛意後에 備尋一藏하면 卽句句에 知宗하리라.

위의 문장에서 말한 네 번째 이유로서 "경(經)에는 방편과 실상이 있으니, 모름지기 요의(了義)에 의지하여 이를 알아야 하기 때문이다"라고 한 것은 무엇을 말하겠습니까. 이는 부처님이 설하신 모든 경전에는 '자의(自意)에 따라 하신 말씀'이 있기도 하며, '타의(他意)에 따라 하신 말씀'이 있기도 하며, '필경의 이치에 들어맞는 내용'이 있기도 하며, '법을 설할 당시 중생의 근기에 따라가는 것'이 있기도 하며. '성(性)이나 상(相)을 드러내는 논리'가 있기도 하며, '돈점(頓漸)과 대소승(大小乘)의 내용'이 있기도 하며, '요의(了義)와 불요의(不了義)의 내용'이 있기도 하여, 이들의 문장이 혹 체(體)를 상대하여 어긋나는 것이 있더라도 뜻은 반드시 원융무애하여 그 가르침이 넓고 광활하니, 무엇을 기준하여 돌아갈 길을 찾을 수 있겠습니까.

그러므로 지금 이십여 페이지의70) 기록만으로 모든 부처님의 뜻을 결택하여, 일시에 부처님의 뜻을 원만히 보게 하는 것이니, 부처님의 뜻을 안 연후에 모든 부처님의 가르침을 갖추어서 보게 된다면 곧 구구절절(句句節節) 부처님의 모든 종지를 알게 되는 것입니다.

---

70) 편집하고 나서 책의 페이지 수가 확실하게 나올 때 주를 달아야 할 내용이다.

◉ 선의 옳고 그름을 결정하는 기준을 경론(經論)이라고 말했지만, 역으로 경론의 진위(眞僞)를 결정하는 근거는 불심(佛心)이 아니면 안 된다. 경론의 방편과 일대장경(一大藏經)의 진의(眞意)를 바르게 읽어내기 위해서는 불심(佛心)을 아는 일이 대단히 중요하다. 불심(佛心)이 바로 선심(禪心)이다.

⑤ 깨달음은 삼량(三量)으로 증명되어야

五는 量有三種이니 勘契須同者란 무엇인가. 西域의 諸賢聖이 所解法義는 皆以三量으로 爲定하니 一은 比量이요 二는 現量이요 三은 佛言量이라. 量者는 量度이니 如升斗로 量物知定也이니라. 比量者란 以因由譬喩로 比度也이니 如遠見煙에 必知有火라 雖不見火이나 亦非虛妄이니라. 現量者란 親自現見이니 不假推度하고 自然定也니라. 佛言量者란 以諸經으로 爲定也이니라.

다섯 번째 이유로서 "사물의 이치를 아는 양(量)에는 세 종류가 있게 되니, 이치에 맞아 떨어지는 것은 모름지기 비량(比量)·현량(現量)·불언량(佛言量)으로 나타난 이치가 같아야 하기 때문이다"라고 한 것은 무엇을 말하겠습니까.
서역의 모든 성현(聖賢)들이 아는 법의(法義)는 모두 삼량(三量)으로 정확한 이치를 결정하게 되니, 첫째는 비량(比量)이요, 둘째는 현량(現量)이요, 셋째는 불언량(佛言量)입니다. 여기서 양(量)이란 헤아려 잰다는 의미이니, 마치 되나 말로 곡식의 양을 정확히 헤아려 양을 결정하는 것과 같습니다.
비량(比量)이란 인유(因由)와 비유(譬喩)로써 비교 추정하여 그 결과를 알게 되는 것이니, 이는 마치 멀리서 연기를 보고 연기 나는 곳에 반드시 불이 있는 것을 추론하여 아는 것과 같습니다. 비록 불을 보지 못했더라도 반드시 연기가 있는 곳에 불은 있는 것이기에 이 또한 허망한 것이 아닙니다.
현량(現量)이란 친히 스스로 눈앞에서 보고 알게 되는 것이니, 추론해 아는 다른 힘을 빌리지 않고도 자연스레 사실을 그대로 결정하여 아는 것입니다. 불언량(佛言量)이란 모든 부처님의 말씀 그대로를 믿어서 결정하여 아는 것입니다.

勘契須同者란 무엇인가. 若但憑佛語하고 不自比度하여 證悟者는 只是汎信으로 於己未益이라. 若但取現量하여 自見爲定하고 不勘佛語하면 焉知邪正이리요. 外道 亦親見所執之理하고 修之하여 亦得功用하면 自謂爲主이니 豈知是邪리요. 若但用比量者는 旣無聖敎 及自所見이니 約何比度하여 比度何法이리요. 故로 須三量勘同해야 方爲決定이라. 禪宗에 已多有現比二量이니 今更以經論으로 印之하면 則三量備矣라.

"이치에 맞아떨어지는 것은 모름지기 세 종류의 양(量)으로 나타난 이치가 같아야 한다"라는 것은 무엇을 말하겠습니까. 만약 공부하는 사람으로서 단지 부처님 말씀만 의지하고 스스로 자신의 공부를 헤아려 깨달음을 증득하지 않는 자라면 다만 보통의 믿음을 가졌을 뿐 자기에게는 이익이 없는 것입니다.

단지 현량(現量)만을 취해 자신이 직접 보고 경험하여 결정한 내용에 대하여, 부처님의 말씀을 살펴보지 않는다면 어찌 이 공부의 내용이 옳고 그른지를 알 수 있겠습니까. 외도(外道)도 집착하는 이치를 직접 보고 이를 닦아서 또한 나름대로 힘을 얻게 되면, 스스로 '천하의 주인이 되었다'고 말하는데, 어찌 그들이 그들의 공부가 삿된 것임을 알 수 있겠습니까.

만약 비량(比量)만 사용한다는 것은 부처님의 가르침과 직접 체험하여 안 것이 없게 되니, 여기에 무엇을 추론하여 어떤 법을 비교해서 견줄 수 있겠습니까. 그러므로 모름지기 삼량(三量)으로 감별하여 드러난 이치가 같아서야 그 법이 옳다고 결정하는 것입니다.

선종(禪宗)에는 이미 현량(現量)과 비량(比量)은 많이 있으니, 지금 다시 경론(經論)으로 이것을 확실히 증명하게 되면 삼량(三量)이 모두 갖추어지는 것입니다.

◎ 현량(現量)과 비량(比量)과 불언량(佛言量)을 모두 갖추지 않게 되면 진리로서의 결론이 불완전하다는 전제 아래 경(經)의 필요성을 역설하고 있다. 선종(禪宗)에는 자기 체험의 현량과 논리적 추측의 비량은 많이 있지만, 이것이 옳다고 증명할 수 있는 부처님의 불언량(佛言量)이 결여되어 있기 때문이다. 현량만으로는 자기의 체험만을 고집하기 때문에 객관성이 결여되고, 비량만으로는 종교적 권위도 없고 종교의 직접적 체험도 없기 때문에 불완전하다는 것이다.

㊅ 방편으로 다양한 의심을 풀어야

> 六은 疑有多般이니 須具通決者란 무엇인가. 數十年中 頻有經論大德이 問余하여 曰하되 四禪八定이 皆在上界하고 此界는 無禪이니 凡修禪者 須依經論하여 引取上界禪定으로 而於此界修習이라. 修習成者는 皆是彼禪이니 諸敎具明으로 無出此者니라. 如何離此하여 別說禪門이리요. 旣不依經論이면 卽是邪道니라.

여섯 번째 이유로서 "의심에는 여러 가지가 있으니 모름지기 모든 방편을 갖추어 막힘없이 해결해야 한다"라는 것은 무엇을 말하겠습니까.

경론(經論)에 밝은 대덕 스님들이 수십 년을 자주 나에게 질문하여 말하기를, "사선팔정(四禪八定)이 모두 상계(上界)에[71] 있고 이 세계는 그런 선정이 없다. 무릇 선(禪) 수행을 하는 자는 모름지기 경론(經論)에 의지하여 상계(上界)의 선정을 가져다 이 세계에서 그 선정을 닦아야 할 것이다. 선정을 닦아 이루게 된 자는 모두 그 사선팔정(四禪八定)이니, 부처님의 모든 가르침에 다 밝혀 놓은 것으로서 여기에서 벗어날 선정이 없다. 그런데 어찌 경론을 떠나 달리 선문(禪門)을 설하고 있는가. 이미 경론을 의지하지 않았다면 이는 사도(邪道)이다"라고 했습니다.

> 又有問曰 經에 云 漸修祇劫해야 方證菩提라하고 禪稱頓悟하여 刹那에 便成正覺이라하니 經是佛語이고 禪是僧言이니 違佛遵僧으로 切疑未可니라.

또 어떤 이가 질문하여 말하기를 "경(經)에서는 '점차적으로 삼아승지겁을[72] 닦아야 보리(菩提)를 증득한다'라고 하였고, 선문(禪門)은 돈오(頓悟)로서 '찰나에 정각(正覺)을 이룬다'고 하였다. 경(經)은 부처님의 말씀이고 선(禪)은 스님들의 이야기니, 선(禪)을 한다는 것은 부처님을 등지고 스님을 따르는 격으로서 '옳지 못한 일이 아닌가'라는 간절한 의심이 간다"라고 했습니다.

---

71) 三界 가운데서 욕계는 범부의 세계이나, 색계와 무색계는 천상의 세계로서 上界라고 한다. 上界에 태어나기 위해서는 四禪八定을 닦지 않으면 안 된다고 지금 주장하고 있는 것이 經論의 大德들이다.
72) 三阿僧祇劫은 말로 표현할 수 없는 無限한 시간을 말한다. 경에서는 무한한 시간을 수행해야 성불할 수 있다는 것이다.

又有問曰 禪門要旨는 無是無非이니 塗割冤親에 不瞋不喜어늘 何以 南能과 北秀는 水火之嫌하며 荷澤과 洪州는 參商之隙인고.73) 又有問曰 六代師資의 傳授禪法은 皆云하되 內授密語하고 外傳信衣라하여 衣法相資로 以爲符印이어늘 曹溪已後에 不聞此事니라. 未審커라. 今時 開禪化人에 說密語否아. 不說則 所傳者 非達磨之法이요 說則 聞者는 盡合得衣니라.

또 어떤 이가 질문하여 말하기를, "선문(禪門)의 요지는 옳거나 그른 것이 없으니,74) 원수나 친한 이에게 어떤 일을 더 잘하거나 잘못하더라도 화를 내거나 좋아할 것이 없는데, 어찌 남쪽의 혜능(慧能)과 북쪽의 신수(神秀) 제자들은 서로 상극의 물과 불같이 혐오하며, 하택종(荷澤宗)과 홍주종(洪州宗)은 서로 평생 쳐다보지도 않고 지내는가"라고 했습니다.

또 어떤 이가 질문하여 말하기를, "달마부터 혜능까지 선법(禪法)을 전수한 모든 과정은 '안으로 비밀스런 법을 전하고 밖으로는 법을 받았다는 증표의 가사를 전했다'고 하여 법과 가사의 도움으로 선법이 전해졌던 것을 증명하였는데, 조계의 혜능 이후로는 법과 가사가 전해졌다는 이야기를 듣지 못하였다. 알지 못하겠다. 요즘도 선문(禪門)을 열어 중생을 교화함에 비밀한 말을 설하고 있느냐. 설하지 않는다면 전해진 법은 달마의 법이 아니요, 설한다면 듣는 자 모두 전법(傳法)의 가사를 지녀야 할 것이다"라고 했습니다.

又有禪德이 問曰 達磨는 傳心하고 不立文字거늘 汝何違背先祖하여 講論傳經인고하며 近復問曰 淨名은 已訶宴坐하고75) 荷澤은 每斥凝心하며 曹溪는 見人結跏에 曾自將杖打起거늘 今聞에 汝每因敎誡하여 卽勸坐禪으로 禪庵羅列이 遍於巖壑이라 乖宗違祖로서 吾切疑焉이니라. 余雖隨時하여 各已酬對나 然이나 疑者 千萬으로 恐其未聞이라. 況所難之者 情皆偏執이어 所執各異하여 彼此互違하니 因決甲疑로 復增乙病故라. 須開三門義하여 評一藏經해서 摠答前疑하여 無不通徹하리라. [下에 隨相當文義하며 一一注脚指之하여 答此諸難하니 欲見答處인댄

---

73) 參商之隙에서 參은 서쪽의 별 參星을 말하고 商은 동쪽의 별 商星을 말한다. 두 별이 서로 등지고 있어 만나볼 수 없기에, 형제간의 우애가 화목하지 않아 사이가 멀어져 있을 때 그 비유로서 쓴다.
74) 옳거나 그른 것이 없다는 無是無非는 隋나라 曇遷의 『亡是非論』에서 강조되고 있다. 이 『亡是非論』은 華嚴性起說의 배경이 되어 智儼의 『孔目章』에 인용되고 있다.
75) 『禪源諸詮集都序』 상권 미주 (13) 참조 바람.

[須檢注文이니라]

또 어떤 선덕(禪德)이 질문하여 말하기를 "달마는 마음을 전하고 문자를 세우지 않았거늘 네가 어찌 선조(先祖)의 뜻을 위배하여 경론(經論)을 강의하고 전하는가"라고 하였으며, 근자에 다시 묻기를 "정명(淨名)은 '편안히 앉아 좌선한다'라는 사실을 꾸지람하였고, 하택(荷澤)은 매번 '수행은 한 곳에만 마음을 모아 닦는다'는 것을 배척하였으며, 조계(曹溪)는 '사람들이 결가부좌하는 것'을 보게 되면 일찍부터 지팡이로 두들겨 세워 일으켰었다. 지금 소문을 들으니, 당신이 매번 후학들을 가르치고 훈계하여 좌선을 권함으로써 선(禪) 수행하는 암자들이 험하고 깊은 골짜기까지 꽉 들어찼다고 하니, 이는 '종지에 어긋나고 선조의 뜻을 위배하는 일이 아닌가'라는 의심을 내가 간절히 하게 된다"라고 했습니다.

제가 비록 때와 장소에 따라서 적절하게 의심이 있는 사람 각자에게 알맞은 답변을 하였으나, 그러나 의심이 있는 자가 너무 많아서 나의 답변을 듣지 못한 사람들이 많은 것을 연민하게 되었습니다. 더욱이 의심이 있어 힐난하는 자는 그 마음이 모두 치우쳐서 제각기 집착한 내용이 다르므로 피차 더 어긋나버리니, 갑(甲)이라는 의심이 해결됨으로써 다시 을(乙)이라는 병이 더해졌기 때문입니다.

모름지기 선(禪) 삼종(三宗)의 뜻을 드러내어 방편(方便)과 실상(實相)이 하나로 모아진 부처님의 경전을 살피고 나서야, 앞의 의심을 총괄적으로 답변하고 한치의 의심도 없이 불법(佛法)의 이치를 통하게 하는 것입니다.

> * 밑의 문장들에서 이의 답변에 해당하는 문맥을 따라가며 하나하나 주를 달아 표시해 놓고 이 모든 힐난에 대신 답변하였으니, 답이 있는 곳을 보고자 하면 주(註)가 달려 있는 문장을 찾아보기 바란다.

당시 8세기와 9세기에 걸쳐 중국 불교계에서 선종에 대한 여러 가지 의문과 비난이 있었다. 종밀은 그들 몇 종류를 예로 들면서 이들에 대한 답변으로, 교(敎)의 삼교(三敎)와 선(禪)의 삼종(三宗)을 배대하여 선교일치(禪敎一致)를 말하지 않으면 안 되었다고 주장한다.

당시의 선종에 대한 의문점을 들어보면, 첫 번째 경론(經論)에서 설해진 사선팔정(四禪八定)이 지금의 좌선(坐禪)과는 틀린 것이 아닌가, 두 번째 경(經)에서 아승지겁을 수행해야 깨달음을 얻는다고 하였는데 선종에서는 돈오성불(頓悟成佛)을 주장하니 어느 게 옳은 것인가, 세 번째 깨달음을 얻으면 시비선악을 논할 필요가 없는데도 남종과 북종, 하택종과 홍주종이 대립하고 있는 것은 이상한 일이 아닌가, 네 번째 달마(達磨)부터 혜능(慧能)까지는 의발을 전수하여 법을 부촉했었는데 그 뒤로 의발의 전수가 보이지 않으니 이상한 일이 아닌가, 다섯 번째 달마가 불립문자(不立文字)를 주장한 데 반하여 지금의 선사들은 경론(經論)을 강의하고 있으니 이상한 일이 아닌가, 여섯 번째 유마(維摩)와 혜능(慧能)과 하택(荷澤)은 좌선만 하고 있는 자들을 비난하였는데 지금의 선사들은 계율에 의하여 좌선을 권하고 있는 것이 이상하지 않는가의 등등이었다.

이들의 의문과 비난에 대해 종밀 자신은 시의 적절하게 답변할 수 있었지만, 의문을 가진 자들이 너무 많았기에 개인적으로 다 상대할 수가 없었다. 이런 이유로 선(禪)의 삼종(三宗)과 교(敎)의 삼교(三敎)를 세워 배대해서 이들의 의문을 다 해결하고자 한 것이다. 이 단락은 당시 선사상사(禪思想史)의 문제점을 부각시킨 중요한 대목으로 볼 수 있겠다. 종밀은 이야기의 매듭을 풀어가며 이들의 질문에 대한 답변이 본문의 내용에서 나올 때, 주를 표시하여 이 대목의 의심을 풀어주고 있다고 한다.

ⓗ 법(法)과 의(義)의 차이점을 알아야

> 七은 法義不同이니 善須辨識者란 무엇인가. 凡欲明解諸法性相이면 先須辨得法義니라 依法하여 解義하면 義卽分明하고 以義로 詮法하면 法卽顯著하니 今且約世物明之하리라. 如眞金이 隨工匠等緣하여 作鐶釧椀盞 種種器物이나 金性이 必不變爲銅鐵이니 金卽是法이요 不變隨緣은 是義이니라. 設有人이 問에 說何物이 不變이며 何物이 隨緣인고하면 只合答云하되 金也라하니라.

 일곱 번째 이유로서 "법(法)과 의(義)가 같지 않으니, 잘 분별하여 알아야 한다"라는 것은 무엇을 말하겠습니까. 무릇 모든 법의 성(性)과 상(相)을 명쾌하게 알려면 먼저 법(法)과 의(義)의 뜻을 잘 분별할 수 있어야 합니다. 법(法)에 의지하여 의(義)를 이해하면 의(義)의 뜻이 분명하고 의(義)로써 법을 밝히면 법(法)의 뜻이 분명하게 될 것이니, 지금 이 자리에서 세상의 사물을 가지고 이 의미를 밝혀보겠습니다.
 이것은 진금(眞金)이 기술자 등의 인연을 따라서 둥근 금가락지와 금팔찌 및 그릇이나 술잔 등의 온갖 모습으로 만들어진다 하더라도 금의 본래 성품은 반드시 구리나 철로 변하지 않게 되니, 이 의미로서 금(金)은 법(法)에 비유되고 불변(不變)과 수연(隨緣)은[76]

---

76) 不變과 隨緣은 『기신론』의 중요한 개념으로 眞如의 不變과 隨緣을 말한다. 금을 녹여 금가락지와 금팔찌를 만들 때, 금의 본질이 변하지 않는 것은 不變에 비유하고, 금의 형태가 금가락지나 팔찌의 모습으로 변하는 것은 隨緣에 비유

의(義)에 비유되는 것과 같습니다. 그러므로 설사 어떤 사람이 "무엇이 불변(不變)이 되거나 수연(隨緣)이 되는 것입니까"라고 질문하면, 두 질문을 합하여 대답하되 단지 '금(金)'이라고 말할 뿐입니다.

以喩一藏經論義理 只是說心컨대 心卽是法이요 一切는 是義니라. 故로 經에 云하되 無量義者 從一法生이라.77) 然이나 無量義 統唯二種이니 一은 不變이요 二는 隨緣이라. 諸經에 只說하되 此心이 隨迷悟緣하여 成垢淨凡聖 煩惱菩提 有漏無漏等이라하며 亦只說하되 此心의 垢淨이 等時 元來不變으로 常自寂滅하고 眞實하며 如如等이라하니라. 設有人이 問에 說何法이 不變이며 何法이 隨緣인고하면 只合答云하되 心也라하니라.

한군데 모아놓은 경론(經論)의 뜻과 이치가 '다만 마음을 설했을 뿐'이라고 한 것에 비유한다면, 마음은 법(法)이요 나머지 일체는 의(義)입니다. 그러므로 『무량의경(無量義經)』에서는 "무량한 이치가 하나의 법(法)에서 나왔다"고 말합니다. 그러나 무량한 이치를 통합하면 오직 두 종류가 될 뿐이니, 불변(不變)과 수연(隨緣)입니다.

모든 경에서는, 다만 "이 마음이 미오(迷悟)의 인연을 따라서 구정(垢淨)·범성(凡聖)·번뇌보리(煩惱菩提)·유루무루(有漏無漏)78) 등을 만든다"고 설할 뿐이며, 또한 다만 "이 마음의 구(垢)와 정(淨)이 평등할 때 원래 불변(不變)으로서 항상 스스로 적멸하고 진실하며 여여(如如)하다는 등"의 내용을 설하고 있을 뿐입니다. 설사 어떤 사람이 "어떤 법이 불변이 되거나 수연(隨緣)이 되는 것입니까"라고 질문하게 되면, 이 두 질문을 합하여 대답하되 단지 '마음'이라고 답할 뿐입니다.

不變은 是性이요 隨緣은 是相이니 當知하라 性相이 皆是一心上義니라. 今性相의 二宗이 互相非者는 良由不識眞心으로 每聞心字에 將謂只是八識이라하여 不知八識이 但是眞心上의 隨緣之義니라. 故로 馬鳴菩薩이 以一心으로 爲法하고 以眞如生滅二門으로 爲義하여 論에 云하되 依於此心하여 顯示摩訶衍義라하니79) 心眞如는 是體요 心生滅是相用이라.80) 只說하

한다.
77) 『禪源諸詮集都序』 상권 미주 (14) 참조 바람.
78) 有漏와 無漏에서 유루는 번뇌가 있는 상태이고, 무루는 번뇌가 없는 상태이다.

되 此心이 不虛妄故로 云에 眞이요 不變易故로 云에 如라.

불변(不變)은 성(性)이요 수연(隨緣)은 상(相)이니, 성(性)과 상(相) 모두가 일심(一心) 위에서 나타나는 뜻임을 알아야 합니다. 지금 성종(性宗)과 상종(相宗)이81) 서로 잘못이라 하는 것은 진실로 진심(眞心)을 알지 못하고 있기에, 매번 마음이라는 명자를 들으면 '다만 팔식(八識)일 뿐'이라 하여 팔식(八識)이 진심(眞心) 위에 나타나는 수연(隨緣)의 뜻일 뿐이라는 사실을 알지 못하는 것입니다.

그러므로 마명(馬鳴) 보살이 일심(一心)으로 법(法)을 삼고 진여문(眞如門)과 생멸문(生滅門)으로 의(義)를 삼아서, 『기신론(起信論)』에서 "이 마음을 의지하여 마하연(摩訶衍)의 뜻을 드러내 보인다"고 말한 것입니다. 심진여(心眞如)는 성(性)으로서 체(體)요 심생멸(心生滅)은 상(相)으로서 용(用)입니다. 다만 "이 마음이 허망하지 않다"라고 말할 뿐이기에 '진(眞)'이라고 하고, "이 마음이 변하지 않는다"고 말할 뿐이기에 '여(如)'라고 하는 것입니다.

是以로 論中에서 一一이 云하되 心眞如 心生滅이라하니라. 今時 禪者 多不識義故로 但呼心爲禪하고 講者 多不識法故로 但約名說義하나니 隨名生執이라 難可會通이로다. 聞心에 謂淺하고 聞性에 謂深하며 或却 以性爲法하고 以心爲義하니 故로 須約三宗經論하여 相對照之해야하니 法義旣顯이면 但歸一心하여 自然無諍하리라.

이 때문에 『기신론(起信論)』 가운데서 하나하나 이들을 설명하여 '심진여(心眞如)와 심생멸(心生滅)'이라고 합니다. 요즈음 참선(禪)하는 자들 대체적으로 이 의(義)를 알지 못하고 있기에 마음이 선(禪)일 뿐이라고 하고, 강의하는 자들 대개가 법(法)을 알지 못하고 있으므로 명자(名字)를 가지고 의(義)만 설하게 될 뿐이니, 명자(名字)를 따라서 집착심이 생겨 참뜻을 회통(會通)하는 것이 어렵게 되어버립니다.

'마음'이란 소리를 들으면 '깊이가 없다' 하고 '성(性)'이란 이야기를 들으면 '깊이가 있다'

---

79) 『禪源諸詮集都序』 상권 미주 (15) 참조 바람.
80) 『禪源諸詮集都序』 상권 미주 (16) 참조 바람.
81) 性宗은 三論宗·天台宗·華嚴宗을 말하고, 相宗은 法相宗을 말한다.

하며, 혹은 성(性)으로 법을 삼고 마음으로 의(義)를 삼는 것을 배척하는 것입니다. 그러므로 이런 폐단을 없애기 위하여 선문(禪門)의 삼종(三宗)과 경론(經論)을 기준 삼아 서로 배대해서 참 내용을 조사해야 할 것입니다. 법(法)과 의(義)의 뜻이 드러나면 단지 일심에 귀의하게 될 뿐, 선(禪)과 교(敎)의 모든 다툼은 자연히 없어지게 될 것입니다.

※ 『기신론(起信論)』의 근본개념인 일심이문(一心二門)을 법(法)과 의(義)의 개념으로 사용하여 선(禪)과 교(敎)를 회통(會通)시키려는 것이다. 『기신론』에서 법(法)과 의(義)가 둘이 아닌 하나의 체(體)가 되어 일심(一心)의 체계가 완성되듯, 선(禪)에서 주장하는 법(法)이나 교(敎)에서 주장하는 의(義)만으로 진리의 내용이 불충분하므로, 선(禪)과 교(敎)의 내용을 확인하여 상호 협조해야지 서로 대립해서는 안 된다는 것이다.

㊇ 마음이란 용어의 네 가지 뜻

八은 心이 通性相하여 名同이나 義別者란 무엇인가. 諸經에서 或毁心是賊이라하여 制令斷除하고 或讚心是佛이라하여 勸令修習하며 或云 善心惡心 淨心垢心 貪心嗔心 慈心悲心이라하고 或云 心托境生이라하며 或云 心生於境이라하며 或云 寂滅爲心하고 或云 緣慮爲心하여 乃至 種種相違하니 若不以諸宗으로 相對顯示라면 則看經者 何以辨之 爲當有多種心인지 爲復只是一般心耶리요. 今此略示名體하리라. 汎言心者 略有四種이며 梵語도 各別이고 翻譯도 亦殊니라.

여덟 번째 이유로서 "마음이 성(性)과 상(相)에 통해 표현된 명자(名字)가 같더라도 뜻은 다르다"는 것은 무엇을 말하겠습니까. 모든 경의 내용을 살펴보면 혹 '마음을 도둑놈이라고 비방'하여 이를 억제해 나쁜 마음을 끊어 내도록 해야 한다 하고, 혹 이 마음을 부처님이라 찬탄하여 닦아 익히도록 권하기도 하며, 혹은 인연에 따라 착한 마음·악한 마음·깨끗한 마음·더러운 마음·탐심(貪心)·진심(嗔心)·자심(慈心)·비심(悲心)이라 말하기도 하고, 혹은 마음이 경계를 의탁하여 생긴다 하기도 하며, 혹은 반대로 마음이 경계를 만들어 낸다고도 하고, 혹은 적멸을 마음이라 말하며, 혹은 반연하여 헤아리는 생각을 마음이라 하기도 하여, 마음을 부르는 관점이 다양하여 명칭이 서로 다릅니다.

그러므로 만약 모든 종파의 주장을 가지고 서로 배대하여 참뜻을 드러내 보이지 않는다면, 경을 보는 자가 어떻게 여러 종류의 마음인지 아니면 단지 하나의 모습을 갖고 있는 마음인지를 분별할 수 있겠습니까. 지금 여기서 마음이란 이름과 그 체(體)를 간략하게 보이겠습니다. 보통 '마음'이라 부르는 것은 대략 네 종류가 있게 되며, 범어로도 각자 이름을 달리하고 번역되는 뜻 또한 다릅니다.

一은 紇利陀耶로서 此云肉團心이니 此是身中五藏心也니라.[具如黃庭經 五藏論에 說也니라]

첫 번째 마음은 흘리타야(紇利陀耶)로서[82] 육단심(肉團心)이라 번역하니, 이는 몸 가운데의 오장심(五藏心)을[83] 말합니다.
 * 모두 『황정경(黃庭經)』의 오장론(五藏論)에 설한 것과 같다.

二는 緣慮心으로 此是八識이니 俱能緣慮自分境故니라.[色은 是眼識의 境이며 乃至 根身種子와 器世界가 是阿賴耶識之境이니 各緣一分故로 云 自分也라]

두 번째 마음은 연려심(緣慮心)으로서 팔식(八識)을 말하니, 팔식(八識)이 모두 자기 분상의 경계를[84] 반연하여 헤아릴 수 있기 때문입니다.
 * 색(色)은 안식(眼識)의 경계이며 나아가 근신종자(根身種子)와 기세계(器世界)가 아뢰야식(阿賴耶識)의 경계이니 팔식(八識)의 식(識) 하나하나가 각각 자기 나름대로의 경계를 반연함으로 자분(自分)이라 말하는 것이다.

---

82) 紇利陀耶는 범어 hrdaya의 음역이다.
83) 五藏心은 인간의 五藏에 精氣로 인간의 마음이 분산되어 있다고 보는 관점이니, 1.肝爲魂藏 2.心爲神藏 3.肺爲魄藏 4.脾爲志藏 5.腎爲精藏을 말한다. 藏의 의미는 정기를 가두어 빠져나가지 않게 하는 것이다.
84) 自分境은 마음 전체로서의 대상이 아니고 八識이 제각기 自分의 인식대상을 갖는 것을 말한다. 自分의 인식대상을 반연하므로 自分境이라 하니, 前五識은 五境을 第六意識은 意根을 第七末那識은 阿賴耶識을 第八阿賴耶識은 末那識을 각각의 自分 대상으로 한다. 색은 眼識의 인식대상이고 나아가 根身種子와 器世界는 阿賴耶識의 인식대상이다. 각자 하나의 자기 分上만을 반연하므로 자분이라 한다.

此八이 各有心所하되 於中에 或唯無記며 或通善惡之殊라. 諸經之中에 目諸心所하여 總名心也니 謂善心惡心等이니라.

이 팔식(八識)이 각각 심소(心所)가 있되 그 가운데 혹 오직 무기(無記)가 되거나, 혹 선하거나 악한 마음에도 통하여 여러 가지 다른 모습으로 나타나기도 합니다. 모든 경 가운데서 이 심소(心所)를 총괄하여 마음이라 지목하게 되니, 선하고 악한 마음 등을 말하는 것입니다.

三은 質多耶로서 此云集起心이니 唯第八識이 積集種子하여 生起現行故이니라.[黃庭經 五藏論에 目之爲神이라하고 西國外道가 計之爲我라하는 皆是此識也라]

세 번째 마음은 질다야(質多耶)로서85) 집기심(集起心)이라 번역하니, 이것은 오직 제팔식(第八識)만이 종자(種子)를 모았다가 현행하기 때문입니다.
   *『황정경(黃庭經)』 오장론(五藏論)에서 신(神)이라 하고 인도의 외도가 아(我)라 부르는 것들이 모두 이 식(識)이다.

四는 乾栗陀耶로서 此云 堅實心이나 亦云 貞實心이니 此是眞實心也니라. 然이나 第八識은 無別自體하여 但是眞心인데 以不覺故로 與諸妄想으로 有和合不和合義라. 和合義者 能含染淨하니 目爲藏識하고 不和合者 體常不變이니 目爲眞如하니 都是如來藏이니라.

네 번째 마음은 건율타야(乾栗陀耶)로서 견실심(堅實心)이나 또는 정실심(貞實心)으로 번역하니, 이는 진실한 마음입니다. 그러나 제팔식(第八識)은 따로 자체의 어떤 실체가 없고 단지 진심(眞心)일 뿐인데, 이를 깨닫지 못하고 있기에 모든 망상으로 화합과 불화합의 뜻이 있게 됩니다. 화합의 뜻은 염(染)과 정(淨)으로서 거둘 수 있는 것이니 이 점을 지목하여 장식(藏識)이라 하고, 불화합의 뜻은 체(體)가 항상 불변이 되는 것이니 이 점을 지목하여 진여(眞如)라고 하나, 모두 여래장(如來藏)을 말하는 것입니다.

---
85) 質多耶는 범어 citta의 음역이다.

故로 楞伽에 云하되 寂滅者 名爲一心이요 一心者 卽如來藏이라.86) 如來藏者 亦是在纏法身이니 如勝鬘經說이니라.87) 故로 知이니 四種心이 本同一體로다. 故로 密嚴經에 云하되 佛說 如來藏이[法身在纏之名] 以爲阿賴耶거늘[藏識] 惡慧는 不能知 藏卽賴耶識이로다.88) [有執眞如 與賴耶로 體別者 是惡慧也] 如來淸淨藏과 世間阿賴耶는 如金與指環하여 展轉無差別이라하니라.[指環等은 喩賴耶하고 金은 喩眞如이니 都名如來藏也니라]

그러므로 『능가경(楞伽經)』에서는 "적멸(寂滅)이란 일심(一心)이요, 일심(一心)이 곧 여래장(如來藏)이다"라고 말합니다. 여래장(如來藏)이란 또한 번뇌 속에 있는 법신(法身)을 말하니 이는 『승만경(勝鬘經)』에서 설한 내용과 같습니다. 그러기에 네 종류의 마음이 본래 같아서 하나의 체(體)임을 알아야 합니다.

이런 이유로 『밀엄경(密嚴經)』에서 "부처님께서 여래장

   * 법신(法身)이 번뇌에 있을 때의 이름

이 아뢰야식〔장식(藏識)〕이 되거늘

   * 장식(藏識)

삿된 지혜로 여래장이 곧 아뢰야식임을 알지 못한다.

   * 어떤 사람이 진여(眞如)에 집착하여, 아뢰야식(阿賴耶識)과 그 바탕이 다르다고 하는 것이 삿된 지혜이다.

여래의 청정한 장식(藏識)과 세간의 아뢰야식(阿賴耶識)은 마치 금과 금가락지의 관계와 같아서 펼쳐지는 모양이 달라도 본질에는 차별이 없다"라고 한 것입니다.

   * 금가락지 등은 아뢰야식(阿賴耶識)에 비유하고 금은 진여(眞如)에 비유하니 모두 여래장(如來藏)이라 이름하는 것이다.

然이나 雖同體라도 眞과 妄이 義別하여 本과 末이 亦殊이니 前三은 是相이요 後一은 是性이라. 依性起相이 蓋有因由하고 會相歸性도 非無所以라. 性相은 無礙하여 都是一心이나 迷之則 觸向面墻이고 悟之則 萬法臨鏡이라. 若空尋文句나 或信胸襟하면 於此에 一心性相을 如何了會리요.

---

86) 『禪源諸詮集都序』 상권 미주 (17) 참조 바람.
87) 『禪源諸詮集都序』 상권 미주 (18) 참조 바람.
88) 『禪源諸詮集都序』 상권 미주 (19) 참조 바람.

그러나 비록 체(體)가 같더라도 진(眞)과 망(妄)의 뜻으로서 나누어져 근본과 지말의 내용이 또한 다르게 되니, 앞의 세 마음은 상(相)이요 뒤의 마지막 마음은 성(性)이 되는 것입니다. 성(性)에 의지하여 상(相)을 일으키는 것이 대개 원인이 있고, 상(相)을 모아 성(性)에 돌아가는 것도 아무 이유가 없는 것이 아닙니다. 성(性)과 상(相)이 걸림 없어 모두 일심(一心)이 되는 것이나, 미혹하면 하는 일마다 막히게 되고 깨달으면 만법(萬法)이 환한 것입니다. 만약 부질없이 문자만 뒤적인다거나 혹 자기의 생각만을 믿게 된다면 여기에서 일심(一心)의 성(性)과 상(相)을 어떻게 깨달아 알 수 있겠습니까.

◉ 마음을 네 종류로 분류한 유명한 단락이다. 경전에서 여러 가지로 설해진 마음을 크게 육단심(肉團心)·연려심(緣慮心)·집기심(集起心)·견실심(堅實心)으로 나누고 있으나, 부처님의 입장에서 보게 되면 전부 일심(一心)이다. 단지 앞의 세 종류는 범부의 현실적인 모습이 되고, 맨 뒤의 견실심(堅實心)은 부처님의 이상적인 모습으로 청정한 마음이라는 점이 다르다. 이를 깨달으면 모든 일에 막힘이 없으나 이해하지 못한다면 모든 일에 걸리게 되는 것이다.

㈨ 돈(頓)과 점(漸)의 구별

九는 悟修頓漸인데 似反而符者란 무엇인가. 諸經論 及諸禪門에서 或云 先因漸修功成으로 豁然頓悟라하며 或云 先因頓悟해야 方可漸修라하며 或云 由頓修故로 漸悟라하며 或云 悟修皆漸이라하며 或云 皆頓이라하며 或云 法無頓漸이나 頓漸在機라하니 如上等說에 各有意義니라. 言似反者란 무엇인가. 謂 旣悟卽成佛이면 本無煩惱하여 名爲頓者로 卽不應修斷인데 何得復云漸修리요 漸修는 卽是煩惱未盡하고 因行未圓하며 果德未滿인데 何名爲頓이리요 頓卽非漸이요 漸卽非頓이니 故로 云에 相反이니라. 如下對會하면 卽頓漸이 非唯不相乖反이라 而乃至互相資也니라.

아홉 번째 이유로서 "깨닫고 닦아나가는 것에 돈(頓)·점(漸)의 주장이 있는데, 이 주장이 서로 반대되는 듯하면서도 근본 뜻에 부합한다"라는 것은 무엇을 말하겠습니까.
모든 경론(經論)과 선문(禪門)에서는 "점차적으로 먼저 닦아 공(功)을 이루므로 마음이 확 트여서 돈오(頓悟)한다"라고 하기도 하며, 혹은 "먼저 돈오(頓悟)하여야 점수(漸修)

할 수 있다"라고 하기도 하며, 혹은 "돈수(頓修)로 말미암아 점오(漸悟)한다"라고 하기도 하며, 혹은 "깨달아 닦아나가는 것이 모두 점(漸)이다"라고 하기도 하며, 혹은 "모든 것이 돈(頓)이다"라고 하기도 하며, 혹은 "법에는 돈점(頓漸)이 없고 중생의 근기에 돈점(頓漸)이 있다"라고 하기도 하니, 이와 같은 모든 설은 '나름대로 각각의 의의'가 있다는 것입니다.

'이러한 주장이 반대되는 듯하다'는 것은 무엇을 말하겠습니까. 이는 "이미 깨달아서 성불하면 본래 번뇌가 없이 돈(頓)이라고 불러 이 자리는 점차 닦아서 끊어 낼 곳이 아닌데, 어찌 점수(漸修)를 다시 말할 수 있겠는가. 점수(漸修)란 번뇌(煩惱)가 다 하지 않고 인행(因行)이 원만하지 않으며 과덕(果德)이 다 찬 것이 아닌데, 이를 어찌 돈(頓)이라 이름하겠는가. 돈(頓)은 점(漸)이 아니고 점(漸)은 돈(頓)이 아니다"라는 내용으로 말하고 있기에, 서로 상반된다고 합니다. 그러나 뒤에 돈(頓)과 점(漸)을 대조하여 올바른 뜻을 알게 되면, 곧 돈(頓)과 점(漸)이 서로 어긋나 반대가 되지 않을 뿐만 아니라 돈(頓)과 점(漸)의 상호간에 서로 도움을 주게 되는 것입니다.

◉ 돈오(頓悟)와 점수(漸修)에 대한 여러 견해가 있게 되어, 이것이 대립하여 모순된다고 생각하는 것은 돈오와 점수의 의미를 정확히 모르기 때문이다. 돈(頓)과 점(漸)이 서로 대립하는 것이 아니라 서로 보완되어야, 완전한 수행이 처음부터 가능하게 되어 원만한 깨달음이 얻어지게 되는 것이다.

㈩ 스승은 근기에 맞는 방편을 써야

十은 師資傳授에 須識藥病者란 무엇인가. 謂 承上傳授方便이 皆先開示本性해야 方令依性修禪인데 性不易悟는 多由執相이라 故로 欲顯性이면 先須破執이니 破執方便은 須凡聖俱泯하여 功過齊祛니라.

열 번째 이유로서 "스승이 제자에게 방편을 써서 법을 전함에 모름지기 그 방편이 제자에게 약이 되는지 병이 되는지를 알아야 한다"는 것은 무엇을 말하겠습니까.

이는 "위로부터 법을 전수하는 방편이 모두 먼저 본성(本性)을 열어 보여주고 나서야 이것에 의지하여 선을 닦게 하였는데, 그 성(性)으로서 쉽게 깨치지 못한 것은 대개 상(相)을 집착하기 때문이다. 그러므로 본성(本性)을 드러내려면 집착을 먼저 타파해야 할 것이니, 집착을 타파하는 방편은 모름지기 범부와 성인이 함께 사라지고 공(功)과 허물이 같이 없어져야 한다"라는 것을 말합니다.

戒卽無犯無持하고 禪卽無定無亂하여 三十二相이 都是空花요 三十七品이 皆是夢幻이라한 意는 使心無所著해야 方可修禪인데 後學淺識이 便但執此言하여 爲究竟道라하며 又 以修習之門에서 人多放逸故로 復廣說欣厭하며 毁責貪嗔하며 讚歎勤儉하며 調身調息하여 麤細次第어든 後人이 聞此하고 又迷本覺之用하여 便一向執相이라. 唯根利志堅者로서 始終事師해야 方得悟修之旨어니와 其有性浮淺者는 纔聞一意하고 卽謂已足이라하여 仍恃小慧하여 便爲人師거나 未窮本末하여 多成偏執이라. 故로 頓漸門下에 相見을 如仇讎하고 南北宗中에 相敵을 如楚漢하니 洗足之誨와 摸象之諭를 驗於此矣로다.

"계(戒)의 실상(實相)에서는 계(戒)를 범하거나 지닐 것이 없고, 선(禪)의 실상(實相)에서도 마음이 고요하다거나 어지러울 것이 없어, 삼십이상(三十二相)이 모두 허공의 꽃이요 삼십칠조도품(三十七助道品)이 모두 꿈속의 환(幻)과 같다"라고 한 이 말의 의도는, '마음으로 하여금 집착할 것이 없어야 선을 닦을 수 있다'라는 뜻인데, 이 뜻을 모르는 후학들은 문득 이 말만을 구경도(究竟道)라 하여 집착을 하게 됩니다.

또 수습(修習)하는 문(門)에서는 사람들이 대체적으로 방일하기 때문에, 다시 '좋아할 것과 싫어할 것을 널리 설하며, 탐진치 삼독을 책망하며, 근검절약을 찬탄하며, 몸과 호흡을 조절하고 거칠고 미세한 망상을 차례로 다루고 있는 것'에 대하여, 후학들이 이 소리를 듣고는 또 본각(本覺)의 작용에 미혹하여 문득 한결같이 이 소리에만 집착을 하게 됩니다.

오직 근기가 뛰어나고 뜻이 견고한 자로서 스승을 처음부터 끝까지 섬겨야 깨닫고 닦아 나가야 할 종지(宗旨)를 얻을 수 있거니와, 그 성품이 뜨고 천박한 자는 겨우 하나의 뜻만 듣고서 "만족했다"라고 하여 작은 지혜에 의지해서 다른 사람의 스승이 되거나 근본과 지말을 알지 못하여 대개 한쪽에 치우치게 되는 것입니다. 그러므로 돈(頓)과 점(漸)의 문하에서 서로 보기를 원수같이 하고, 남종과 북종 가운데서 서로 적대하기를 초(楚)나라와 한(漢)나라와 같이 하니, 세족지회(洗足之誨)와89) 모상지유(摸象之諭)를90) 여기에서 증험하게 될 것입니다.

今之所述이 豈欲別爲一本이리요. 集而會之는 務在圓伊三點이니 三點이 各別하면 旣不成伊하듯 三宗이 若乖이면 焉能作佛이리요. 故知이니 欲識傳授藥病이면 須見三宗不乖하며 欲見三宗不乖이면 須解三種佛敎니라.[前敍에 有人이 難云하되 禪師何以講說인고할새 余 今에 總以十意로 答之하니 故로 初에 已敍西域祖師의 皆弘經論也니라]

지금 서술하는 것이 어찌 따로 한 권의 책을 만들고자 했겠습니까. 선문(禪門)의 요지를 모아 회통시키려 애를 쓰는 이유는 원이삼점(圓伊三點)에 있는 것이니, 세 개의 점이 떨어지면 이(伊)자를 성립시킬 수 없듯 세 종파가 괴리되면 어찌 성불할 수 있겠습니까.
그러므로 알아야 합니다. 법을 전수하는 방편이 약이 되는지 병이 되는지를 알려면 모름지기 세 종파의 종지가 서로 어긋나지 않음을 보아야 할 것이며, 세 종파가 괴리되지 않은 것을 보려면 모름지기 세 종류 부처님 가르침을 이해해야 할 것입니다.

---

89) 세족지회(洗足之誨)는 예전의 생활을 청산하고 새로운 길을 걸어간다는 가르침을 말한다. 장설(張說)의 형주옥천사 대통선사비명(荊州玉泉寺大通禪師碑銘) 속에서, 신수(神秀)가 오조(五祖) 대사가 계신 곳에 가서 스님을 모시고 부지런히 공부하기를 6년, 동산(東山)의 법(法)이 모두 신수에게 있음을 인가 받고 '이것으로 신수에게 다리를 씻도록 명하고 신수를 데리고 나란히 자리에 앉았다'라고 한 대목이 나온다. 또『아육왕경(阿育王經)』9권의 제파락기다인연(提婆落起多因緣)에 세족(洗足)의 이야기가 있다.
90) 摸象之喻는 맹인이 코끼리의 일부분을 더듬고 전체를 알았다고 착각하는 비유를 말한다.『大般涅槃經』33권 師子喉菩薩品에 나온다. 코끼리의 코를 만진 자는 코끼리를 무 뿌리 같다고 하고, 귀를 만진 자는 곡식을 고르는 키 같다고 하며, 머리를 만진 자는 돌 같다고 하며, 코를 만진 자는 절구공이 같다고 한다.

* 앞에서 어떤 사람이 "선사가 어찌하여 강설하십니까"라는 힐난이 있었는데, 내가 지금 모두 열 가지 뜻으로써 이에 답하니, 그러기에 처음부터 서역의 조사 스님들이 모두 경론(經論)을 널리 전파한 사실을 서술한 것이다.

역대의 조사들이 이어왔던 선(禪)은 불성(佛性)을 개시(開示)한 것에 의해 선(禪)을 수행하는 것이었다. 이것을 실현하기 위해서는 돈오(頓悟)와 점수(漸修)의 두 가지 뜻을 갖추고 있지 않으면 안 된다.

남종의 돈오주의(頓悟主義)에도 점오(漸悟)는 필요하고, 북종의 점오주의(漸悟主義) 배경에도 돈오의 사상이 존재하고 있기 때문이다. 북종과 남종이 대립하여 서로 적대시하는 것은 잘못된 돈오와 점오를 주장하기 때문이다. 선(禪)의 삼종(三宗)이 표면적으로는 주장이 다른 듯 보이지만 근본에 있어서는 동일하다. 당시 북종(北宗), 우두종(牛頭宗), 정중종(淨衆宗), 홍주종(洪州宗), 하택종(荷澤宗) 등의 모든 종파가 서로 적대시하여 다른 견해를 주장하고 있던 상황에서, 종밀이 각 종파의 존재의의를 부여하는 동시에, 하택종에 의해 이들을 통합하려는 의도가 엿보이는 대목이다.

四 선(禪)의 삼종(三宗)과 교(敎)의 삼교(三敎)

上之十意 理例昭然하니 但對詳禪之三宗과 敎之三種만으로도 如經斗秤으로 足定淺深이라. 先敍禪門하고 後以敎證하리라. 禪三宗者란 一은 息妄修心宗이요 二는 泯絶無寄宗이요 三은 直顯心性宗이라. 敎三種者란 一은 密意依性說相敎요 二는 密意破相顯性敎요 三은 顯示眞心卽性敎라. 右此三敎를 如次同前三宗하여 相對一一 證之然後에 總會爲一味하리라.

위에서 말한 열 가지 뜻의 이치와 사례가 분명하니, 단지 선(禪)을 세 종파로 분류한 삼종(三宗)과 교(敎)를 세 가르침으로 분류한 삼교(三敎)를 자세히 살펴보는 것만으로도 경전(經典)을 기준 삼아 종지(宗旨)의 깊고 얕음을 충분히 결정할 수 있을 듯 합니다. 먼저 선문(禪門)을 서술한 뒤에 교(敎)로써 이들의 내용이 옳았음을 증명하겠습니다.

선(禪)의 세 종파란 첫 번째는 식망수심종(息妄修心宗)이요 두 번째는 민절무기종(泯絶無寄宗)이요 세 번째는 직현심성종(直顯心性宗)을 말합니다.

교(敎)의 세 종파란 첫 번째는 밀의의성설상교(密意依性說相敎)요 두 번째는 밀의파상현성교(密意破相顯性敎)요 세 번째는 현시진심즉성교(顯示眞心卽性敎)를 말합니다.

나중에 교(敎)의 삼교(三敎)를 선(禪)의 삼종(三宗)과 서로 배대하여 하나하나 서로의 내용이 같음을 증명한 연후에, 이들을 총괄해서 하나의 내용으로 만들어 보겠습니다.

◉ 선(禪)과 교(敎)가 서로 보완되지 않으면 안 되는 열 가지 이유를 설명하고 나서, 선(禪)의 삼종(三宗)과 교(敎)의 삼교(三敎)를 배대시킨다. 선(禪)의 삼종(三宗)은 식망수심종(息妄修心宗)과 민절무기종(泯絶無寄宗)과 직현심성종(直顯心性宗)이며, 교(敎)의 삼교(三敎)는 밀의의성설상교(密意依性說相敎)와 밀의파상현성교(密意破相顯性敎)와 현시진심즉성교(顯示眞心卽性敎)를 말한다.

㊀ 식망수심종(息妄修心宗)

今且先敍禪宗이라. 初에 息妄修心宗者란 무엇인가. 說하기를 衆生은 雖本有佛性이더라도 而無始無明이 覆之하여 不見故로 輪迴生死하나 諸佛은 已斷妄想故로 見性了了하고 出離生死하여 神通自在하니 當知하라 凡과 聖의 功用이 不同이라 外境과 內心은 各有分限故로 須依師言敎 背境觀心하여 息滅妄念하라 念盡卽覺悟하여 無所不知이니 如鏡昏塵을 須勤拂拭하여 塵盡明現하면 卽無所不照이듯 又 須明解趣入禪境方便하여 遠離憒鬧하고 住閑靜處하여 調身調息하며 跏趺宴默하고 舌拄上齶하며 心注一境하라하니라. 南侁北秀와 保唐宣什 等의 門下는 皆此類也라. 牛頭天台와 慧稠求那 等의 進趣方便은 迹卽大同하나 見解는 卽別이니라.

지금은 먼저 선종(禪宗)을 서술하겠습니다. 첫 번째 말한 식망수심종(息妄修心宗)이란 무엇을 말하겠습니까.

식망수심종(息妄修心宗)에서는 설하기를 "중생은 본래 불성(佛性)이 있더라도 무시이래(無始以來)의 무명(無明)이 이를 덮어 보지 못하므로 생사에 윤회하게 되나, 모든 부처님은 이미 망상을 끊었기에 참 성품을 보고 분명하여 생사를 벗어나서 신통(神通)이 자재하니, 마땅히 범부와 성인의 공용(功用)이 같지 않다는 것을 알아야 한다. 범부의 바깥 경계와 안의 마음은 각각 나누어진 한계가 있기에, 모름지기 스승의 가르침에 의지하여 경계를 등지고 마음을 관(觀)하여 망념(妄念)을 쉬어야 할 것이다. 범부의 망념이 다한다면 깨달아 어떤 곳도 알지 못할 게 없으니, 이는 마치 거울의 묵은 때를 부지런히 닦아 거울이 깨끗해지면 어떤 곳도 비추지 못할 것이 없는 것과 같다. 또 모름지기 선(禪)의 경계에 들어가는 방편을 분명히 알아서 시끄러운 장소를 멀리하고, 조용한 곳에 머물러 몸과 호흡을 잘 다스리며, 편안히 결가부좌하고 혓바닥을 위의 잇몸에 받치면서 마음을 하나의 경계에 집중해야 할 것이다"라고 하였습니다.

남신지선(南侁智詵)·북종신수(北宗神秀)·보당무주(保唐無住)·과랑선십(果閬宣什) 등의 문하들은 모두 이 식망수심종(息妄修心宗)에 해당합니다. 우두법융(牛頭法融)·천태지자(天台智者)·혜조(慧稠)와[91] 구나발타라(求那跋陀羅)[92] 등은 공부에 들어가게

---

91) 慧稠僧稠는 四念處法 十六特勝法을 수행했던 佛陀跋陀의 제자이다. 그의 전기는 『續高僧伝』 16권 習禪篇을 참조할 것.
92) 求那跋陀羅는 네 권으로 된 『楞伽經』의 번역자이다. 『楞伽師資記』에서는 구나발타라를 禪宗의 第一祖로 하고 있다.

되는 방편의 자취가 크게 같을 수는 있으나 견해 자체는 다른 것입니다.

◉ 식망수심종의 사상과 수행방법을 설명한다. 이 종(宗)은 불성(佛性)을 덮고 있는 번뇌를 제거하기 위해서 수행을 해야 한다고 말한다. 수행방법으로는 한적한 장소에서 몸과 호흡을 다스리며 마음을 관(觀)하는 적정주의(寂靜主義)의 입장을 취한다. 예를 들면 북종(北宗)이 식망수심종(息妄修心宗)에 해당하는 것이다.

㈢ 민절무기종(泯絶無寄宗)

二에 泯絶無寄宗者란 무엇인가. 說하기를 凡聖等法이 皆如夢幻이라 都無所有로 本來空寂하니 非今始無며 卽此達無之智도 亦不可得이라 平等法界에 無佛無衆生이며 法界 亦是假名이라 心旣不有어늘 誰言法界리요 無修不修하고 無佛不佛하니 設有一法이 勝過涅槃이라도 我說 亦如夢幻이라93) 無法可拘이고 無佛可作이니 凡有所作이면 皆是迷妄이라 如此了達 本來無事하여 心無所寄해야 方免顚倒로서 始名解脫이라하나라. 石頭牛頭로 下至徑山까지 皆示此理하여 使令心行이 與此相應토록하여 不令滯情 於一法上케하니 日久功至에 塵習이 自亡하면 則於寃親苦樂에 一切無事라하거늘 因此하여 便有一類道士와 儒生閑僧과 汎參禪理者 皆說此言 便爲臻極이라도 不知此宗이 不但以此言으로 爲法이니라. 荷澤江西와 天台 等門下도 亦說此理나 然이나 非所宗이니라.

두 번째 민절무기종(泯絶無寄宗)이란 무엇을 말하겠습니까.
민절무기종(泯絶無寄宗)에서는 설하기를 "범부와 성인 등의 법이 모두 몽환(夢幻)과 같다. 조금도 존재할 것이 없어 본래 공적(空寂)하니, 지금 비로소 없는 것도 아니며, '없다'라는 것을 통달한 이 지혜도 얻을 수 없다. 평등한 법계에 부처도 없고 중생도 없으며, 법계란 이름 또한 가명(假名)이다. 마음이 이미 있지 않거늘 누가 법계를 말할 수 있겠는가. 이 자리는 닦거나 닦지 않을 것도 없고 부처나 부처 아닐 것도 없으니, 설사 어떤 한

『續高僧伝』 25권 法冲伝에 있는 그의 기록을 보면 그는 『楞伽經』의 전수와 초기 達磨禪과는 밀접한 관계가 있었다. 『楞伽師資記』와 『華嚴經傳記』는 구나발타라를 신이한 기적을 나타낸 사람으로서 다루고 있다.
93) 『禪源諸詮集都序』 상권 미주 (20) 참조 바람.

법이 열반보다 수승하다 할지라도 나는 또한 '몽환(夢幻)과 같다'라고 설할 것이다. 거리낄 수 있는 법도 없고 만들 수 있는 부처도 없으니, 무릇 지은 바가 있다면 모두 미망(迷妄)이다. 이와 같이 본래 할 일이 없음을 통달하여 마음에 의지할 바가 없어야 전도망상(顚倒妄想)을 벗어나 비로소 해탈이라 이름할 수 있는 것이다"라고 하였습니다.

석두희천(石頭希遷)과 우두법융(牛頭法融)으로부터 경산(徑山)에94) 이르기까지 모두 이 도리를 보여 주고, 마음이 이 도리와 상응하도록 하여 하나의 법 위에서 정식(情識)이 침체하지 않도록 하는 것입니다. 세월이 흘러서 공(功)이 지극함에 익혀 왔던 번뇌가 저절로 사라지면, 원수 사이거나 친한 사이가 괴롭거나 즐거운 곳에서 일체 애써 분별할 일이 없게 되는 것입니다. 이로 인(因)하여 문득 도교(道敎)의 도사(道士)와95) 유생 및 한가롭게 세월만 축내는 승려들과 널리 선리(禪理)를 연구하는 자들 모두가 이 말을 지극한 가르침이라고 말했더라도, 그들은 이 종(宗)이 단지 이런 말로서만 법을 삼지 않았다는 사실은 알지 못했던 것입니다. 하택신회(荷澤神會)·강서마조(江西馬祖)·천태지자(天台智者) 등의 문하도 또한 이런 이치를 설했기는 하였으나, 그러나 그들의 종지(宗旨)를 삼은 것은 아니었습니다.

◉ 민절무기종(泯絶無寄宗)은 일체를 부정하는 공적(空寂)으로서 종지를 삼는데, 종밀은 우두(牛頭)와 석두(石頭)의 계통이 이 종(宗)에 속한다고 한다. 공적주의(空寂主義)를 표방하기 위해서 "부처도 없고 중생도 없으며, 법계도 없고 번뇌도 없이 일체가 다 몽환(夢幻)과 같다"라고 하여 일체가 미망(迷妄)이라고 한다. 절대 부정을 강조하기 때문에 어떤 사람들은 그것을 구극의 가르침이라고 받아들이지만, 하택과 마조와 천태 등은 이 가르침을 받아들이면서도 구극(究極)의 가르침이라고 보지는 않는다.

---

94) 徑山法欽(714-792)은 玄素의 제자로서 國一大師라는 號를 받고 大覺禪師라는 시호를 받았다. 그의 전기는 『全唐文』 512권에 실려 있는 『杭州徑山寺大覺禪師碑銘幷書』와 『宋高僧伝』 9권을 참조 바라며, 牛頭宗의 법맥은 法融-智儼-慧方-法持-智威-鶴林玄素-徑山法欽으로 이어진다.
95) 牛頭法融이 있었던 牛頭山은 茅山派 道敎가 번창했던 곳이며, 『續高僧伝』의 法融伝에는 많은 道書가 존재했던 것으로 기록되어 있다. 初唐에 완성된 도교 경전인 『本際經』은 無所得空을 설하고 있어 泯絶無寄宗의 사상과 흡사한 점이 많다.

㈢ 직현심성종(直顯心性宗)

三에 直顯心性宗者란 무엇인가. 說하기를 一切諸法이 若有 若空이든 皆唯眞性이라 眞性은 無爲로서 體非一切이니 謂 非凡非聖 非因非果 非善非惡 等이라 然이나 卽體之用으로 而能造作種種하니 謂 能凡能聖 現色現相 等이라하나라.

세 번째의 직현심성종(直顯心性宗)은 무엇을 말하겠습니까. 직현심성종(直顯心性宗)에서는 설하기를 "일체제법(一切諸法)이 유(有)이든 공(空)이든 모두 오직 진성(眞性)일 따름이다. 진성(眞性)은 무위(無爲)로서 그 체(體)가 일체 어떤 모습을 띠고 있는 것이 아니니, 이는 범부나 성인도 아니요 인(因)도 아니고 과(果)도 아니며 선(善)이나 악(惡) 등의 어떤 모습도 아니라는 것을 말한다. 그러나 체(體) 자체의 용(用)으로서 온갖 모습을 만들어 낼 수 있으니, 이는 범부나 성인을 만들 수 있고 색(色)이나 상(相) 등을 나타낼 수 있는 것을 말한다"라고 했습니다.

於中 指示心性하면 復有二類하니 一에 云하되 卽今 能語言動作하고 貪瞋慈忍하며 造善造惡하여 受苦樂等이 卽汝佛性이니 卽此本來是佛이라. 除此하고 無別佛也이니 了此하면 天眞自然故로 不可起心修道니라. 道卽是心이니 不可將心하여 還修於心이고 惡亦是心이니 不可將心하여 還斷於心이니 不斷不修하며 任運自在해야 方名解脫이니라. 性如虛空하여 不增不減커니 何假添補리요. 但隨時隨處하여 息業養神으로 聖胎 增長하며 顯發自然神妙하리니 此卽是爲眞悟眞修眞證也이니라.

그 가운데 심성(心性)을 가리키면 다시 두 부류가 있게 되니, 첫 번째의 부류는[96] 다음과 같이 말합니다.

"지금 이 자리에서 말하고 움직이며, 탐진치(貪瞋痴)나 자비로운 마음을 쓰면서 선악(善惡)을 행하여 고락(苦樂) 등의 과보를 받을 수 있는 이것이, 너의 불성(佛性)이며 본래의 부처다. 이를 제쳐 놓고 다른 부처님이 없으니, 이를 알면 모든 것이 천진하고 자연

---

96) 첫 번째는 洪州宗의 사상을 가리킨다. 이 사상은 『馬祖語錄』의 사상과 같다.

스럽기에97) 달리 마음을 일으켜 도를 닦을 수 있는 것이 아니다. 도(道)가 곧 이 마음이니 이 마음을 가지고 마음을 닦을 수 있는 것이 아니며,98) 악이 또한 이 마음이니 이 마음을 가지고 마음을 끊을 수 있는 것이 아니다. 끊지도 않고 닦지도 않으면서 삶의 흐름에 맡겨져 자재해야 해탈이라 이름한다. 이 성품은 허공과 같아 더하거나 뺄 것도 아니니, 여기에 무슨 방편을 더 보탤 필요가 있겠는가. 단지 때와 장소에 따라 업(業)을 쉬고 정신을 수양하는 것만으로 성스런 태아가99) 길러지며 자연의 신묘한 도리가 드러나게 되니, 이것이 곧 참다운 깨달음이요 닦음이요 증득이 되는 것이다."

二에 云하되 諸法이 如夢함을 諸聖이 同說하니 故로 妄念이 本寂하고 塵境이 本空이라. 空寂之心이 靈知하여 不昧하니 卽此空寂之知가 是汝眞性이라. 任迷任悟하여 心本自知이니 不藉緣生이며 不因境起니라. 知之一字 衆妙之門인데 由無始迷之故로 妄執身心爲我하여 起貪瞋等念이라 若得善友開示하여 頓悟空寂之知하면 知此無念無形커니 誰爲我相人相이리요. 覺諸相空하면 心自無念하고 念起하면 卽覺하여 覺之하면 卽無하니 修行의 妙門이 唯在此也니라. 故로 雖備修萬行이더라도 唯以無念으로 爲宗이니 但得無念知見하면 則愛惡自然淡薄하고 悲智自然增明하며 罪業이 自然斷除하고 功行이 自然增進하리라. 旣了諸相非相하면 自然修而無修로서 煩惱盡時 生死卽絶하고 生滅滅已에 寂照現前하여 應用無窮을 名之爲佛하니라. 然이나 此兩家는 皆會相歸性故로 同一宗이니라.

두 번째의 부류는100) 다음과 같이 말합니다.

"모든 법이 꿈과 같음을 모든 성인(聖人)이 똑같이 설하니, 그러므로 망념과 번뇌의 경계가 본래 공적(空寂)하다. 공적한 마음이 신령스레 알아 어둡지를 않으니 곧 이 공적의 지(知)가101) 너의 진성(眞性)이다. 미혹과 깨달음에 맡겨져 마음의 근본이 스스로 아니,

---

97) 天眞自然은 인위적 조작을 가하지 않고 본래 자연의 그대로 존재하는 모습을 말한다.
98) 三祖僧璨의 『信心銘』에 "將心用心 豈非大錯"이라는 구절이 있다.
99) 성스런 태아인 聖胎는 十住·十行·十廻向의 三賢位를 말한다. 三賢位에 있으면서 善友를 반연하고 正法을 길러, 초지에 도달해 見道하여서 佛家에 태어나기 때문에 聖胎라고 한다.
100) 두 번째의 부류는 荷澤宗을 가리킨다.
101) 空寂의 知는 하택종의 근본사상이다. 神會의 『壇語』에 "본래의 體가 공적하다. 공적한 體 위에서 知를 일으킨다"라는 구절이 있다. 종밀은 『禪門師資承襲圖』에서 "知는 元來 空寂하여 空寂하면서 안다"라고 말하고 있다.

인연으로 생겨난 것도 아니며 경계로 인(因)하여 일어난 것도 아니다. 지(知)란 한 글자가 온갖 미묘한 작용을 일으키는 문인데, 무시이래로 미혹하여 몸과 마음을 허망하게 집착하여 '나'를 삼고 탐진치(貪瞋癡) 등의 망념을 일으킨다. 만약 선지식의 가르침을 받아 공적(空寂)의 지(知)를 돈오(頓悟)하게 되면 모든 것이 무념(無念)이나 무형(無形)의 것임을 알게 되니, 누가 무엇으로 아상(我相)과 인상(人相)을 삼을 수 있겠는가. 모든 상(相)이 공(空)임을 알게 되면 마음 자체에 망념이 없고, 망념이 일어나면 곧 깨달아서, 이를 깨달으면 망념이 없어지게 되니 수행의 오묘한 문이 오직 여기에 있을 뿐이다. 그러므로 만행(萬行)을 갖추어 수행하더라도 오직 무념(無念)으로써 종(宗)을 삼을 뿐이니, 단지 무념(無念)의 지견(知見)을 얻기만 하면 좋아하고 미워하는 감정이 자연히 담박해지고, 지혜와 자비심이 증가되며, 죄업이 자연 끊어지고 공행(功行)이 증진하는 것이다. 이미 모든 상(相)이 상(相)이 아님을 알게 되면 자연 닦아도 닦는 것이 없어져서, 번뇌가 다할 때 생사가 끊어지고, 생멸이 멸함에 적조(寂照)가 현전(現前)하여 그 응용이 다함이 없는 것을 이름하여 부처라 하는 것이다."

그러나 이 두 부류는 양쪽 모두 상(相)을 모아 성(性)으로 돌아가는 것이기에 동일한 종파입니다.

然이나 上三宗中에는 復有遵教慢教와 隨相毀相과 拒外難之門戶와 接外衆之善巧와 教弟子之儀軌가 種種不同이라 皆是二利行門으로 各隨其便하여 亦無所失인데 但所宗之理 卽不合하여 有二故로 須約佛和會也이니라.

그럼에도 불구하고 위에서 말한 선종의 세 종파 가운데는 다시 부처님의 가르침을 중시하거나 가볍게 여기는 종파가 있으며,102) 상(相)을 취하거나 취하지 않는 종파가 있으며,103) 외부의 힐난을 거부하는 문파가 있기도 하며, 바깥 대중의 훌륭한 방편을 받아들이는 종파가 있기도 하며, 제자를 가르치는 올바른 행동과 규범을 갖고 있는 종파도 있어서, 종류가 다양하여 그 내용이 같지는 않았습니다. 그러나 모두 자리이타(自利利他)의

---

102) 부처님의 가르침을 잘 따르는 것은 遵教이고 가볍게 여기는 것은 慢教이다. 北宗은 『능가경』의 전승을 이야기하므로 遵教에 해당하고, 南宗은 "教外別傳 不立文字"의 주장하므로 慢教에 해당한다.
103) 北宗의 看心과 凝念坐禪은 형태를 따라가므로 상(相)을 수순하는 隨相에 해당하고, 행주좌와가 모두 佛性의 현현이라 보는 洪州宗은 좌선 같은 형태를 취하지 않으므로 相을 훼손하는 毀相에 해당한다.

수행문으로서 각자 그 인연의 수월함을 따라 또한 잘못된 것이 없는데도, 단지 종지로 삼는 이치가 합치되지 않아 달라 보였던 것이기에, 부처님의 가르침으로 이들을 조화롭게 회통(會通)시켜야 했던 것입니다.

◉ 직현심성종은 진성(眞性)에 의지한 일체의 언어와 행위를 진성 전체의 표현으로 보나, 진성을 취하는 방법이 다르기에 홍주종(洪州宗)과 하택종(荷澤宗)으로 나누어진다.
　홍주종은 모든 행위가 진성의 표현에 지나지 않으므로 따로 깨달음을 구할 필요가 없다고 하니, 모두가 천진자연(天眞自然)으로서 이것이야말로 진짜 깨달음이라고 말한다.
　또 하택종에서는 공적(空寂)의 지(知)가 진성(眞性)이므로 영지불매(靈知不昧)의 지(知)를 얻는 것이 깨달음이라고 한다. 두 종(宗) 가운데서 하택종을 뒤에 둔 것은 하택종에 대한 종밀의 호의를 대변하는 것이라 할 수 있다.
　선종에는 많은 유파가 있어서 경전을 보는 방법·외부의 가르침에 대응하는 태도·수행방법·의례 등이 표면적으로는 천차만별로 보이고 있지만, 근본으로 올라가서 그들의 종지를 살펴보게 되면 위에서 서술한 삼종(三宗)의 범위를 벗어나지 못하고 있으니, 삼종(三宗)으로 이들을 회통시킬 수 있는 것이다.

㈣ 밀의의성설상교(密意依性說相敎)

次下에 判佛敎하여 總爲三種者에 一은 密意依性說相敎라. 〔佛見三界六道하니 悉是眞性之相이라. 但是衆生이 迷性而起일뿐 無別自體故로 云하되 依性이라. 然이나 根鈍者는 卒難開悟故로 且 隨他所見 境相說法하여 漸漸度故로 云하되 說相이라. 說未彰顯故로 云하되 密意也라〕

다음 부처님의 가르침을 판별하여 총괄해서 세 종류로 만든 것 중 첫 번째는 '비밀한 뜻을 성(性)에 의지하여 상(相)을 설파한다'는 밀의의성설상교(密意依性說相敎)입니다.

＊ 부처님이 삼계육도(三界六道)를 보니 모두 참 성품의 모습이었다. 단지 중생이 참 성품에 미혹하여 삼계육도를 일으켰을 뿐, 삼계육도가 따로 스스로의 어떤 실체(實體)가 없었으므로 참 성품에 의지한다고 말한 것이다. 그러나 근기가 둔한 자는 이것을 금방 알기 어려웠기에, 또 그가 본 경계와 상(相)을 따라서 법을 설하여 점차 제도해야 했기에 상(相)을 설한다고 말한 것이다. 아직 분명히 드러나지 않는 것을 설하기 때문에 밀의(密意)라고 한다.

此一教中에 自有三類니라. 一은 人天因果教이니 說善惡業報하여 令知因果不差케하고 懼三途苦하여 求人天樂이라. 修施戒禪定等의 一切善行하여 得生人道天道 乃至 色界無色界故로 云하되 人天教이니라.

이 밀의의성설상교(密意依性說相教) 가운데는 세 부류의 가르침이 있게 됩니다.
첫 번째는 인천인과교(人天因果教)이니, 이 가르침은 "선악(善惡)의 업보(業報)"를 설하여 인과(因果)에 예외가 없음을 알게 하고, 삼악도의 고통을 두려워하여 인천(人天)의 즐거움을 구하게 합니다. 보시(布施)와 지계(持戒)와 선정(禪定) 등의 일체 선행을 닦아서, 인간과 천상세계 나아가 색계(色界)와 무색계(無色界)에 태어날 수 있기에 인천교(人天教)라 하는 것입니다.

二는 斷惑滅苦教니 說 三界不安이 皆如火宅之苦라하여 令斷業惑之集하려 修道證滅케하고 以隨機故로 所說法數 一向差別이니 以揀邪正하고 以辨凡聖하며 以分欣厭하고 以明因果하니라. 說眾生의 五蘊은 都無我主하여 但是形骸之色 思慮之心일뿐 從無始來 因緣力故로 念念生滅하고 相續無窮하여 如水涓涓 如燈燄燄이라. 身心이 假合에 似一似常하여 凡愚는 不覺하고 執之爲我하여 保此我故로 即起貪 [貪名利하여 以榮我니라] 瞋 [瞋은 違情境하여 恐侵害我니라] 癡 [觸向錯解하여 非理計較니라] 等三毒이라.

두 번째는 '미혹을 끊어 고(苦)를 멸한다'는 단혹멸고교(斷惑滅苦教)이니, 부처님의 이 가르침은 "삼계(三界)의 불안이 모두 불난 집의 고통과 같다"라고 설하여, 중생의 업혹(業惑)이 모이는 원인을 끊게 하기 위해 도(道)를 닦아 고통의 멸함을 증득케 하려는 것입니다. 이 가르침은 중생의 근기를 따르기에 설하는 법의 내용에 한결같이 차별이 있게 되었으니, 이는 정의와 불의를 가리고 범부와 성인을 알아내며 좋고 싫음을 분별하고 인과(因果)를 밝히고 있었기 때문입니다.
또 이 가르침은 설하기를 "중생의 오온(五蘊)은104) 조금도 나라고 주장할 주인이 없이 단지 형태를 지닌 색(色)과 사려하는 마음일 뿐, 무시이래 많은 인연의 힘으로 생각생각

---

104) panca-skandha의 번역인 五蘊은 舊譯에서는 五陰이라 번역하였다. 물질과 마음을 구성하고 있는 다섯 개의 요소로서 色·受·想·行·識을 말한다. 色은 형태를 가진 물질이고, 受는 감각기관이며, 想은 마음에 모습을 떠올리는 表象作用을 말하고, 行은 의지를 발동하는 과정이며 識은 분별작용이다.

생멸하고 끝없이 상속하여 마치 시냇물이 졸졸 흐르듯 등불이 활활 타오르듯 하는 것과 같다"라고 합니다. 몸과 마음이 임시로 결합했으나 하나인 것 같고 영원한 것 같아서, 어리석은 범부는 이를 깨닫지 못하고 집착하여 '나'를 삼고, 이 '나'를 보존하려 하기에 탐진치(貪瞋癡) 등의 삼독심(三毒心)을 일으킨다는 것입니다.

> * 탐(貪)은 명예와 이익을 탐하여 나를 영화롭게 하려는 것이고, 진(瞋)은 자기의 생각에 거슬려서 자기에게 어떤 해침이 있을까 두려워하는 것이며, 치(癡)는 하는 일마다 잘못 알아 사리로서 잘 판단하지 못하는 것을 말한다.

三毒이 擊於意識하여 發動身口해서 造一切業하니 業成難逃라. [影隨形 響應聲] 故로 受五道苦樂等身 [此是別業所感] 三界勝劣等處하고 [此是共業所感處也] 於所受身을 還執爲我하고 還起貪等하여 造業受報니라. 身則生老病死로서 死而復生하고 界則成住壞空으로서 空而復成하니 劫劫生生에 輪迴不絶하여 無終無始이니 如汲井輪이라 都由不了 此身이 本不是我니라. [此上은 皆是前人天敎中 世間因果也라. 前은 但令厭下欣上일뿐 未說三界 皆可厭患하고 又未破我인데 今具說之하니 卽苦集二諦也라. 下破我執하고 令修道滅二諦하여 明出世因果故로 名四諦敎也니라]

이 삼독(三毒)이 의식을 휘저어 몸과 입을 움직여서 일체의 업을 짓게 하니 업을 피하기가 어려웠습니다.

> * 그림자는 형태를 따라가고, 메아리는 소리에 응하는 것이다.

그러므로 오도(五道)의 고통이나 즐거움을 받게 되는 몸과

> * 이것은 별업(別業)으로105) 감응한다.

삼계(三界)로서 수승하거나 하열한 삶의 터전을 받게 되었으니,

> * 이것은 공업(共業)으로 감응한다.

이렇게 받은 몸을 '나'를 삼아 다시 집착하여 탐진치(貪瞋癡)를 일으켜서 업을 짓고 과보를 받게 되는 것입니다. 몸은 생(生)·노(老)·병(病)·사(死)로서 죽어 다시 태어나고, 계(界)는 성(成)·주(住)·괴(壞)·공(空)으로서 사라졌다 다시 생겨나는 것이니, 겁겁(劫劫)의 세세생생(世世生生)에 윤회가 끊어지지를 않아 처음도 끝도 없으니 마치 물을 푸는 우물의 두레박과 같습니다. 이는 모두 이 몸이 본래 '나'가 아니란 사실을 알지

---

105) 業을 개인적으로 받게 되는 것을 別業이라 하고, 중생들과 함께 비슷한 인연으로 공통으로 받게 되는 업이 共業이다.

못함으로 말미암았던 것입니다.

* 이 위는 모두 인천교(人天敎) 가운데서 말하는 세간의 인과(因果)다. 앞은 단지 나쁜 세상을 싫어하고 좋은 세상을 좋아하도록 할 뿐, 아직 삼계가 모두 싫어하고 근심해야 할 것임을 설하지도 않고 또한 나를 타파하지도 않았는데, 지금 모든 것을 갖추어 설하게 되니 곧 고제(苦諦)와 집제(集諦)이다. 다음은 아집(我執)을 타파하고 도제(道諦)와 멸제(滅諦)를 닦도록 하여 세간을 벗어나는 인과(因果)를 밝히게 되므로 사제교(四諦敎)라 이름하는 것이다.

不是我者란 무엇인가. 此身의 本因은 色心和合으로 爲相이라. 今推尋分析하면 色有地水火風之四類하고 心有受 [領納好惡之事] 想 [取像] 行 [造作一切] 識 [一一了別] 之四類하니 [此四與色都名五蘊] 若皆是我라면 卽成八我라. 況色中 復有三百六十段骨하고 段段各別하며 皮毛筋肉 肝心脾腎이 各不相是하며 [皮不是毛等] 諸心數等도 亦各不同하여 見不是聞이며 喜不是怒라. 旣有此衆多之物하니 不知定取何者하여 爲我리요. 若皆是我라면 我卽百千이어一身之中 多主紛亂이요 離此之外 復無別法하니 翻覆推我컨대 皆不可得이라.

이 몸이 본래 '나'가 아니란 사실은 무엇을 말하겠습니까. 이 몸이 만들어진 본래 원인은 색(色)과 심(心)이 화합하여 만들어진 모습이라는 것입니다. 지금 추론하여 분석해 보면 색(色)에는 지(地)·수(水)·화(火)·풍(風)의106) 네 종류가 있고, 심(心)에는 수(受)·상(想)·행(行)·식(識)의 네 종류가 있게 되니,

* 수(受)는 좋고 나쁜 일을 받아들이는 것, 상(想)은 마음에 떠오르는 모습을 취하는 것, 행(行)은 일체의 판단을 만들어 나가는 과정, 식(識)은 하나하나의 일을 판단하여 아는 것이다. 이 네 가지와 색을 합쳐서 모두를 오온(五蘊)이라 한다.

만약 이 모든 것이 '나'라고 하면 곧 여덟 명의 '나'가 있게 됩니다.

하물며 색(色) 가운데 다시 삼백육십개로 구분되어지는 뼈마디가 있고 구분되는 뼈마디마다 각기 모양을 달리하고 있으며,

* 피부는 털이 아니다는 등등의 것

살갗과 털·근육과 살·간장과 비장·심장과 신장 등도 각각 모습을 달리하며, 모든 마음의 작용들이 또한 제각기 달라서 보는 것이 듣는 것은 아니었으며 기뻐하는 것이 화내는 것은 아니었습니다. 이미 이 몸에 이렇게 많은 것들이 있게 되었으니, 무엇을 가지고

---

106) 地·水·火·風은 물질을 구성하고 있는 네 종류의 요소이다. 모든 물질은 極微의 집합이고, 그 極微에는 堅·濕·煖·動의 네 성질이 있게 되는데, 地는 堅性·水는 濕性·火는 煖性·風은 動性을 가지게 된다.

'나'라고 결정해야 할지를 알지 못하겠습니다.

만약 모든 것이 '나'라면 나는 곧 수많은 '나'가 있게 되어 한 몸 가운데 많은 주인들이 있어서 분란이 있게 될 것이요, 이 몸을 떠나서도 다시 다른 법이 없었으니 뒤집어 생각하건대 모든 것은 어떤 실체로서 얻을 수 있는 게 아니었습니다.

> 便悟 此身心等 但是衆緣으로서 似和合相이나 元非一體며 似我人相이나 元無我人이라면 爲誰貪瞋하며 爲誰殺盜며 誰修施戒하며 誰生人天이리요. [知苦集也] 遂不滯心於三界有漏善惡하며 [斷集諦也] 但修無我觀智일뿐 [道諦] 以斷貪等하여 止息諸業하고 證我空眞如하여 得須陀洹果하며 乃至 滅盡患累하여 得阿羅漢果하여 [滅諦] 灰身滅智로 永離諸苦니라. 諸阿含等經 六百一十八卷과 婆沙等論 六百九十八卷이 皆唯說此小乘과 及前人天因果라 部帙이 雖多나 理不出此니라.

문득 이 몸과 마음 등이 단지 많은 인연으로서 인연이 모아진 어떤 모습으로 있는 듯하나 원래 하나의 체(體)로 이루어진 모습이 아니며, 나와 남의 모습으로 있는 듯하나 원래 나와 남의 모습이 없다는 사실을 깨달으면, 누구를 위해 욕심을 내고 화를 낼 것이며, 누구를 위해 살생을 하고 도둑질을 할 것이며, 그 누가 보시(布施)와 지계(持戒)를 닦게 되며, 그 누가 인천(人天)에 태어날 수 있겠습니까.

   * 고제(苦諦)와 집제(集諦)를 안 것이다.

마침내 삼계(三界) 유루(有漏)의 선악(善惡)에 마음이 걸리지 않게 되었으며,

   * 집제(集諦)를 끊었다.

단지 무아(無我)를 관하는 지혜를 닦았을 뿐입니다.

   * 도제(道諦)

그것으로 탐진치(貪瞋癡)를 끊어 모든 업을 쉬고 아공(我空)의 진여(眞如)를 증득하여 수다원과(須陀洹果)를107) 얻게 됩니다. 나아가 모든 번뇌를 멸하여 아라한과를 얻어서

   * 멸제(滅諦)

---

107) 須陀洹果는 預流라고 번역하는데, 소승불교에서 말하는 깨달음의 四果 중 첫 번째이다. 三界의 見惑을 끊으면 이 果를 얻는다고 한다. 참고로 聲聞四果는 預流果·一來果·不還果·阿羅漢果를 말한다.

몸과 마음이 사라진 지혜로[108] 영원히 모든 고(苦)를 벗어나는 것입니다. 모든 『아함경(阿含經)』 등의 경전 618권과 『파사론(婆沙論)』 등의 논(論) 698권[109] 모두가 오직 이 소승과 앞의 인천교의 인과를 설하고 있을 뿐이니, 경론(經論)의 분량이 많다 할지라도 모든 이치가 여기서 설한 내용을 벗어나지 못하고 있는 것입니다.

三은 將識破境敎이니 [說 前所說境相이 若起若滅이든 非唯無我라 亦無如上等法이어 但是情識이 虛妄變起라하니 故로 云 將識破境也라]

세 번째는 '식(識)을 가지고 경계를 타파한다'는 장식파경교(將識破境敎)이니,[110]
 * 이 가르침은 앞에서 말한 "경계의 모습이 일어나거나 멸하든 간에 모두 무아(無我)일 뿐만 아니라, 위와 같은 법들 또한 존재하지 않고 단지 정식(情識)이 허망하게 일으킬 뿐이다"라고 설하니, 그러므로 장식파경교(將識破境敎)라고 말한다.

說하기를 上生滅等의 法은 不關眞如라. 但各是衆生이 無始已來 法爾 有八種識이니라. 於中에 第八藏識이 是其根本하여 頓變根身器界種子하여 轉生七識하고 各能變現 自分所緣이니 [眼緣色 乃至 七緣見 八緣根種器界也] 此八識外에 都無實法이니라.

이 가르침에서는 설하기를 "위에서 말한 생멸 등의 법은 진여(眞如)와 관계없이, 단지 각각 중생이 무시이래로 으레 여덟 종류의 식(識)으로 있을 뿐이다. 그 가운데 제팔장식(第八藏識)이 근본이 되어 근신(根身)과 기계(器界)의 종자를 문득 전변시켜 칠식(七識)을 내게 되고, 각자의 식(識)은 자분(自分)의 소연(所緣) 경계를 변현(變現)해 낼 수 있

---

108) 灰身滅智는 소승에서 번뇌를 끊은 후, 火光三昧에 들어가 몸을 태우고 마음을 멸하여 空寂無爲의 열반에 들어가는 것이다. 이것이 二乘에서 말해지는 마지막 깨달음이다.
109) 阿含은 長阿含·中阿含·雜阿含·增阿含인 네 종류의 『阿含經』을 말한다. 게다가 618권의 경과 『婆沙論』 『俱舍論』 등의 698권의 논이 있다는 것은 『開元錄』 13권에 "聲聞契經藏 240부 618권 48질, 聲聞調伏藏 54부 446권 45질, 聲聞對法藏 36부 698권 72질"이라고 말한 것에 근거한다. 『貞元錄』 23권에는 聲聞契經藏과 對法藏은 『開元錄』과 똑같지만 調伏藏은 "61부 493권 45질"이라고 되어 있다.
110) 斷惑滅苦敎가 我空만을 밝힌 것에 대하여, 將識破境敎는 我空과 法空을 설한다. 護法의 唯識說은 境無識有의 입장에서 바깥의 경계를 모두 唯識所變이라 보는데, "識으로써 경계를 타파한다"는 것이 그 의미이다. 修道論은 煩惱障과 所知障을 끊고 我空과 法空으로 나타난 진여를 증득해서 識을 智로 바꾸는 것을 목적으로 한다. 이러한 내용은 『解深密經』 『瑜伽論』 『攝大乘論』 『成唯識論』 등에서 설한다.

게 되니,

* 안(眼)·이(耳)·비(鼻)·설(舌)·신(身)·의(意)는 색(色)·성(聲)·향(香)·미(味)·촉(觸)·법(法)을 반연하고, 칠식(七識)은 팔식(八識)의 견분(見分)을 반연하며,111) 팔식(八識)은 근신(根身)과 기계(器界)의 종자를 반연한다.

이 팔식 외에 조금도 실다운 법이 없다"라고 하였습니다.

問이라. 如何變耶리요. 答이라. 我法을 分別熏習力故니라. 諸識이 生時 變似我法이나 六七二識이 無明覆故로 緣此하여 執爲實我實法하니 如患[病重心昏 見異色人物]夢[夢想所見可知]者患夢力故로 心似種種外境相하여 現커든 夢時 執爲實有外物하다 寤來에 方知唯夢所變인듯 我此身相 及外世界도 亦復如是하여 唯識所變이니라. 迷故로 執有我及諸境하다 旣悟이면 本無我法하고 唯有心識이라. 遂依此二空之智하여 修唯識觀 及六度四攝等行하고 漸漸伏斷 煩惱所知二障하여 證二空所顯眞如라. 十地가 圓滿하여 轉八識 成四智菩提也며 眞如障盡하여 成法性身大涅槃也이니라. 解深密等의 數十本經과 瑜伽唯識의 數百卷論에서 所說之理 不出此也니라. 此上三敎는 都爲第一密意依性說相敎니라.

問 : 어떻게 전변(轉變)하는 것입니까.

答 : 나와 법을 분별하는 훈습력 때문에 전변(轉變)합니다. 모든 식(識)이 생겨날 때 전변(轉變)하여 나와 법이 있는 듯하나, 이는 육식(六識)과 칠식(七識)이 무명(無明)에 덮여 있으므로 이를 반연하여 집착해서 실제 아(我)와 법(法)으로 삼고 있습니다.
마치 병든 꿈을 꾸는 자가

* 몸과 마음이 병들면 이상한 물체나 사람들을 보게 된다.

병든 꿈의 기운 때문에

* 꿈속에서 본 바는 알 수 있다.

---

111) 第七識은 第八識의 見分을 반연한다. 見分은 대상을 비추어 보는 작용으로서 인식주체를 말한다. 제칠식이 제팔식을 반연하는 것에 대해서는 難陀·火辨·安慧·護法의 異說이 있다고『成唯識論』4권에서 말하고 있다. 난타는 제팔식의 心王 및 心所를 반연한다고 하고, 화변은 제팔식의 見分 및 相分을 반연한다고 하며, 안혜는 제팔식의 현행 및 종자를 반연한다고 한다. 그러나 호법은 이들을 모두 비판하고 제칠식은 다만 제팔식의 見分을 반연한다고 한다. 종밀은 호법의 해석을 받아들여 "七緣八見"이라 하였다. 화엄종의 法藏이 眞諦의 唯識을 받아들인 것에 대하여 종밀이 호법의 유식, 곧 法相宗의 유식을 받아들인 것은 흥미롭다.

마음이 온갖 바깥 경계의 모습과 비슷하게 나타나는데, 꿈을 꿀 때는 실제 바깥의 사물이 있다고 집착하다 꿈이 깨서야 '오직 꿈에서 전변한 것이었음'을 아는 것과 같이, 나의 이 몸과 바깥 세계도 이와 같이 오직 식(識)이 전변했을 따름입니다. 이를 미혹했기에 나와 모든 경계가 있다고 집착하게 되나, 깨달으면 본래 나와 법이 없고 오직 심식(心識)이 있을 뿐입니다.

마침내 이 아공(我空)과 법공(法空)의 지혜에112) 의지하여 유식관(唯識觀)과113) 육도(六度)·사섭법(四攝法)114) 등의 보살행을 닦고, 점차 번뇌장(煩惱障)과 소지장(所知障)을115) 끊어서 조복(調伏)하여, 아공(我空)과 법공(法空)이 드러난 진여(眞如)를 증득하게 됩니다. 그러면 십지(十地)가116) 원만(圓滿)하여 팔식(八識)을 전변(轉變)시켜 사지(四智)의 보리(菩提)를 성취하며,117) 진여(眞如)의 장애물이 모두 사라지며 법성신(法性身)의 대열반을 성취하는 것입니다.

『해심밀경(解深密經)』 등 수십 권의 경전과 『유가론』 『유식론』 등의 수백 권 논서들에서 설해진 모든 이치가118) 여기서 설한 내용을 벗어나지 못합니다. 지금까지 말한 인천인과교(人天因果敎)·단혹멸고교(斷惑滅苦敎)·장식파경교(將識破境敎)는 모두 교종(敎宗)의 첫 번째 밀의의성설상교(密意依性說相敎)가 됩니다.

---

112) 法相宗의 敎說로서 我空과 法空을 얻은 지혜를 말한다. 我空은 人無我를 法空은 法無我를 말하니, 我空智에 의해서 我執이 사라지고 法空智에 의해서 法執이 멸해지는 것이다.
113) 唯識觀은 慈恩大師의 唯識觀法으로 五重唯識觀을 말하는데, 이것은 『大乘法苑義林章』 1권의 唯識義林 및 『心經幽贊』 상권에 나온다. 五重唯識은 遣虛存實識·捨濫留純識·攝末歸本識·隱劣顯勝識·遣相証性識을 말한다. 이 五重唯識에 근거하여 화엄종의 입장에서 만들어진 法藏의 『探玄記』 18권에 十重唯識觀이 있는데, 이것은 澄觀에게도 계승되어져 후에 華嚴觀法의 하나로 중시된다.
114) 六度는 보시·지계·인욕·정진·선정·지혜의 육바라밀을 말하고, 사섭법은 布施·愛語·利行·同事의 네 가지를 말한다. 대승불교에서 중요시하는 보살의 실천덕목이다.
115) 煩惱障은 아집에서 일어나고 所知障은 법집에서 일어난다. 二乘은 번뇌장만 끊고 보살은 번뇌장과 소지장을 함께 끊는다.
116) 十地는 보살 수행의 맨 마지막 열 단계를 말한다. 그 종류의 이름은 歡喜地·離垢地·發光地·焰慧地·難勝地·現前地·遠行地·不動地·善慧地·法雲地이다.
117) 轉八識成四智菩提는 미혹의 근원인 八識을 깨달아 청정한 四智로 전환하는 것이며, 轉識得智라고도 말한다. 청정한 깨달음에 의하여 前五識은 成所作智·제육식은 妙觀察智·제칠식은 平等性智·제팔식은 大圓鏡智로 바꾸어지는 것이다. 北宗禪의 『大乘開心顯性頓悟眞宗論』에는 이 四智가 설해져 있으니, 이는 북종선과 법상종과의 관계를 생각할 수 있는 중요한 자료이다.
118) 法相宗의 所依經論은 六經十一論이 있다. 六經은 『華嚴經』 『解心密經』 『如來出現功德莊嚴經』 『阿毘達磨經』 『楞伽經』 『厚嚴經』을 말하고, 十一論은 『瑜伽論』 『顯揚聖敎論』 『大乘莊嚴經論』 『集量論』 『攝大乘論』 『十地經論』 『分別瑜伽論』 『觀所緣論』 『二十唯識論』 『辯中辺論』 『阿毘達磨雜集論』을 말한다. 法相宗이란 명칭은 『解心密經』의 一切法相品에 근거하고, 『瑜伽論』에서는 『해심밀경』이 전면적으로 인용되고 있다. 『해심밀경』은 범어로 Samdhinirmokana-sutra이고 眞諦는 이것을 『解節經』이라 번역했다.

◉ 교종(教宗)의 삼교(三教) 가운데 첫 번째인 밀의의성설상교(密意依性說相教)를 설명하였다. 이것은 세간 일반의 선악과 업보의 윤리를 설하는 인천인과교(人天因果教)와, 소승교(小乘教)의 가르침인 단혹멸고교(斷惑滅苦教)와, 법상종(法相宗)의 가르침인 장식파경교(將識破境教)로 나누어진다.

장식파경교(將識破境教)는 선종의 식망수심종(息妄修心宗)에 배대되고, 밀의의성설상교를 설한 경론(經論)으로는 『해심밀경(解心密經)』『유가론(瑜伽論)』『유식론(唯識論)』 등이 해당된다. 화엄종(華嚴宗)의 오교판(五教判)에서 말하고자 하는 소승교(小乘教)와 대승시교(大乘始教) 가운데의 상시교(相始教)에 해당한다.

㊄ 장식파경교(將識破境教)와 식망수심종(息妄修心宗)

然이나 唯第三將識破境 與禪門息妄修心宗으로 而相符會니라. 以知外境이 皆空故로 不修外境事相하고 唯息妄修心也라. 息妄者는 息我法之妄하고 修心者는 修唯識之心故로 同唯識之教니라. 既與佛同인대 如何毁他漸門의 息妄看淨하여 時時拂拭 凝心住心하여 全注一境 及調身調息等也리요. 此等 種種方便은 悉是佛所勸讚이니라.

그러나 오직 세 번째의 장식파경교(將識破境教)만 선문(禪門)의 식망수심종(息妄修心宗)과 서로 내용이 맞아떨어져 회통하게 됩니다.

식망수심종(息妄修心宗)은 바깥 경계가 모두 공(空)임을 알고 있기에, 바깥 경계를 닦아가지 않고 오직 망념을 쉬어 마음을 닦을 뿐입니다. 망념을 쉰다는 것은 아(我)와 법(法)에 집착하는 망념을 쉬는 것이고, 마음을 닦는다는 것은 오직 식(識)일 뿐인 마음을 닦아 가는 것이기에 유식(唯識)의 가르침과 같습니다.

식망수심종(息妄修心宗)이 이미 부처님의 말씀과 같은데, 어찌 점문(漸門)에서 망념을 쉬고 청정한 마음을 보려 부지런히 정진하여 마음을 한 곳에 모아 집중하고 몸과 마음의 리듬을 조절하려 애쓰는 것 등을 비방하고 훼손할 수 있겠습니까. 이들 온갖 방편이 모두 부처님께서 찬탄하고 수행하기를 권한 내용들입니다.

淨名은 云 不必坐라하고 不云 必不坐라하니119) 坐與不坐는 任逐機宜요 凝心運心은 各量
習性이니라. 當 高宗大帝 乃至 玄宗朝時까지 圓頓本宗은 未行이러니 北地에 唯有神秀禪
師 大揚漸敎하여 爲二京法主 三帝門師하여 全稱達磨之宗하되 又 不顯 卽佛之旨니라. 曹
溪荷澤이 恐圓宗滅絶하여 遂訶毁住心調伏等事하나 但是除病일뿐 非除法也니라. 況此之
方便은 本是五祖大師敎授하여 各皆印可하고 爲一方師이라.120) 達磨는 以壁觀으로 敎人安
心하여 云 外止諸緣하고 內心無喘 心如墻壁해야 可以入道라하니 豈不正是坐禪之法이리요.

정명(淨名)은 "반드시 좌선(坐禪)할 것은 아니다"라고 하고, "반드시 좌선(坐禪)해서는
안 된다"라고 말하지 않았으니,121) 좌선을 '한다거나 하지 않는다'는 것은 근기가 합당한
데 맡겨둘 일이요, '마음을 한군데 모은다거나 상황에 따라 운용한다'는 것은 각자 자기의
익힌 습성을 헤아려야 할 것입니다.

고종대제(高宗大帝)로부터 현종(玄宗)에 해당하는 시기까지122) 원돈(圓頓)의 본 종지
(宗旨)가123) 아직 행해지지 않았었고, 북쪽 땅에는 오직 신수(神秀) 선사만이 있어서 크
게 점교(漸敎)를 선양(宣揚)하여 동경과 서경의 법주(法主)가124) 되었고 삼제(三帝)의
문사(門師)가125) 되어 완전 달마(達磨)의 종(宗)을 칭했으되 또한 중생이 "바로 부처"라
는 종지는 드러내지를 않았습니다.

그러자 주계하태(漕溪荷澤)이 원종(圓宗)이 끊어질까 걱정하여, 마침내 '마음을 모아
번뇌를 조복(調伏)한다는 등의 일'은 잘못이라고 책망하게 된 것입니다. 이 의도는 단지
병을 제거할 뿐, 법을 제거하자는 것은 아니었습니다. 더욱이 이 방편들은 본래 오조(五
祖) 대사가 가르치고 각각 전법제자 모두에게 인가하여 한 쪽을 대표하는 스승들이 되게
했던 것이 아닙니까. 달마는 벽관(壁觀)으로126) 사람들이 마음을 편안하게 갖도록 하여

---

119) 『禪源諸詮集都序』 상권 미주 (21) 참조 바람.
120) 『禪源諸詮集都序』 상권 미주 (22) 참조 바람.
121) 『維摩經』 弟子品 舍利弗章에 나오는 내용이다.
122) 高宗大帝부터 玄宗까지의 중간에 中宗과 睿宗의 二帝가 있었다.
123) 여기서 圓頓의 本 宗指라고 번역한 圓頓本宗은 달마의 선법을 말하고, 보통 때 쓰는 圓頓宗이르는 용어는 天台宗
을 가리킨다.
124) 東京은 長安을 말하고 西京은 洛陽을 말한다.
125) 三帝는 則天武后・睿宗・中宗을 말한다. 神秀로 대표되는 北宗의 세력은 普寂・義福 때가 전성기였다. 『舊唐書』에
서 唐代의 불교를 대표하는 사람으로서 玄奘・神秀・一行 세 사람을 들었고, 神秀전에 딸려서 普寂과 義福의 전기가
보이니 北宗禪의 사회적 영향이 강했던 것을 알 수 있겠다.
126) 壁觀은 『二入四行論』에 있는 曇林의 서에 처음 나오고, 道宣의 『續高僧傳』 16권에 인용되어졌다. 또 智儼의 『孔目
章』 2권에서 『眞如觀』・『唯識觀』・『空觀』 등의 여러 종류 觀法을 설명하는 가운데 壁觀이 있었지만, 그 내용에 대해
설명하지는 않았다. 神會나 또는 『歷代法寶記』에도 벽관에 대해서는 전혀 언급이 없다. 종밀이 이 도서에서 "바깥으로

"바깥으로 모든 반연을 쉬고 안으로 헐떡거림이 없어서 마음이 장벽 같아야 도(道)에 들어갈 수 있다"라고 말하고 있으니, 이것이 어찌 바로 좌선하는 법이 아니겠습니까.

又 廬山의 遠公이 與佛陀耶舍二梵僧과 所譯達磨禪經兩卷에 具明坐禪門戶次第方便이니 與天台及侁秀門下意趣와 無殊니라. 故로 四祖는 數十年中 脅不至席하니라. 卽知이니 了與不了之宗이 各由見解深淺이라 不以調與不調之行으로 而定法義偏圓이니라. 但自隨病對治일뿐 不須讚此毀彼니라. [前敘에 有人이 問難余云하되 何以勸坐禪者오 함에 余今 以此로 答也니라]

또 여산(廬山)의 혜원(慧遠) 선사가 불타야사(佛陀耶舍)와 발타파라삼장(跋陀波羅三藏)과 함께 번역한『달마선경(達磨禪經)』127) 두 권에는 좌선하는 순서와 방편을 자세히 밝혀 놓고 있었으니, 이 내용은 천태(天台)와 지신(智侁) 및 신수(神秀)의 문하에서 지향하는 뜻과 조금도 다를 것이 없습니다. 그러므로 사조(四祖) 도신(道信)128) 선사는 수십 년 옆구리를 방바닥에 눕히지를 않았습니다.

이런 설명으로서 곧 요의(了義)와 불요의(不了義)의 종지(宗旨)는 각각 견해의 깊고 얕음으로 말미암아 결정되어지는 것이고, '자세를 다듬거나 다듬지 않는 행으로써 법의(法義)의 편협함과 원만함을 결정하는 것이 아니다'는129) 사실을 알게 될 것입니다.

단지 스스로 중생의 병을 따라서 치료만 할 뿐, 자기의 편협한 생각으로 자기의 견해를

모든 반연을 쉬고 안으로 헐떡거림이 없어서 마음이 장벽 같아야 도(道)에 들어갈 수 있다"라고 한 것이 벽관에 대한 최초의 해석이다. 宋代의 『傳燈錄』 30권은 『二入四行論』을 수록하고 벽관에 대해서 재평가 하고 있다. 『釋門正統』 8권에서는 벽관을 설명하여 "홀로 眞法을 가지고 如如하게 마음을 편하게 하는 것을 벽관이라 한다"라고 말하고, 다시 이것을 주석하여 "客塵僞妄에 들어가지 않는 것을 壁이라 한다"라고 하였다.

127) 『達磨多羅禪經』은 廬山慧遠의 請에 의해 佛陀跋陀羅(359-429)가 413년경에 번역했다. 都序에서 慧遠・佛陀・耶舍 세 사람을 번역자라 말한 것은 禪宗燈史의 『歷代法寶記』의 설을 받아들인 것이라고 생각된다. 『歷代法寶記』에서 禪宗의 初祖는 菩提達磨多羅 선사로서 그의 제자는 불타・야사 두 사람이 있었고, 이 두 사람이 廬山 東林寺에 가서 혜원과 함께 禪門經 1권을 번역했다고 한다. 이『역대법보기』의 기록은 사실을 왜곡한 것이지만 종밀은 이 기록에 의해 선경의 번역을 이야기하고 있다. 『역대법보기』는 四川省 省都에 있었던 淨衆禪門의 역사를 쓴 것이지만 똑같은 사천성 출신의 종밀이 이 책을 읽었을 것이다. 『圓覺經』이랑 『寶藏論』 등 사천성에서 만들어진 僞作이라고 생각되는 經論은 많다.

128) 『歷代法寶記』의 道信伝에 "晝夜常坐 不臥六十余年 脇不至席"이란 구절이 있으나, 『續高僧伝』과 『楞伽師資記』의 道信에 관한 내용에는 들어 있지 않다.

129) 調身・調息을 취하느냐 아니냐에 따라서 그 가르침이 치우친 것인가 아니면 원만성취한 것인가를 결정하지는 않는다는 것이다. 北宗은 調身・調息을 주장하며 고요한 곳에서 좌선하는 것을 깨달음의 수단으로 삼지만, 洪州宗은 좌선에 구애를 받지 않는다.

옳다고 찬탄하여 다른 견해를 훼손하지 말아야 할 것입니다.

* 앞에서 어떤 사람이 나에게 힐난해 말하기를, "무슨 이유로 좌선을 권하는가"라고 한 것에 대하여, 내가 지금 이 단락으로 답변을 한다.

◉ 밀의의성설상교(密意依性說相敎) 가운데의 장식파경교(將識破境敎)는 선문(禪門)의 식망수심종(息妄修心宗)과 내용이 같다는 사실을 밝혔다.

'바깥 경계를 취하지 않고 안의 마음을 응시'하는 식망수심종의 간심법(看心法)은 '경계가 없고 식(識)만 있다'는 장식파경교의 경무식유(境無識有)와 내용이 같다는 것이다. 종밀은 북종(北宗)의 식망수심종에 대하여 상당히 호의적인 평가를 하고 있다.

그 이유로서 첫 번째는 하택신회(荷澤神會)의 북종에 대한 공격은 북종이 주장하는 응심(凝心)을 공격하는 것으로서 선법 그 자체를 부정한 것은 아니었다.

두 번째는 신수(神秀) 대사는 오조(五祖) 홍인(弘忍)의 인가를 받은 선사라는 점이다.

세 번째는 북종에서 조식조신(調息調身)하는 좌선의 방법은 아직 돈오선(頓悟禪)이 유행하지 않은 시점에서 어쩔 수 없었다.

네 번째는 북종선(北宗禪)의 내용은 달마의 벽관(壁觀)과 통하고 있다는 등의 내용을 주장하는 것으로 알 수 있다. 더군다나『달마다라선경(達磨多羅禪境)』과 여산혜원(廬山慧遠)·천태지의(天台智顗)·지신(智侁) 등의 선법(禪法)이 식망수심종과 공통된 사상을 가지고 있다는 사실을 예로 들기도 하였다.

㈥ 밀의파상현성교(密意破相顯性教)130)

二는 密意破相顯性教니 [據眞實了義하면 則妄執이 本空 更無可破하여 無漏諸法이 本是眞性의 隨緣妙用으로 永不斷絶이며 又不能破니라. 但爲一切衆生이 執虛妄想하고 障眞實性하여 難得玄悟故로 佛且不揀善惡垢淨性相하고 一切訶破니라. 以眞性及妙用이 不無인데 而且云 無故로 云에 密意니라. 又 意在顯性이나 語乃破相이니 意不形於言中故로 云에 密也니라]

두 번째는 밀의파상현성교(密意破相顯性教)이니

* 진실한 요의법(了義法)에 근거하면 허망한 집착이 본래 공(空)이어서 다시 더 파괴할 수 있을 것이 없어, 무루(無漏)의 모든 법이 본래 진성(眞性)의 인연을 따른 미묘한 작용으로서 영원히 단절되지 않으면서 또한 파괴할 수 없다. 단지 일체중생이 허망한 생각을 집착하고 진실한 성품을 장애하여 현묘한 깨달음을 얻기 어렵기에, 부처님께서 선악(善惡)과 구정(垢淨)과 성상(性相)을 가리지 않고 일체를 꾸짖어서 타파할 뿐이다. 여기서 진성(眞性)과 묘용(妙用)이 없는 것이 아닌데도 없다고 말하기 때문에 밀의(密意)라고 한다. 또 뜻은 참 성품을 드러내는 데 있으면서도 언어로는 모든 상(相)을 타파하니, 뜻이 언어 가운데서 모습을 드러내지 않으므로 '밀(密)'이란 표현을 쓴 것이다.

此教는 說하기를 前教中所變之境이 旣皆虛妄이니 能變之識인들 豈獨眞實이리요. 心境이 互依하여 空而似有故也니라. 且心不孤起하여 託境해야 方生이며 境不自生이고 由心故로 現이니 心如하면 卽境謝하고 境滅하면 卽心空이라. 未有無境之心하고 曾無無心之境이라. 如夢見物에 似能見所見之殊이나 其實은 同一虛妄하여 都無所有이듯 諸識諸境도 亦復如是하니 以皆假託衆緣하여 無自性故이니라. 未曾有一法도 不從因緣生이니 是故로 一切法이 無不是空者며 凡所有相이 皆是虛妄이라 是故로 空中 無眼耳鼻舌身意하며 無十八界十二因緣四諦하며 無智亦無得하며 無業無報하고 無修無證하니 生死涅槃이 平等하여 如幻이라. 但以不住一切하고 無執無著으로 而爲道行이라. 諸部般若 千餘卷經 及中百門等三論과 廣百等이 皆說此也니라. [智度論 百卷도 亦說此理이나 但論主는 通達不執故로 該收大小乘法相하여 潛同後眞性宗也니라]

---

130) 密意破相顯性教는 인도 龍樹와 提婆의 中觀派와 중국 吉藏에 의해 완성된 三論宗에 해당한다. 天台宗의 四教判에서는 通教이고 화엄의 五教判에서는 大乘始教 가운데의 空始教에 해당한다. 불교학에서 密意란 표현의 뜻은 첫 번째 '부처님의 뜻 모든 것이 그대로 드러나지 않고 일부의 의미가 숨어 있다'라는 것과 두 번째 '부처님의 뜻은 密意로서 범부들이 알 수 없다'라는 의미가 있다.

이 가르침에서는 설하기를,

"밀의의성설상교(密意依性說相教) 가운데서 전변한 경계가 이미 모두 허망한 것이니, 능변식(能變識)인들 어찌 홀로 진실할 수 있겠는가. 이는 마음과 경계가 서로 의지하여 공(空)이면서도 있는 듯했기 때문이다. 또 마음은 홀로 일어날 수 없어 경계에 의탁해야 생겨나게 되며, 경계는 스스로 생겨날 수 없고 마음으로 말미암아 나타나게 되니, 마음이 여여(如如)하면 곧 경계가 끊어지고 경계가 멸하면 곧 마음이 공(空)한 것이다. 아직 경계가 없었던 마음이 있지 않았고 일찍이 마음이 없었던 경계도 없었다. 마치 꿈에서 사물을 봄에 능견(能見)과 소견(所見)이 다른 듯하나 사실은 똑같이 허망하여 조금도 존재함이 없는 것과 같이, 모든 식(識)과 경계도 또한 이와 같은 것이니, 모두 많은 인연의 힘을 임시로 빌려서 자체에 결정된 성품이 없기 때문이다. 일찍이 한 법도 인연으로 생겨나지 않은 것이 없으니 이 때문에 일체법(一切法)이 공(空) 아닌 것이 없으며, 무릇 존재하는 모든 상(相)이 허망한 것이다. 이런 이유로 공(空) 가운데 안(眼)·이(耳)·비(鼻)·설(舌)·신(身)·의(意)가 없고 십팔계(十八界)·십이인연(十二因緣)·사제(四諦)가 없으며, 지혜가 없고 또한 얻을 것도 없으며, 지을 업이나 받을 과보도 없고 닦거나 증득할 것이 없으니 생사 열반이 평등하여 환(幻)과 같은 것이다. 단지 일체의 상(相)에 머무르지 않고 집착이 없음으로서 도행(道行)을 삼을 뿐이다"라고 하였습니다.

　모든 반야부(般若部)의 친 여권 경전과 『중론(中論)』 『백론(百論)』 『십이문론(十二門論)』 등의 삼론(三論)과 『광백론(廣百論)』[131] 등이 모두 이런 내용을 설한 것입니다.

* 『지도론(智度論)』 백 권도 또한 이 이치를 설하지만, 다만 논주(論主)가 모든 법에 통달하여 일체법에 집착하지 않고 있기에 대승과 소승의 법상(法相)을 전부 거두어들이게 되어 은근히 뒤에 나오는 진성종(眞性宗)과 같게 되는 것이다.

◎ 유식교(唯識教)는 경계가 없고 식(識)만 있다는 경무식유(境無識有)를 설했는데, 파상현성교(破相顯性教)도 경계가 없고 식(識)도 없다는 경무식무(境無識無)를 설하여 오근(五根)·십팔계(十八界)·십이인연(十二因緣)·사제(四諦) 등의 일체법이 공(空)하다고 한다. 파상현성교를 설한 경으로는 『반야경(般若經)』, 논(論)으로는 『중론(中論)』·『백론(百論)』·『십이문론(十二門論)』·『광백론(廣百論)』·『대지도론(大智度論)』 등이 있다고 한다.

---

131) 『中論』과 『十二門論』은 龍樹의 저서이고, 『百論』은 용수의 제자 提婆의 저서이며, 『廣百論』은 『四百論』의 후반 八品에 해당하는 현장의 역서이다.

㊆ 밀의파상현성교(密意破相顯性敎)와 민절무기종(泯絕無寄宗)

此教는 與禪門泯絕無寄宗과 全同이라 既同世尊所說 菩薩所弘인데도 云何漸門禪主 及 講習之徒가 每聞此說하고 即謗云하되 撥無因果오. 佛自云에 無業無報가 豈邪見乎아. 若 云에 佛說此言이 自有深意者라면 豈禪門此說에 無深意耶이리오. 若云에 我曾推徵하여 覺 無深意者라면 自是汝遇不解之流이니 但可嫌人일뿐 豈可斥法이리오.

이 밀의파상현성교(密意破相顯性敎)는 선문(禪門)의 민절무기종(泯絕無寄宗)과 완전히 같습니다. 이미 세존이 설법하시고 보살이 널리 알린 내용들과 같은데, 어떻게 점문(漸門)의 참선하는 자와 경을 강습(講習)하는 무리들이 매번 이 설을 듣고 곧 비방하여 "인과를 뿌리째 없앤다"라고[132] 말하는 것입니까.

부처님께서 스스로 "지을 업이나 받을 과보가 없다"라고 말씀하신 것이 어찌 삿된 소견이 될 수 있겠습니까. 만약 '부처님께서 설하신 이 말씀이 원래 깊은 뜻이 있었다'라고 한다면, 어찌 선문(禪門)에서 똑같이 설하고 있는 것에 깊은 뜻이 없겠습니까.

만약 "내가 일찍이 분석하고 따져 보아 깊은 뜻이 없음을 깨달았다"라고 말하고 있다면, 본래 당신이 법을 잘 알지 못했던 사람을 만나고 있었던 것뿐이니, 단지 잘못 가르친 사람을 혐오할 수 있을 뿐, 어찌 법을 배척할 수 있겠습니까.

此上二教는 據佛本意하여 雖不相違라도 然이나 後學所傳은 多執文迷旨하여 或各執一見하여 彼此相非커나 或二皆泛信으로 混鈍不曉니라. 故로 龍樹와 提婆 等의 菩薩이 依破相教 廣說空義하여 破其執有해서 令洞然解於眞空하니라. 眞空者란 是不違有之空也니라. 無著과 天親 等의 菩薩이 依唯識教 廣說名相하며 分析性相不同 染淨各別하여 破其執空해서 令 歷然解於妙有니라. 妙有者란 不違空之有也니라. 雖各述一義라도 而學體圓具하니 故로 無 違也이니라.

이 위의 밀의의성설상교(密意依性說相敎)와 밀의파상현성교(密意破相顯性敎)는 부처

---

132) 撥無因果는 인과의 도리를 뿌리째 부정하는 것이다. 三論宗은 인과를 뿌리째 부정하고 있는 의미가 아닌데도, 비방하는 쪽에서는 撥無因果라고 하는 것이다.

님의 본 뜻에 의거하여 비록 뜻이 서로 어긋나지 않았더라도, 그러나 후학에게 전해진 것은 대개 문자만을 집착하고 뜻을 알지 못하여, 혹 각자가 하나의 견해만을 집착하여 피차가 서로 잘못되었다고 주장하게 되며, 혹 두 종류 모두 단순한 믿음으로써 혼돈하여 확실한 내용을 알고 있지도 못하는 것입니다.

그러므로 용수(龍樹)와 제파(提婆) 등의 보살이 파상교(破相敎)에 의지해 널리 공(空)의 이치를 설하여 유(有)에 집착하는 것을 타파해서 진공(眞空)을 확 트이게 알도록 하는 것입니다. 진공(眞空)이란 유(有)를 튕겨 내지 않는 공(空)입니다. 무착(無着)과 천친(天親)133) 등의 보살은 유식교(唯識敎)에 의지하여 널리 명상(名相)을 설하면서, 성(性)과 상(相)이 같지 않고 염(染)과 정(淨)이 각자 다른 것을 분석하여, 공(空)에 집착하는 것을 타파해서 묘유(妙有)를 분명히 알도록 했던 것입니다.

묘유(妙有)란 공(空)을 튕겨 내지 않는 유(有)입니다. 비록 각자 하나의 이치를 서술했더라도 전체적인 본질을 원만하게 구족하게 되니, 그러므로 서로 어긋날 것이 없었던 것입니다.

問이라. 若爾라면 何故로 已後에 有淸辯護法 等의 諸論師 互相破耶리요. 答이라. 此乃相成이지 不是相破니라. 何者오. 以末代學人이 根器漸鈍하여 互執空有故로 淸辯 等은 破定有之相하여 令盡徹至畢竟眞空케야 方乃成彼緣起妙有이며 護法 等은 破斷滅偏空하는 意가 在妙有이니 妙有存故로 方乃成彼無性眞空이니 文卽相破나 意卽相成이니라. [前敍에 疑 南北禪門이 相競일새 今於此에 決也하노라]

問 : 만약 그렇다면 무슨 이유로 뒷날 청변(淸辯)과 호법(護法)134) 등의 모든 논사(論師)들이 서로 잘못되었다고 타파하는 주장들이 있게 됩니까.

答 : 이는 서로를 도와 서로의 주장을 완성시키자는 뜻이었지, 상대방의 주장을 서로 타파하자는 것이 아니었습니다. 이 말이 무슨 소리이겠습니까.

말법(末法) 시대의 학인들이 근기가 점차 아둔해져 서로 자기가 공부했던 공(空)과 유

---

133) 無着과 天親은 형제로서 四世紀 때의 사람으로 瑜伽行派의 大論師들이다. 무착은 『攝大乘論』을, 천친은 『唯識三十頌』을 저술하였다.
134) 淸辯은 空을 주장하는 中觀學派를 대표하고 護法은 有를 주장하는 瑜伽學派를 대표한다.

(有)에만 집착했기에, 청변(淸辯) 등은 결정코 있다는 상(相)을 타파하여 모든 사람이 철저하게 필경(畢竟)의 진공(眞空)에 도달하게 해야 연기(緣起)의 묘유(妙有)를 완성시키는 것이었으며, 호법(護法) 등은 단멸(斷滅)의 편공(偏空)을 타파하는 뜻이 묘유(妙有)에 있었으니 묘유(妙有)가 존재했기에 바야흐로 저 무성(無性)의 진공(眞空)을 완성하게 되는 것입니다.

  그러므로 주장하는 겉의 문장은 서로 타파하고 있으나, 속뜻은 서로를 완성시켜 주고 있는 것입니다.

> * 앞의 서술에서 "남종(南宗)과 북종(北宗)의 선문(禪門)이 서로 옳다고 경쟁하고 있다"라고 의심한 것에 대하여, 지금 이 단락에서 그 의심을 해결한다.

  由妙有眞空에 有二義故이니라. 一은 極相違義로서 謂互相害하여 全奪永盡이니라. 二는 極相順義로서 謂冥合一相하여 擧體全攝이니라. 若不相奪全盡이면 無以擧體全收故로 極違해야 方極順也이니라.

이는 묘유(妙有)와 진공(眞空)에 두 가지 뜻이 있기 때문입니다.

  하나는 지극히 서로 튕겨 내려는 뜻으로서, 서로 상대방을 완전 부정하여 상대방의 존립 근거를 깡그리 없애는 것입니다. 또 하나는 지극히 서로 수순하는 뜻으로서, 은근히 하나의 모습에 계합하여 상대방의 전체를 완전 긍정하여 받아들이는 것입니다.

  만약 서로의 근거를 완전히 빼앗아 깡그리 없애지 않는다면 상대방의 전체를 완전 긍정하여 받아들일 것이 없기 때문에, 지극히 서로 튕겨야 지극히 서로 수순하는 것입니다.

  龍樹無著 等은 就極順門故로 相成하고 淸辯護法 等은 就極違門故로 相破하니라. 違順自在하여 成破無礙하니 卽於諸法에 無不和會耳니라.

  용수(龍樹)와 무착(無着) 등은 서로 지극히 수순하는 문으로 나아갔기 때문에 서로의 뜻이 완성되어 있음을 인정하게 되었고, 청변(淸辯)과 호법(護法) 등은 서로 지극히 튕겨내는 문으로 나아갔기 때문에 서로의 주장을 완전 타파하게 되었던 것입니다. 서로 튕겨내고 수순하는 것이 자유자재하여 서로의 뜻을 완성시키고 타파하는 것이 무애(無礙)하게 되니 곧 모든 법에서 조화롭게 알지 못할 것이 없었던 것입니다.

哀哉라 此方의 兩宗後學과 經論之者 相非相斥하여 不異仇讎하니 何時에 證得無生法忍이리요. 今頓漸禪者도 亦復如是하니 努力通鑑하여 勿偏局也이니라.

슬프다, 이 땅의 공종(空宗)과 상종(相宗)의 후학들과 경론(經論)을 공부하는 자들이 서로 비방하고 배척하여 원수와 다름이 없게 되었으니, 이들이 어느 시절에 무생법인(無生法忍)을135) 증득할 수 있겠습니까. 지금 돈문(頓門)과 점문(漸門)의 참선하는 자들 또한 이와 같으니, 진실로 공부하는 자는 노력하고 통찰하여서 한쪽에 치우치지 말아야 할 것입니다.

問이라. 西域의 先賢은 相破하며 旣是相成인데 豈可此方은 相非하여 便成相嫉이리오. 答이라. 如人이 飮水에 冷暖을 自知하니 各各 觀心하여 各各 察念하라. 留藥은 防病으로 不爲健人이니 立法은 防奸으로 不爲賢士니라.

問 : 서역의 선현들은 서로의 주장을 타파하면서 서로의 뜻을 완성시켜 주고 있는데, 어찌 이쪽은 서로 잘못되었다고 비방하면서 질투하고 있는 것입니까.

答 : 이는 사람이 물을 마심에 뜨겁고 차가운 것을 스스로 아는 것과 같아서 각자의 마음을 관(觀)하여 각자의 생각을 살펴보아야 합니다. 약을 마련해 두는 것은 병을 막고자 하는 것으로서 건강한 사람을 위하여 있는 것이 아님과 같이, 법을 세우는 것은 간사한 사람을 다스리는 것으로서 현명한 사람을 위한 것이 아닙니다.

---

135) 無生法忍은 生滅이 없는 깨달음의 자리를 말한다.

◉ 밀의파상현성교와 민절무기종이 서로 통하고 있다는 내용이다. 당시 교종(敎宗)에서는 법상종(法相宗)인 유종(有宗)과 삼론종(三論宗)인 공종(空宗), 선종(禪宗)에서는 남종(南宗)과 북종(北宗)이 서로 대립하고 있었던 것을 개탄했던 종밀이 이 대립을 종식시키고자 한 것이다. 이 목적을 달성하기 위하여 쓰여진 방법이 호법(護法)과 청변(淸辯)이 공(空)과 유(有)로서 대립하고 있었던 사상을 회통시킨 법장(法藏)의 사상이었다.

민절무기종은 주로 우두선(牛頭禪)을 가리키고 있으나, 우두법융(牛頭法融)의 선법(禪法) 배경에는 반야삼론학(般若三論學)이 있었던 것이 분명했으니, 삼론종의 실천적 전개를 해나갔던 것이 우두선(牛頭禪)이라 말할 수 있는 것이다.

⑻ 현시진심즉성교(顯示眞心卽性敎)

三은 顯示眞心卽性敎니 [直指自心이 卽是眞性이라. 不約事相而示하며 亦不約破相而示故로 云 卽性이며 不是方便隱密之意故로 云 顯示也라]

세 번째는 진심즉성(眞心卽性)을 바로 보여주는 현시진심즉성교(顯示眞心卽性敎)이니,
  * 자기 마음이 곧 진성(眞性)임을 바로 가리킨다. 어떤 모습을 가지고 보여주는 것도 아니며 또한 어떤 상(相)을 타파하여 보여주는 것이 아니기에 즉성(卽性)이라 말하고, 방편의 은밀한 뜻도 아니기에 현시(顯示)라고 말하는 것이다.

此敎는 說하기를 一切衆生이 皆有 空寂眞心하여 無始本來 性自淸淨하고 [不因斷惑成淨故로 云에 性淨이라. 寶性論 云에 淸淨에 有二하니 一은 自性淸淨이요 二는 離垢淸淨이라.136) 勝鬘 云에 自性淸淨心은 難可了知라. 此心은 爲煩惱所染으로 亦難可了知니라.137) 釋云에 此心은 超出前空有二宗之理故로 難可了知也라]

이 가르침은 설하기를 "일체중생이 모두 공적(空寂)의 진심(眞心)이 있어 시원(始源)이 없이 본래 그 성품이 청정하고
  * 미혹을 끊어 청정을 이루게 되는 것이 아니므로 '성정(性淨)'이라 말한 것이다. 『보성론(寶性論)』에서는 "청정은 두 종류가 있으니, 자성청정(自性淸淨)과 이구청정(離垢淸淨)이다"라고 하였다. 『승만경

---
136) 『禪源諸詮集都序』 상권 미주 (23) 참조 바람.
137) 『禪源諸詮集都序』 상권 미주 (24) 참조 바람.

(勝鬘經)』에서도 "자성청정심(自性淸淨心)은 알기가 어렵고, 이 마음이 번뇌로 오염되는 것도 알기가 어렵다"고 하였고, 이것을 풀이하여 "이 마음은 앞의 공종(空宗)과 유종(有宗)의 이치를 벗어나 있기 때문에 알기 어려운 것이다"라고 말하였다.

明明不昧하여 了了常知하며 [下引佛說]

밝고 밝아서 어둡지 않아 분명하게 항상 알며,
   * 밑에서 여기에 대한 부처님의 설을 인용한다.

盡未來際 常住不滅로 名爲佛性이라하고 亦名如來藏이라하며 亦名心地라하니라. [達磨所傳은 是此心也]

미래제(未來際)가 다하도록 상주불멸(常住不滅)하므로 이를 불성(佛性)이라 하고 또한 여래장(如來藏)이라 하며 심지(心地)라고 하기도 한다.
   * 달마가 전한 것이 이 마음이다.

從無始際로 妄想翳之하여 不自證得하고 耽著生死일새 大覺이 愍之하고 出現於世하셔 爲說 生死等法이 一切皆空이라하여 開示此心 全同諸佛이라하니라.

무시이래로 중생은 망상이 이 마음을 가려서 스스로 증득하지를 못하고 생사에 탐착하게 될 새, 부처님께서 이를 연민하고 세상에 출현하시어 생사 등의 법이 일체 모두 공(空)하다고 설법하여, 이 마음을 열어 부처님의 마음과 완전히 같다는 사실을 보여주었다"라고 하였습니다.

如華嚴經出現品에서 云. 佛子여 無一衆生而不具有如來智慧니라. 但以妄想執著으로 而不證得일뿐 若離妄想이면 一切智 自然智 無礙智가 卽得現前하리라. 譬如有大經卷하여[喩

佛智慧] 量이 等三千大千世界하여[智體無邊廓周法界] 書寫三千大千世界中事하되 一切皆
盡이라.[喩體上本有恆沙功德 恆沙妙用也]

이것은 『팔십화엄경』 51권 여래출현품(如來出現品)에서 말한 다음 내용과도 같습니다.
불자여, 한 중생도 여래의 지혜를 갖추고 있지 않은 사람이 없다. 단지 망상과 집착으로
증득하고 있지 못할 뿐, 만약 망상을 벗어나게 되면 일체지(一切智)·자연지(自然智)·
무애지(無碍智)가 현전하게 될 것이다. 비유하면 마치 부처님의 경(經)으로서

    * 부처님의 지혜를 비유한 것이다.

그 양(量)이 삼천대천세계와

    * 지(智)의 체(體)가 무변(無邊)하여 법계에 두루 미친다.

똑같아서 삼천대천세계 가운데의 일을 다 써서 기록하되 일체를 남김없이 모두 다 써놓
은 것과 같다.

    * 체(體) 위에 본래 항사공덕(恒沙功德)과 항사묘용(恒沙妙用)이 있음을 비유한 것이다.

此大經卷이 雖復量等大千世界라도 而全住在一微塵中이니[喩佛智 全在衆生身中 圓滿具足
也] 如一微塵이듯[擧一衆生爲例] 一切微塵도 皆亦如是니라. 時有一人이 智慧明達하여[喩世
尊也] 具足成就淸淨天眼인데 見此經卷이 在微塵內로[天眼力은 隔障見色이니 喩佛眼力으로
隔煩惱하여 見佛智也] 於諸衆生에게 無所利益하고[喩迷時에 都不得其用으로 與無不別이라]
卽起方便 破彼微塵하여[喩說法破障也] 出此大經하여 令諸衆生이 普得利益이라.

이 모든 부처님의 경전을 다시 하나로 삼아서 비록 그 양(量)이 다시 삼천대천세계와
같다 할지라도 이는 한 티끌 가운데에 전부 있게 되는 것이니,

    * 부처님의 지혜가 전부 중생의 몸 가운데 원만 구족하여 있음을 비유한 것이다.

이 하나의 티끌에 많은 경전이 들어 있듯

    * 한 중생을 들어 예를 삼는 것이다.

일체 티끌 또한 이와 같은 많은 경전들이 들어 있는 것이었다.
그때 어떤 사람이 지혜가 밝게 통하여서

    * 세존을 비유한다.

청정한 천안(天眼)을 구족 성취하게 되었는데, 이 많은 경전들이 티끌 속에 있어서 모든 중생에게 이익이 없다는 사실을 알고,

　　* 중생이 미혹할 때 조금도 여래의 마음을 쓸 수 없으므로 그 마음이 없는 것이나 다름없다.

곧 방편을 일으켜서 저 티끌을 타파하여

　　* 법을 설하여 장애를 타파하는 것을 비유한다.

이 경을 끄집어내어서 모든 중생들이 경의 이익을 두루 얻게 하였다.

　　* 천안(天眼)의 신통력은 장애물에 방해받지 않고 사물을 보는 것이니, 이는 불안(佛眼)의 신통력으로 번뇌에 방해받지 않고 불지(佛智)를 보는 것에 비유한다.

如來智慧도 亦復如是하니 無量無礙하여 普能利益一切衆生이라.[合書寫三千界中事]

여래의 지혜 또한 이와 같아서 한량없이 무애(無礙)하여 두루 일체중생에게 이익을 줄 수 있는 것이었다.

　　* 경권(經卷)에 삼천세계의 일을 써놓은 비유에 합치한다.

其足在於衆生身中이나[合微塵中] 但諸凡愚의 妄想執著이 不知不覺하여 不得利益하니라. 爾時에 如來 以無障礙淸淨智眼으로 普觀法界一切衆生하고 而作是言하되 奇哉奇哉라. 此諸衆生이 云何具有如來智慧하고 愚癡迷惑으로 不知不見이요. 我當敎하여 以聖道로 令其永離妄想執著하여 自於身中에 得見如來廣大智慧하여 與佛無異케하리라하여 卽敎彼衆生이 修習聖道하여[六波羅密三十七道品] 令離妄想케하고 離妄想已에 證如來無量智慧하여 利益安樂 一切衆生이니라.138)

이 지혜가 중생의 몸 가운데 구족하여 있었지만,

　　* 경권(經卷)이 미진 가운데에 있는 비유와 합치한다.

단지 어리석은 모든 범부의 망상과 집착이 깨달아 알지를 못하여서 이익을 얻을 수 없었을 뿐이었다.

---

138) 『禪原諸詮集都序』 상권 미주 (25) 참조 바람.

그때에 여래께서 장애 없는 청정한 지혜의 눈으로 법계의 일체중생을 두루 관(觀)하시고 말씀하시기를, "기이하고 기이하다. 어떻게 이 모든 중생이 여래의 지혜를 구족하고 있으면서도 어리석은 미혹으로 이것을 알거나 보고 있지를 못하는가. 내가 마땅히 그들을 가르쳐 성스런 도(道)로써 망상과 집착을 영원히 여의어서 스스로 자신의 몸 가운데 여래의 광대한 지혜를 보게 하여 부처님과 다름이 없게 하리라"고 하셨다.

곧 그 중생들이 성스런 도(道)를 닦아

　* 육바라밀(六波羅密)과 삼십칠조도품(三十七助道品) 등을 말한다.

망상을 여의도록 가르쳤고, 망상을 벗어남에 여래의 무량한 지혜를 증득하여 일체 중생을 이익 안락케 하였던 것이다.

問이라. 上에 旣云 性自了了常知인데 何須諸佛開示리요. 答이라. 此言知者는 不是證知라. 意說 眞性이 不同虛空木石故로 云 知也니라. 非如緣境分別之識이며 非如照體了達之智니라. 直是眞如之性이 自然常知故로 馬鳴菩薩 云 眞如者란 自體眞實識知라하고[139] 華嚴 迴向品에 亦云 眞如는 照明을 爲性이라하며 又 據問明品하여 說에 知는 與智 異니 智는 局於聖하고 不通於凡이나 知卽凡聖이 皆有하며 通於理智라하니라.

問 : 위에서 이미 "성품이 스스로 분명하게 항상 알고 있다"라고 했는데, 어찌 모든 부처님께서 이를 열어 보여야만 합니까.

答 : 여기서 안다[知]라는 것은 증득하여 아는 것이 아닙니다. 이러한 표현을 쓴 의도는 진성(眞性)이 허공이나 목석과 같지 않다는 사실을 설명하고자 했기에 '지(知)'라고 말한 것입니다. 이는 경계를 반연하여 분별하는 식(識)과 같은 것이 아니며, 체(體)를 비추어 요달(了達)하는 것과 같은 지혜도 아닙니다.

바로 진여(眞如)의 성(性)이 자연 항상 아는 것[常知]이기에 마명(馬鳴) 보살은 "진여(眞如)란 자체로서 진실하게 아는 것이다"라고 말하였고, 『화엄경(華嚴經)』 회향품(廻向品)에서 또 "진여(眞如)는 비추는 밝음 자체를 성(性)으로 삼는다"라고 하였으며 또한 보살문명품(菩薩問明品)에 근거해서 설명하게 되면 "지(知)는 지(智)와 다르니, 지(智)는

---

139) 『禪源諸詮集都序』 상권 미주 (26) 참조 바람.

성인(聖人)에만 국한되고 범부에게는 통용되지 않으나, 지(知)는 범부와 성인 모두에게 있고 이지(理智)에도 통하는 것이다"라고 하는 것입니다.

故로 覺首等 九菩薩이 問文殊舍利言에 云何佛境界智[證悟之智]며 云何佛境界知인고[本有 眞心]. 文殊答智하여 云 諸佛智自在로 三世無所礙니라하고140)[過去未來現在에 無事不了達故 로 自在無礙니라]

그러므로 각수(覺首) 등의 아홉 보살이 문수사리에게 묻기를 "무엇을 부처님 경계의 지(智)라 하며,
　　* 증득하여 깨달아 아는 지혜

무엇을 부처님 경계의 지(知)라 말합니까"라고 하자,
　　* 본래 지니고 있는 진심(眞心)

문수사리가 지(智)에 답변하여 말하기를 "모든 부처님의 지(智)는 자재하여 삼세(三世)에 걸릴 것이 없다"라고 하였고,
　　* 과거 현재 미래의 어떤 일도 알지 못할 것이 없기에 자재무애하다.

答知하여 云 非識所能識이며 [不可以識으로 識也이니 以識은 屬分別하고 分別은 卽非眞知니라. 眞知는 唯無念이래야 方見이니라]

또 지(知)에 답변하여 말하기를 "식(識)으로 알 수 있는 곳이 아니며,
　　* 식(識)으로써 알 수 있는 것이 아니니, 식은 분별에 속하고 분별은 진지(眞知)가 아니기 때문이다. 진지(眞知)는 오직 무념(無念)이래야 비로소 볼 수 있는 것이다.

亦非心境界라. [不可以智로 知也라. 謂若以智로 證之하면 卽屬所證之境이라. 眞知는 非境界故로 不可以智로 證矣니라. 瞥起照心은 卽非眞知也라. 故로 經에 云 自心이 取自心이면 非幻이 成幻法이라하고141) 論에 云 心不見心이라하며142) 荷澤祖師 云 擬心卽差라하니143) 故로 北宗의 看心은 是失

---
140) 『禪源諸詮集都序』 상권 미주 (27) 참조 바람.

眞旨니라. 心若可看이면 卽是境界이니 故로 此云 非心境界也라]

또한 마음의 경계도 아니다.

* 지(智)로써 알 수 있는 것이 아니다. 만약 지(智)로써 이를 증득한다 하면 곧 이 지(知)는 소증(所證)의 경계에 속한다. 진지(眞知)는 경계가 아니므로 지(智)로써 증득할 수 있는 것이 아니다. 언뜻 비추는 마음이 일어나는 것은 진지(眞知)가 아니다. 그러므로 『능엄경(楞嚴經)』에서는 "자기 마음이 자기 마음을 취하면 환(幻) 아닌 것이 환법(幻法)을 이룬다"고 하였고, 또 『대승기신론(大乘起信論)』에서는 "마음은 마음을 보지 못한다"라고 하였으며, 하택(荷澤)은 "마음을 헤아리면 곧 잘못이다"라고 하였다. 그러므로 북종(北宗)에서 마음을 본다는 것은 참다운 종지를 잃고 있는 것이다. 마음이 만약 볼 수 있는 것이라면 곧 이는 경계가 되니, 그러므로 여기서는 "마음의 경계가 아니다"라고 하는 것이다.

其性이 本淸淨하여[不待離垢滅惑해야 方淨이며 不待斷障凝濁해야 方淸이니 故로 云 本淸淨也라. 就寶性論中에서 卽揀非離垢之淨이라144) 是彼性淨故로 云 其性이 本淸淨이라]

그 성품이 본래 청정하여

* 더러움을 떠나거나 미혹을 멸할 것이 없어야 깨끗한 것이며[淨], 탁하게 응어리진 장애를 끊어 낼 것이 없어야 맑은 것이니[淸], 그러므로 "본래 청정한 것[本淸淨]"이라고 말한다. 『보성론(寶性論)』 입장에서는 이는 곧 무엇을 선택하여 더러움을 떠나서 청정해진 것이 아니라 그 성품이 청정하게 있기에 그러므로 "그 성품이 본래 청정하다"라고 말하는 것이다.

開示諸群生이라.145)[旣云에 本淨으로 不待斷障이라하니 卽知群生이 本來皆有니라. 但以惑翳하여 而不自知故로 佛開示하여 令皆悟入하니라. 卽法華中 開示悟入 佛之知見이146) 如上所引이니 佛本出世는 只爲此事也이니라. 彼云에 使得淸淨者란 卽寶性論中 離垢淸淨也라. 是心이 雖自性淸淨이래도 終須悟修해야 方得性相圓淨故이니라. 數本經論이 皆說二種解脫이나 今時學淺之人은 或只知離垢淸淨 離障解脫故로 毁禪門의 卽心卽佛하고 或只知自性淸淨 性淨解脫故로 輕於敎相하여 斥於持律坐禪調伏等行이라. 不知이니 必須頓悟 自性淸淨 自性解脫이면 漸修令得 離垢淸淨 離障解脫하여 成

---

141) 『禪源諸詮集都序』 상권 미주 (28) 참조 바람.
142) 『禪源諸詮集都序』 상권 미주 (29) 참조 바람.
143) 『禪源諸詮集都序』 상권 미주 (30) 참조 바람.
144) 『禪源諸詮集都序』 상권 미주 (31) 참조 바람.
145) 『禪源諸詮集都序』 상권 미주 (32) 참조 바람.
146) 『禪源諸詮集都序』 상권 미주 (33) 참조 바람.

圓滿淸淨 究竟解脫케해야 若身若心이든 無所擁滯하여 同釋迦佛也로다]

모든 중생에게 열어 보인 것이다"라고 하셨습니다.

* 이미 "본래 청정함으로 번뇌를 끊어낼 것이 없다"라고 말하고 있으니, 곧 일체중생이 본래 가지고 있었다는 사실을 알 것이다. 단지 미혹으로 가려 스스로 알지 못하고 있었기 때문에, 부처님께서 이것을 열어 보이어 모든 중생들이 깨달아 들어가도록 했을 뿐이다. 곧 『법화경(法華經)』의 "불지견(佛智見)을 개시오입(開示悟入)한다"는 내용이 위에서 인용한 것과 같으니, 부처님이 본래 세상에 출현하신 뜻은 다만 중생을 구제하고자 한 이 일대사(一大事)를 위하는 것일 뿐이었다.

여기서 "청정을 얻게 한다"라고 말하는 것은 곧 『보성론』 가운데의 이구청정(離垢淸淨)이다. 이 마음이 비록 자성(自性)이 청정(淸淨)하더라도, 끝내 깨달아 닦아가야 성(性)과 상(相)이 원융하여 청정함을 얻을 수 있기 때문이다. 여러 권의 경론(經論)이 모두 두 종류의 해탈을 설하고 있었으나, 요즈음 배움이 천박한 사람들은 혹 이구청정(離垢淸淨)과 이장해탈(離障解脫)만을 알기 때문에 선문(禪門)의 즉심즉불(卽心卽佛)을 비방하고, 혹은 자성청정(自性淸淨)과 성정해탈(性淨解脫)만을 알기 때문에 교상(敎相)을 경멸하여 계율과 좌선 및 몸과 마음을 조복(調伏)받는 등의 수행을 배척하게 되는 것이다. 이는 자성청정(自性淸淨)과 자성해탈(自性解脫)을 반드시 돈오(頓悟)하고자 하면, 점차 수행하여 이구청정(離垢淸淨)과 이장해탈(離障解脫)을 얻어서 원만청정(圓滿淸淨)과 구경해탈(究竟解脫)을 완성하도록 해야 몸이든 마음이든 걸림이 없이 석가모니 부처님과 같아진다는 사실을 알지 못하는 것이다.

寶藏論에 云 知有이면 有壞이고 知無이면 無敗라.[此는 皆能知有無之智라] 眞知之知는 有無不計라하니라.147)[旣不計有無라면 卽自性無分別之知也라]

승조(僧肇)의 『보장론(寶藏論)』에서는 "지(知)가 있다면 '있다'라는 허물이 있게 되고 지(知)가 없다면 '없다'라는 낭패가 있게 된다.

* 이 지(知)는 모두 있거나 없음을 알 수 있는 상대적인 지(智)이다.

그러나 참으로 아는 지(知)는 '있다 없다'의 생각을 하지 않는다"라고 했습니다.

* 이미 유(有)와 무(無)를 생각할 수 없다면 곧 자성(自性) 무분별(無分別)의 지(知)이다.

如是開示靈知之心이 卽眞性으로 與佛無異故로 名顯示眞心卽性敎也니라. 華嚴密嚴 圓覺佛頂 勝鬘 如來藏 法華涅槃 等의 四十餘部 經과 寶性佛性 起信十地 法界涅槃 等

---

147) 『禪源諸詮集都序』 상권 미주 (34) 참조 바람.

의 十五部論이 雖或頓漸不同이더라도 據所顯法體하면 皆屬此教이니 全同禪門 第三直顯 心性之宗이라.

　이와 같이 중생이 갖고 있는 신령스레 아는 영지(靈知)의 마음이 곧 진성(眞性)으로서 부처님과 다름이 없다는 것을 열어 보여 주었기에, 이를 현시진심즉성교(顯示眞心卽性教)라고 이름하는 것입니다. 『화엄경(華嚴經)』·『밀엄경(密嚴經)』·『원각경(圓覺經)』·『불정경(佛頂經)』·『승만경(勝鬘經)』·『여래장경(如來藏經)』·『법화경(法華經)』·『열반경(涅槃經)』 등의 사십 여부 경전과 『보성론(寶性論)』·『불성론(佛性論)』·『기신론(起信論)』·『십지론(十地論)』·『법계론(法界論)』·『열반론(涅槃論)』 등의 십오 부의 논(論)들이 비록 혹 주장하는 내용이 돈(頓)과 점(漸)으로서 같지 않더라도, 법(法)의 체(體)를 드러내는 것에 근거하게 되면 모두 이 가르침에 속하는 것이니, 이는 전부가 선문(禪門)의 세 번째 직현심성종(直顯心性宗)과 같은 내용입니다.

◉ 일체중생에게 본래 구족(具足)되어 있는 공적(空寂)한 진심(眞心)이 곧 진성(眞性)임을 단적으로 가리켜 주는 것을 현시진심즉성교라고 한다.
　종밀은 『화엄경』의 경문, 특히 출현품(出現品)의 "중생이 여래의 지혜를 본래 구족하고 있다"라는 구절을 인용하여, 현시진심즉성교의 근거로 삼고 있다. 종밀이 영지(靈知)의 마음이 진성(眞性)일 수밖에 없다고 주장하고 있는 것은 현시진심즉성교가 구체적으로 하택선(荷澤禪)과 대응하고 있다는 사실을 보여준다.
　화엄종의 성기사상(性起思想)을 실천적으로 전개하고 있다면 홍주종(洪州宗)이 되겠지만, 무념(無念)의 지(知)인 영지불매(靈知不昧)의 일심(一心)을 강조하고 있다면 하택선이 되는 것이다. 현시진심즉성교의 경론(經論)으로는 여래장(如來藏) 계통의 모든 경론이 여기에 해당된다.

五 달마선(達磨禪)과 지(知)

旣馬鳴이 標心하여 爲本源하고 文殊가 揀知하여 爲眞體인데 如何破相之黨은 但云寂滅하고 不許眞知하며 說相之家는 執凡異聖하여 不許卽佛인고. 今約佛敎로 判定은 正爲斯人이라. 故로 前敍에 西域傳心에 多兼經論이니 無二途也라하니라.

이미 마명(馬鳴)이 마음을 표방하여 본원으로 삼았고 문수가 지(知)를 드러내어 진체(眞體)를 삼았는데, 어찌하여 상(相)을 타파하는 무리들은 단지 적멸만을 말하고 진지(眞知)를 받아들이지 않고 있으며, 상(相)을 설하는 쪽에서는 범부와 성인이 다르다고 집착하여 중생이 곧 부처임을 인정하지 않는 것입니까.
　지금 부처님의 가르침을 가지고 시비를 판정하는 것은 바로 이런 사람들을 위한 것입니다. 그러므로 앞에서 "서역에서 마음을 전함에 대개 경론을 겸하고 있었으니, 선(禪)과 교(敎)가 다를 것이 없다"라고 하여 서술했던 것입니다.

但以此方에서 迷心執文하고 以名爲體故로 達磨善巧로 揀文傳心 標擧其名하여[心是名也] 默示其體니라.[知是體也] 喩以壁觀으로[如上所敍] 令絶諸緣하여 絶諸緣時 問에 斷滅否아하니 答에 雖絶諸念이나 亦不斷滅이라. 問에 以何證驗으로 云 不斷滅이라하니 答에 了了自知하여 言不可及이라. 師卽印云하되 只此是自性淸淨心일뿐 更勿疑也니라. 若所答이 不契라면 卽 但遮諸非하여 更令觀察하리니 畢竟에 不與他先言知字니라. 直待他自悟 方驗眞實하여 是 親證其體 然後 印之로 令絶餘疑케하리라. 故로 云 默傳心印이라. 所言默者란 唯默知字로서 非總不言이니 六代相傳이 皆如此也니라.

단지 이쪽에서 마음을 알지 못하고 문자만을 집착하여 명(名)으로써 그 체(體)를 삼고 있기에, 달마가 방편으로 문자를 골라서 마음을 전하게 되었으며 그 명(名)을

　* 마음이 명(名)이다.

표방하여 그 체(體)를

　* 지(知)가 체(體)이다.

묵연히 보여 주었던 것입니다. 이는 다음 내용으로도 알 수 있습니다.

　달마 대사가 제자에게 벽관(壁觀)으로
　　* 위에서 설한 것과 같다.

모든 반연을 끊게 하여 모든 반연이 끊어졌을 때, "모든 반연을 끊었는가"라고 질문하니, 제자가 답변하기를 "비록 모든 망념을 끊었으나 또한 끊어 멸할 것이 없습니다"라고 하였다. 다시 묻기를 "무엇을 깨달았기에 '끊어 멸할 것이 없다'라고 하는가" 하니, 답변하기를 "분명히 스스로 알아서 말로 언급할 수 있는 경계가 아닙니다"라고 하였다. 그러자 달마 대사는 곧 "다만 이것이 자성(自性)의 청정심(淸淨心)일뿐, 여기서 다시 의심하지 말라"고 하시며 제자의 말을 인가하였다.

　만약 여기서 대답했던 내용이 '지(知)'에 계합하지 않았다면 단지 모든 잘못을 차단하게 되며 다시 그 마음을 관찰하도록 할 뿐, 끝내 먼저 그에게 '지(知)'자를 말하지는 않았을 것입니다. 바로 그 스스로 깨달아 바야흐로 진실을 경험하여 친히 그 체(體)를 증득한 연후를 기다려서야 이를 인가하여 다른 의심을 일체 끊도록 했을 것입니다. 그러므로 "묵연히 심인(心印)을 전한다"고 하는 것입니다. 묵연이란 말은 오직 '묵연히 안다'라는 뜻의 글자로서 '조금도 말을 하지 않는다'는 뜻이 아니니, 육대(六代)에 걸쳐 전해졌던 법이 모두 이와 같았습니다.

　至荷澤時에 他宗競播하고 欲求默契하나 不遇機緣이라. 又 思惟達磨懸絲之記하고 [達磨 云에 我法이 第六代後에 命如懸絲也라]

하택(荷澤)의 시대에 이르러 다른 종파가 다투어 일어나게 되었고, 하택이 심인(心印)에 묵연히 계합하려 하였으나 기연(機緣)을 만나지 못했습니다. 그리고 또한 달마가 "뒷날 법맥이 전해지는 것이 위태로워질 수 있다"라고 한 예언을 생각하고,
　　* 달마는 "나의 법이 제 육대(六代) 이후 그 명(命)이 가느다란 실에 매달린 것 같이 위태롭다"라고 하였다.

恐宗旨滅絶하여 遂言 知之一字 衆妙之門하여 任學者의 悟之深淺이라. 且務圖宗教不斷이요 亦是此國의 大法運數 所至니라. 一類道俗이 合得普聞故로 感應如是니라. 其默傳者 餘人不知故로 以袈裟爲信이나 其顯傳者 學徒易辨이니 但以言說除疑니라. 況既形言이니 足可引經論爲證이니라. [前敘에 外難云 今時傳法者도 說密語否아할새 余今에 以此로 答也니라. 法是達磨之法故로 聞者의 深淺에 皆益이라. 但昔密而今顯故로 不名密語나 豈可名別이라해서 法亦別也리요]

종지가 끊어져 멸할까 걱정이 되어 마침내 지(知)란 한 글자의 온갖 미묘한 문을 말하게 되어, 공부하는 이들 깨달음의 깊이에 맡기게 되었던 것입니다. 이 또한 장차 최고의 가르침이[148] 끊어지지 않도록 애써 힘을 쓰게 되는 것이요 또한 이 나라 대법(大法)의 운수가 여기에 이르게 된 것입니다. 세속을 막론하고 일단의 수행자들이 지(知)에 관한 법문을 두루 듣고자 하였기에 여기에 감응한 것이 이와 같은 것입니다.

묵연히 전했던 법은 다른 사람이 알지 못했으므로 가사(袈裟)로써 그 신표(信表)를 삼게 되었으나, 드러내어 전했던 법은 배우는 사람들이 쉽게 분별하였으니 단지 언설로써 의심을 제거했을 뿐입니다. 더욱이 말로써 이미 표현되었던 것들이니, 이 뜻을 경론(經論)을 인용하여 증명하는 것은 충분히 옳은 일이라고 할 수 있겠습니다.

* 앞의 서술에 외부 사람들이 힐난하여 "요즈음 법을 전하는 자들도 밀어(密語)를 설하는가"라는 질문에, 내가 지금 이 단락의 내용으로 답변한다. 법은 달마의 법이기 때문에 듣는 자의 깊이에 따라 모두에게 이익이 있는 것이다. 단지 옛날에는 은밀했다가 지금은 드러나 있기에 밀어(密語)라고 하지 않고 있으나, 어찌 명(名)이 다르다고 해서 법의 내용 또한 달라질 수 있겠는가.

◉ 파상종(破相宗)과 법상종(法相宗)의 잘못을 비판하고, 달마선의 근본에는 '지(知)'의 사상이 흐르고 있다는 내용이다. 종밀은 우선 파상종이 적멸(寂滅)만을 주장하여 진지(眞知)를 부정하고 있다거나, 법상종에서 중생과 부처를 나누어 즉심즉불(卽心卽佛)을 인정하지 않는 것들은 모두 잘못된 것이라고 한다. 달마부터 육조까지 지(知)를 말하고 있지는 않았지만 결코 지(知)의 사상이 없었던 것이 아니었고, 단지 묵계로서 전해지고 있었던 것이다. 신회(神會)의 시대가 되자 달마의 예언에 있듯이 스승과 제자가 묵계하여 법을 전하게 되는 일도 없게 되자, 신회는 달마의 종지가 단멸할까 걱정하여, 지(知)란 한 글자의 중묘지문(衆妙之門)을 억지로 드러내서 이야기하게 되었던 것이다.

---

148) 최고의 가르침이라 번역한 宗敎는 영어 religion의 뜻이 아니다. 宗敎의 宗자는 가장 뛰어난 가르침의 의미로 보아 宗敎를 최고의 가르침이라 번역했다. 宗敎란 단어는 『華嚴五敎章』과 『碧巖錄』 등에서 찾아 볼 수 있다.

㊀ 자성청정심(自性淸淨心)을 닦는 법

問이라. 悟此心已에 如何修之오 還依初說相敎中 令坐禪否아. 答이라. 此有二意라. 謂 惛沈厚重하여 難可策發하고 掉擧猛利하여 不可抑伏이며 貪瞋熾盛하여 觸境難制者는 卽用前敎中의 種種方便하여 隨病 調伏하나라. 若煩惱微薄하고 慧解明利라면 卽依本宗本敎 一行三昧니라. 如起信 云에 若修止者는 住於靜處하여 端身正意하나 不依氣息形色하며 乃至 唯心일뿐 無外境界니라.149) 金剛三昧 云에 禪卽是動으로 不動이면 不禪이니 是無生禪이라150) 法句經 云에 若學諸三昧이면 是動으로서 非坐禪이라 心이 隨境界 流이니 云何名爲 定이리요.151) 淨名 云에 不起滅定으로 現諸威儀하며[行住坐臥] 不於三界에 現身意가 是爲宴坐이니152) 佛所印可니라. 據此하여 卽已達三界空花하고 四生夢寐하여 依體起行하면 修而無修니라. 尙不住佛住心인대 誰論上界下界리요.[前敘에서 難云에 據敎하여 須引上界定者는 以管으로 窺天하여 但執一宗之說이라. 見此하고 了敎하면 理로 應懷慚而退也니라]

問 : 이 마음을 알았다면 어떻게 이를 닦아야 합니까. 처음 말한 밀의의성설상교(密意依性說相敎)에 의지하여서 좌선 수행을 하도록 해야 합니까.

答 : 여기에는 두 가지 의미가 있습니다. 하나는 혼침이 많아 공부할 수 있는 마음을 내기 어렵고, 무척 산란하여 마음을 눌러 굴복시킬 수 없으며, 욕심과 진심(瞋心)이 치성하여 부딪치는 일마다 억제하지 못하는 사람들은 곧 앞의 가르침 가운데 온갖 방편을 사용하여 병에 따라서 조복(調伏) 받아야 하는 것입니다. 또 하나는 번뇌가 적고 지혜가 많이 있다면 곧 직현심성종(直顯心性宗)과 현시진심즉성교(顯示眞心卽性敎)의 일행삼매(一行三昧)에 의지해야 하는 것입니다.

이는 『기신론(起信論)』에서 "지(止)를 닦는 자는 고요한 장소에 머물러 몸과 마음을 단정하게 하더라도 호흡이나 형색(形色)에는 의지하지를 않으며, 나아가 모든 경계는 오직 마음일 뿐 바깥의 다른 경계가 없다"라고 한 것과, 『금강삼매경(金剛三昧經)』에서 "선(禪)은 곧 움직임 속에 있는 것으로서 움직이지 않는다면 이는 선(禪)이 아니니, 이를 알

---

149) 『禪源諸詮集都序』 상권 미주 (35) 참조 바람.
150) 『禪源諸詮集都序』 상권 미주 (36) 참조 바람.
151) 『禪源諸詮集都序』 상권 미주 (37) 참조 바람.
152) 『禪源諸詮集都序』 상권 미주 (38) 참조 바람.

면 무생선(無生禪)이다"라고 한 것과, 『법구경(法句經)』에서 "만약 모든 삼매(三昧)의 경지를 배워야 한다면 이는 마음의 움직임으로서 좌선(坐禪)이 아니다. 마음이 경계를 따라 흘러가게 되니 어찌 이를 정(定)이라 할 수 있겠는가"라고 한 것과, 『정명경(淨名經)』에서 "생멸이 아닌 정(定)으로서 행주좌와(行住坐臥) 모든 위의(威儀)를 나타내면서 삼계(三界)에 몸과 마음을 나타내지 않는 이것이 연좌(宴坐)이니, 부처님이 인가(印可)하신 바다"라고 한 것과 같습니다.

이에 근거하여 곧 삼계가 허공의 꽃이고 사생(四生)이 꿈속의 꿈인 줄을 통달해서 그 체(體)에 의지하여 수행을 일으킨다면 닦아도 닦을 것이 없는 것입니다. 오히려 부처님이 머무는 마음에도 머물지 않거늘, 그 누가 좋다거나 나쁘다는 세계를 논할 수 있겠습니까.

* 앞의 서술에서 힐난하여 '교(敎)에 근거하여 상계(上界)의 사선팔정(四禪八定)을 인용하려 한 것'은 대롱의 구멍으로 하늘을 엿보아서 단지 한 종파의 설에만 집착하는 것이다. 이 단락을 보고 올바른 가르침을 알게 된다면, 이치로 보아 응당 부끄러움을 알고 물러나게 될 것이다.

◎ 자성청정심에 근거한 현시진심즉성교의 수행 방법과 목적을 밝힌다. 소승(小乘)의 선법(禪法) 및 법상종(法相宗)에 해당하는 설상교(說相敎)의 수행들은 번뇌를 하나하나 퇴치하기도 하고, 사선팔정(四禪八定)을 수행하기도 하며, 오위(五位)의 수행을 하는 것들에 대해서, 진심즉성교(眞心卽性敎)의 수행은 일행삼매(一行三昧)에 의한다고 말한다.
일행삼매(一行三昧)는 북종선(北宗禪)에서 말하는 간심(看心)이나 응심(凝心)의 좌선이 아니고, 좌선의 정신을 일상생활 모든 곳에서 살아 숨쉬게 하므로 좌선 그 자체가 목적이 아니다. 종밀은 일행삼매(一行三昧)를 설하기 위하여 『금강삼매경(金剛三昧經)』이나 『법구경(法句經)』의 경문을 인용하면서 특히 『유마경(維摩經)』의 연좌(宴坐) 사상을 강조하고 있다.

㈡ 절대의 진심

然이나 此教中은 以一眞心性으로 對染淨諸法하여 全揀全收니라. 全揀者는 如上所說 但剋體하여 直指靈知 卽是心性이라 餘皆虛妄故로 云 非識所識이고 非心境等이라하며 乃至 非性非相이며 非佛非衆生하듯 離四句 絶百非也이니라. 全收者는 染淨諸法이 無不是心이라. 心迷故로 妄起惑業하여 乃至 四生六道 雜穢國界하나 心悟故로 從體로 起用 四等六度 乃至 四辯十力하여 妙身淨刹이 無所不現이라. 旣是此心이 現起諸法故로 法法이 全卽眞心이라. 如人夢所現事에 事事皆人이고 如金作器에 器器皆金이며 如鏡現影에 影影皆鏡이니라. [夢은 喩妄想業報이고 器는 喩修行이며 影은 喩應化니라].

그러나 이 가르침 가운데는 일진심성(一眞心性)으로 염정(染淨)의 모든 법을 상대하여 전부 부정을 하거나 전부 긍정을 하게 됩니다. 전부 부정한다는 것은 위에서 "단지 체(體)에 나아가 신령스레 아는 영지(靈知)가 곧 마음의 성품임을 가리켜서, 나머지 모든 것은 허망하기 때문에 '식(識)으로 아는 것도 아니고 마음의 경계도 아니다'라는 등등의 것들을 말하며 나아가 성(性)도 아니고 상(相)도 아니며, 불(佛)도 아니고 중생도 아니다"라고 설하듯, 이사구(離四句) 절백비(絶百非)의153) 논리로써 일체를 부정하는 것입니다.

전부 긍정한다는 것은 염정(染淨)의 모든 법이 '이 마음 아닌 것이 없다'라는 것입니다. 마음이 미혹하기에 망념으로 미혹한 업을 일으켜서 사생육도(四生六道)의 복잡하고 어지러운 세계에 나아가게 되나, 마음을 깨달았기 때문에 그 체(體)로부터 사무량심(四無量心)154)·육바라밀(六波羅密) 내지 사무애변(四無碍辯)155)·십력(十力)을156) 일으켜서 미묘한 몸과 청정한 국토가 어떤 곳에서도 나타나지 않을 게 없다는 것입니다.

이미 이 마음이 모든 법을 드러내고 있기에 법 하나하나 전부가 진심(眞心)인 것입니다. 마치 꿈속에 나타난 일 모두가 꿈꾸는 사람에게 소속되어 있고, 금으로 그릇을 만듦에 그릇 하나하나가 모두 금으로 되어 있으며, 거울이 그림자를 나타냄에 비치는 그림자

---

153) 離四句絶百非는 三論宗의 敎學에서 사용된 용어이다. 四句는 有·空·亦有亦空·非有非空을 말한다. 吉藏의 『三論玄義』에서 "만약 열반을 논한다면 體는 百非로도 알 수 없고 理는 四句를 초월한다"라고 하였다.
154) 원문의 四等이란 표현은 대승보살의 실천행인 慈·悲·喜·捨의 四無量心을 말한다.
155) 원문의 四辯은 보살이 법을 설할 때 지혜와 辨說이 자재무애한 것인데, 法無礙辯·義無礙辯·詞無礙辯·樂說無礙辯의 四無礙辯을 말하며 四無礙智라고도 한다.
156) 부처님이 지닌 열 종류의 훌륭한 능력을 말한다.

하나하나가 모두 거울 속의 그림자인 것과 같습니다.

＊ 꿈은 망상의 업보를 비유하고, 그릇은 수행을 비유하며, 그림자는 응화신(應化身)을 비유한다.

故로 華嚴 云에 知一切法 卽心自性이면 成就慧身이니 不由他悟라하고157) 起信論 云에 三界는 虛僞로서 唯心所作일뿐 離心하여 卽無六塵境界이며 乃至 一切分別이 卽分別自心이라 心不見心이니 無相可得이라 故로 一切諸法이 如鏡中像이라하며158) 楞伽經 云에 寂滅者란 名爲一心이요 一心者는 名如來藏이라하니라.159) 能遍興造一切趣生하여 造善造惡으로 受苦樂이 與因俱하니 故知하라 一切無非心也니라.

그러므로 『화엄경(華嚴經)』에서160) "일체법이 곧 마음의 자성임을 알면 지혜의 몸을 성취하게 되니, 이는 다른 사람으로 말미암아 오게 되는 깨달음이 아니다"라고 하였고, 『기신론(起信論)』에서는 "삼계(三界)는 허위로서 오직 마음이 짓는 것일 뿐, 마음을 떠나서 육진 경계가 없으며 나아가 일체분별이 곧 자기 마음을 분별하는 것이다. 그러나 참 마음은 마음을 보지 못하여 얻을 수 있는 어떠한 상(相)도 없기에, 일체 모든 법이 마치 거울 속의 그림자와 같다"라고 하였으며, 『능가경(楞伽經)』에서도161) "적멸(寂滅)이란 일심이요 일심(一心)이란 여래장이다"라고 하였습니다.

이 마음이 일체 윤회하는 중생을 만들어 선악(善惡)을 짓게 되므로 고락(苦樂)을 받는 것이 이 마음 속에 갖추어져 있게 되니, 그러므로 일체가 마음 아닌 것이 없다는 사실을 알아야 합니다.

全揀門은 攝前第二破相敎하고 全收門은 攝前第一說相敎라. 將前望此하면 此則迥異於前하고 將此攝前하면 前則全同於此하니 深必該淺이나 淺不至深이니라. 深者란 直顯出眞心之體해야 方於中에 揀一切 收一切也이며 如是收揀이 自在하고 性相이 無礙해야 方能於一切法에 悉無所住하리니 唯此名爲了義니라. 更有心性同異와 頓漸違妨과 及所排諸家言敎

---

157) 『禪源諸詮集都序』 상권 미주 (39) 참조 바람.
158) 『禪源諸詮集都序』 상권 미주 (40) 참조 바람.
159) 『禪源諸詮集都序』 상권 미주 (41) 참조 바람.
160) 唐譯 『화엄경』 梵行品의 말미에 있는 문장이다.
161) 菩提流支譯 『入楞伽經』 請佛品 第一의 말미에 있는 문장이다.

部帙次第의 述作大意는 悉在下卷하리라.

　전부 부정하게 되는 문은 앞의 두 번째 파상교(破相敎)를 거두고, 전부 긍정하게 되는 문은 앞의 첫 번째 설상교(說相敎)를 포용하고 있습니다.
　파상교(破相敎)와 설상교(說相敎)를 현시진심즉성교(顯示眞心卽性敎)와 비교하면 현시진심즉성교(顯示眞心卽性敎)의 가르침이 훨씬 뛰어나게 되고, 현시진심즉성교(顯示眞心卽性敎)로 파상교(破相敎)와 설상교(說相敎)를 거두면 그 가르침이 같아지니, 깊은 이치는 반드시 얕은 이치를 거쳐서 들어가게 되나, 얕은 이치는 깊은 이치에 미치지 못하는 법입니다.
　깊은 이치란 바로 진심(眞心)의 체(體)를 드러내서야 그 가운데서 일체를 부정하거나 긍정을 하게 되는 것을 말하며, 이와 같이 부정과 긍정이 자재하고 성(性)과 상(相)이 걸림이 없어야 비로소 일체법에 모두 머물 바가 없게 되니, 오직 이를 이름하여 요의(了義)라 하는 것입니다. 다시 심(心)과 성(性)의 같거나 다른 점·돈(頓)과 점(漸)의 문제되고 있는 점 및 모든 종파의 주장을 배척하는 그들의 책에 써놓은 대의(大意)는 모두 하권에 있게 될 것입니다.

◎ 현시진심즉성교에서 설한 절대의 진심(眞心)이야말로 영지불매(靈知不昧)의 일심(一心)을 바로 가리키는 것이며, 깨달음과 미혹한 세계의 근원임을 밝히는 내용이다. 절대 부정하는 입장에서 보게 되면 일진(一眞)의 심성(心性)이 영지(靈知)의 심성(心性)이고, 절대 긍정하는 문에서 보게 되면 혹업고(惑業苦)인 미혹의 세계와 육도(六度)·십력(十力) 등의 깨달음 세계도 모두 진심(眞心)에서 드러난 법(法)에 지나지 않는 것이다. 절대 부정이나 긍정하는 입장에서 절대의 진심(眞心)이야말로 모든 것의 근원이라는 것이다. 이런 내용에 대한 증거로서 『화엄경(華嚴經)』·『기신론(起信論)』·『능가경(楞伽經)』 등을 인용하고 있다.
　마지막에 가서 종밀은 『도서(都序)』의 상권에서 선(禪)과 교(敎)를 회통시키지 않으면 안 되었던 이유들과 선(禪)의 삼종(三宗)과 교(敎)의 삼교(三敎)를 일치시켜 절대의 진심(眞心) 등을 설하여 이를 바탕으로 하권에서 심(心)과 성(性)의 같거나 다른 점, 돈(頓)과 점(漸)의 상이점, 비판받아야 할 제가(諸家)의 학설과 기타 등등의 문제점을 밝힐 예정이라고 하고 있다.

都序下

돈(頓)과 점(漸)에 관하여 여섯 종류의 예를 들어 설명하고,
마지막에 돈오점수(頓悟漸修)의 뜻을 보충 설명하고 있다.
오수(悟修)의 입장에서 보는 점수돈오(漸修頓悟)・돈수점오(頓修漸悟)・
점수점오(漸修漸悟)・돈오점수(頓悟漸修)・돈오돈수(頓悟頓修)와
"법에는 돈(頓)・점(漸)의 차이가 없는데 중생의 근기에 맞추어서
돈(頓)・점(漸)의 차이가 있게 된다"라고 하는 것들이다.
또한 돈오돈수(頓悟頓修)의 돈오는 보는 관점에 따라서
해오(解悟)와 증오(證悟)의 두 종류가 있게 된다.

㈥ 공종(空宗)과 성종(性宗)의 열 가지 상이점

上之三教는 攝盡如來一代所說之經과 及諸菩薩所造之論하니 細尋法義하여 使見三義全殊를 一法도 無別케하리라. 就三義中에 第一과 第二는 空과 有로 相對되고 第三과 第一은 性과 相으로 相對되니 皆迢然易見이라. 唯第二와 第三은 破相이 與顯性으로 相對커늘 講者와 禪者는 同迷하여 皆謂 同是一宗一教라 皆以破相으로 便爲眞性故로 今廣辨하여 空宗과 性宗에 有其十異하니라.

상권의 밀의의성설상교(密意依性說相教)와 밀의파상현성교(密意破相顯性教)와 현시진심즉성교(顯示眞心卽性教)에서는 부처님이 평생을 걸쳐서 설하신 경(經)과 모든 보살들이 저술했던 논(論)의 내용들을 빠짐없이 담고 있으니, 그들의 법(法)과 의(義)를 자세히 살펴서 세 가르침의 뜻이 완전히 다르게 보이는 것을 한 법도 다르지 않도록 하겠습니다.

세 가르침의 뜻에서 보게되면 파상교(破相教)와 설상교(說相教)는 공(空)과 유(有)로 상대되고, 즉성교(卽性教)와 설상교(說相教)는 성(性)과 상(相)으로 상대되고 있으니, 그 차이점을 모두 쉽게 볼 수 있습니다.

오직 파상교(破相教)와 즉성교(卽性教)만은 파상(破相)과 현성(顯性)이 상대되는 것인데도, 강(講)하는 자와 선(禪)하는 자가 똑같이 잘못 알아 파상교와 즉성교를 모두 같은 하나의 종(宗)으로 보거나 하나의 가르침이라고 말하고 있습니다. 그러므로 파상(破相)으로써 모두 진성(眞性)을 삼고 있기에 지금 공종(空宗)과 성종(性宗)의 열 가지 차이점이 있다는 것을 광범위하게 분별하게 된 것입니다.

一은 法義眞俗異요 二는 心性二名異요 三은 性字二體異요 四는 眞智眞知異요 五는 我法有無異요 六은 遮詮表詮異요 七은 認名認體異요 八은 二諦三諦異요 九는 三性空有異요 十은 佛德空有異니라.

첫 번째는 법(法)과 의(義)가 진제(眞諦)와 속제(俗諦)로서 쓰이는 내용이 다른 것입니다.

두 번째는 제법의 본원을 지목하여 쓰이는 명칭을 공종(空宗)에서는 성(性)이라 하고 성종(性宗)에서는 마음이라고 쓰는 점이 다른 것입니다.

세 번째는 성(性)이란 글자가 쓰이는 내용이 두 종류로서 그 체(體)가 다른 것입니다.

네 번째는 진지(眞智)와 진지(眞知)의 내용이 다르다는 것입니다.

다섯 번째는 공종(空宗)은 '아(我)라는 법(法)이 없다'라고 하고 성종(性宗)은 '아(我)라는 법(法)이 있다'라고 주장하는 점이 다른 것입니다.

여섯 번째는 진리를 드러내는 방법으로 공종(空宗)에서는 부정의 논리를, 성종(性宗)에서는 긍정의 논리를 쓴다는 점이 다른 것입니다.

일곱 번째는 명(名)을 아는 것과 체(體)를 아는 것은 그 내용이 다른 것입니다.

여덟 번째는 공종(空宗)에서는 이제(二諦)를 성종(性宗)에서는 삼제(三諦)를 주장한다는 점이 다른 것입니다.

아홉 번째는 변계소집성(遍計所執性)과 의타기성(依他起性)과 원성실성(圓成實性)을 공종(空宗)에서는 모두 무성(無性)이라고 주장하고 있으나, 성종(性宗)에서는 공(空)과 유(有)의 입장이 있다고 주장하는 점이 다른 것입니다.

열 번째는 공종(空宗)은 하나의 법도 인정하지 않는 철저한 공(空)을 부처님의 덕상(德相)으로 삼고 있으나, 성종(性宗)은 부처님 자체에 상(常)·락(樂)·아(我)·정(淨)의 덕상(德相)이 있다고 주장하는 점이 다른 것입니다.

◉ 상권에서 교(教)의 삼교(三教)를 설명하면서 이런 내용을 간략하게 밝히고 있었지만, 여기서 다시 삼교(三教)의 상위점 특히 파상현성교와 진심즉성교와의 구별을 확실히 하고자 한다. 의성설상교를 유(有)라 하고 파상현성교를 공(空)이라 한다면 유(有)와 공(空)의 대립으로 쉽게 이해할 수 있고, 또 의성설상교는 상(相)을 설하고 진심즉성교는 성(性)을 설한 것이라고 한다면 상(相)과 성(性)으로서 상위점이 있게 되는 것이다. 그런데 파상현성교와 진심즉성교의 구별을 명확하게 하고 있지 않기 때문에 파상현성교와 진심즉성교를 동일시하여 동일한 가르침이라고 보는 자들이 있게 된다. 그래서 종밀은 파상현성교와 진심즉성교의 상이점을 열 가지 항목으로 나누어 각 항목을 설명하려는 것이다.

㊀ 법(法)과 의(義)의 해석에 대하여

初에 法義眞俗異者란 무엇인가. 空宗은 緣未顯眞靈之性故로 但以一切差別之相으로 爲法하니 法是俗諦이고 照此諸法하여 無爲無相 無生無滅 無增無減 等으로 爲義하니 義是眞諦니라. 故로 智論에 以俗諦로 爲法無礙辯하고 以眞諦로 爲義無礙辯하니라. 性宗이면 則以一眞之性으로 爲法하고 空과 有 等의 種種差別로 爲義하니라. 故로 經云에 無量義者는 從一法生이라하고162) 華嚴十地에서 亦云하되 法者란 知自性하고 義者란 知生滅하며 法者란 知眞諦하고 義者는 知俗諦하며 法者란 知一乘하고 義者란 知諸乘이라하여163) 如是十番을 釋法義二無礙義하니라.

첫 번째 차이점으로서 "법(法)과 의(義)가164) 진제(眞諦)와 속제(俗諦)로서 쓰이는 내용이 다르다"는 것은 무엇을 말하겠습니까.

공종(空宗)은 아직 드러나지 않은 참으로 신령한 성품을 반연하고 있기 때문에, 단지 일체 차별의 상(相)으로만 법(法)을 삼고 있으니 여기서 법(法)은 속제(俗諦)가 되고, 이 모든 법을 비추어 무위(無爲)·무상(無相)·무생(無生)·무멸(無滅)·무증(無增)·무감(無減) 등으로서 의(義)를 삼게 되니 여기서 의(義)는 진제(眞諦)가 됩니다. 그러므로 『대지도론(大智度論)』에서 "속제(俗諦)로 법무애변(法無礙辯)을 삼고 진제(眞諦)로 의무애변(義無礙辯)을 삼는다"라고 말하는 것입니다.

성종(性宗)이라면 일진(一眞)의 성품으로 법을 삼고, 공(空)과 유(有) 등의 온갖 차별로서 의(義)를 삼게 됩니다. 그러므로 『무량의경(無量義經)』에서 "무량한 이치는 하나의 법에서 생겨난다"라고 하였고, 『화엄경(華嚴經)』 십지품(十地品)에서 또한 "법은 자성(自性)을 알고 의(義)는 생멸(生滅)을 알며, 법(法)은 진제(眞諦)를 알고 의(義)는 속제(俗諦)를 알며, 법(法)은 일승(一乘)을 알고 의(義)는 모든 방편을 안다"라고 하여, 이와 같이 열 번을 되풀이하면서 법무애(法無礙)와 의무애(義無礙)의 이치를 풀어놓았던 것입니다.

---

162) 『禪源諸詮集都序』 하권 미주 (1) 참조 바람.
163) 『禪源諸詮集都序』 하권 미주 (2) 참조 바람.
164) 法과 義라는 말은 『기신론』에서 쓰는 유명한 용어지만, 여기에서 사용하고 있는 뜻은 『기신론』과 직접적인 관련이 없다. 오히려 인용하고 있는 경론에서 나타난 法無礙智나 義無礙智의 法과 義를 교묘하게 사용하여 空宗과 性宗의 다른 점을 나타내고자 한 것이다. 法이라는 말을 空宗은 差別相의 뜻으로 쓰지만 性宗은 眞性의 의미로 취하는데, 이것은 dharma인 法의 개념에 진리와 사물의 두 가지 의미가 內在되어 있는 것을 교묘하게 이용한 것이다.

◉ 법(法)과 의(義)에 대한 공종(空宗)과 성종(性宗)의 해석이 다르다. 공종에서 일체의 차별상을 법(法)으로 삼고 있는 것에 대하여, 성종에서는 진성(眞性)을 법(法)으로 삼는 것이다. 또 공종에서 무위(無爲)·무상(無相)·무생(無生)·무멸(無滅)·무증(無增)·무감(無減) 등을 의(義)로 삼는 것에 대하여, 성종에서는 차별상을 의(義)로 삼고 있다. 진제(眞諦)와 속제(俗諦)의 이제(二諦)를 가지고서 법(法)과 의(義)를 생각하게 되면 공종은 법(法)을 속제(俗諦)로 삼고 의(義)를 진제(眞諦)로 삼음에, 성종에서는 법(法)을 진제로 하고 의(義)를 속제로 삼는 것이다. 종밀은 이런 내용을 증명하기 위하여 『대지도론(大智度論)』·『무량의경(無量義經)』·『화엄경(華嚴經)』의 경문(經文)들을 인용하고 있다.

㈢ 제법의 본원이 공종(空宗)은 성(性)으로 성종(性宗)은 심(心)으로

二에 心性二名異者란 무엇인가. 空宗은 一向 目諸法本源하여 爲性하고 性宗은 多目諸法本源하여 爲心이라. 目爲性者는 諸論多同이니 不必敍述이고 目爲心者는 勝鬘 云에 自性淸淨心이라하고[165] 起信 云에 一切法은 從本已來 離言說名字 心緣等相하여 乃至 唯是一心이라하며[166] 楞伽 云하되 堅實心이라.[167] 良由로 此宗의 所說本性은 不但寂滅이라 而乃自然常知故로 應目爲心也니라.

두 번째 차이점으로서 "제법의 본원을 지목하여 쓰이는 명칭을 공종(空宗)에서는 성(性)이라 하고 성종(性宗)에서는 마음이라고 쓰는 점이 다르다"는 것은 무엇을 말하겠습니까.

공종(空宗)은 언제나 모든 법의 본원(本源)을 지목하여 성(性)이라 하고 성종(性宗)은 대개 마음이라 하고 있는 것입니다. 모든 법의 본원을 지목하여 성(性)이라 한 것은 모든 논에서 주장하는 것과 거의 같은 내용이니 반드시 서술할 필요가 없고, 모든 법의 본원을 지목하여 마음이라 한 것은 『승만경(勝鬘經)』에서는 "자성청정심(自性淸淨心)"이라 하였고, 『기신론(起信論)』에서는 "일체법은 본래 언설과 명자와 마음이 반연하는 모든 상을 떠나서, 나아가 오직 일심(一心)일 따름이다"라고 하였으며, 『능가경(楞伽經)』에서는 "견실한 마음"이라고 했습니다. 진실로 성종(性宗)에서 설한 본성(本性)은 단지 "적멸"했

---

165) 『禪源諸詮集都序』 하권 미주 (3) 참조 바람.
166) 『禪源諸詮集都序』 하권 미주 (4) 참조 바람.
167) 『禪源諸詮集都序』 하권 미주 (5) 참조 바람.

을 뿐만 아니라 "자연 항상 아는 앎"이기에 응당 '마음'이라 부르게 된 것입니다.

◎ 제법의 본원을 공종에서는 성(性)으로 보고 성종은 심(心)이라 본다. 심(心)이라고 보는 증거로서 『승만경(勝鬘經)』의 자성청정심(自性淸淨心)과 『기신론(起信論)』의 일심(一心)과 『능가경(楞伽經)』의 견실심(堅實心)을 들고 있다. 성종에서 말하는 심(心)은 영지불매(靈知不昧)의 일심(一心)이다.

㈢ 성(性)의 해석에 대하여

三에 性字二體異者란 무엇인가. 空宗은 以諸法無性으로 爲性하나 性宗은 以靈明常住不空之體로 爲性하나라. 故로 性字 雖同이라도 而其體異也니라.

세 번째 차이점으로서 "성(性)이란 글자가 쓰이는 내용이 두 종류로서 그 체(體)가 다르다"는 것은 무엇을 말하겠습니까.
　공종(空宗)에서는 모두 법의 무성(無性)으로 성(性)을 삼고 있으나, 성종(性宗)에서는 신령스런 밝음이 상주하는 불공(不空)의 체(體)로서 성(性)을 삼는 것입니다. 그러므로 성(性)이란 글자가 같더라도 그 체(體)가 다른 것입니다.

◎ 앞에서 공종(空宗)은 성(性)을, 성종(性宗)은 심(心)을 제법의 본원으로 한다고 말하였다. 그러나 성종에서도 성(性)을 말하고 있는데, 성(性)이란 글자를 성종에서는 어떻게 이해하고 있는가. 공종은 제법의 무성(無性)을 성(性)이라 하고 있음에, 성종에서는 영명(靈明)한 불공(不空)의 체(體)를 성(性)이라 한다는 것이다.

㈣ 지(智)와 지(知)의 해석에 대하여

四에 眞智眞知異者란 무엇인가. 空宗은 以分別로 爲知하고 無分別로 爲智하니 智深하고 知淺이라. 性宗은 以能證聖理之妙慧로 爲智하고 以該於理智하여 通於凡聖之眞性으로 爲知하니 知通하고 智局이라. 上引問明品에 已自分別하고 況十迴向品에서 說眞如하여 云에 照明爲性이라하며168) 起信에 說하되 眞如는 自體에서 眞實識知니라.169)

네 번째 차이점으로서 "진지(眞智)와 진지(眞知)의 내용이 다르다"는 것은 무엇을 말하겠습니까.

공종(空宗)은 분별로서 지(知)를 삼고 무분별로서 지(智)를 삼고 있으니, 지(智)의 내용이 깊고 지(知)의 내용은 얕습니다. 성종(性宗)은 성스런 진리를 증득할 수 있는 오묘한 지혜로서 지(智)를 삼고 이치와 지혜를 싸안아 범부와 성인에 통하는 진성(眞性)으로서 지(知)를 삼고 있으니, 지(知)는 모든 것에 통하게 되고 지(智)의 내용은 한쪽에 국한되어 있습니다. 위에서 『화엄경』보살문명품(菩薩問明品)을 인용하여 이미 분별해 놓았었고, 더욱이 십회향품(十迴向品)에서 진여(眞如)를 설명하여 "밝게 비춤으로 성(性)을 삼는다"라고 하고 있으며, 『기신론(起信論)』에서는 "진여 자체가 진실로 아는 지(知)"라고 설하고 있는 것입니다.

◎ 지(智)와 지(知)에 관한 공종과 성종의 이해하는 점이 다르다. 공종에서 분별을 지(知)라 하고 무분별(無分別)을 지(智)라 하고 있는데, 성종에서는 진리를 밝히려고 하는 훌륭한 지혜를 지(智)라 하고 범부와 성인에게 통하는 영성(靈性)을 지(知)라 하는 것이다. 공종에서는 지(知) 보다는 지(智)가 깊은 내용이 되나, 성종에서는 지(智) 보다도 지(知)를 더 근원적인 것이라고 보는 것이다.

---

168) 『禪源諸詮集都序』 하권 미주 (6) 참조 바람.
169) 『禪源諸詮集都序』 하권 미주 (7) 참조 바람.

㊄ 유아(有我)와 무아(無我)의 해석에 대하여

五에 我法有無異者란 무엇인가. 空宗은 以有我로 爲妄하고 無我로 爲眞하나 性宗은 以無我로 爲妄하고 有我로 爲眞이라. 故로 涅槃經 云에 無我者 名爲生死요 有我者 名爲如來라하고 又 云에 我計無我는 是顚倒法이며170) 乃至 廣破 二乘의 無常無我之見이 如春池에 執石 爲寶라하고 廣讚常樂我淨 而爲究竟하여 乃至 云하되 無我法中에 有眞我니라.[良由로 衆生은 迷自眞我하고 妄執五蘊하여 爲我니라. 故로 佛은 於大小乘法相 及破相教中에서 破之하여 云하되 無니라. 今於性宗에는 直明實體故로 顯之하여 云하되 有이니라]

다섯 번째 차이점으로서 "공종(空宗)은 '아(我)라는 법(法)이 없다'라고 하고 성종(性宗)은 '아(我)라는 법(法)이 있다'라고 주장하는 점이 다르다"는 것은 무엇을 말하겠습니까.

공종(空宗)에서는 유아(有我)로서 망념을 삼고 무아(無我)로서 진성(眞性)을 삼고 있습니다. 그러나 성종(性宗)에서는 무아(無我)로서 망념을 삼고 유아(有我)로서 진성(眞性)을 삼습니다.

그러므로 『열반경(涅槃經)』에서 "무아(無我)는 생사(生死)라고 하고, 유아(有我)는 여래(如來)라고 한다"라고 하고, 또 "나를 무아(無我)라 생각하는 것은 잘못된 법이며, 나아가 이승(二乘)의 무상(無常)과 무아(無我)라는 견해는 마치 따뜻한 봄 언못가에서 돌을 주워 보석으로 삼는 것과 같다"라고 비판하여 이승(二乘)의 견해를 널리 타파하며 상(常)·락(樂)·아(我)·정(淨)을 널리 찬탄하여 이를 구경(究竟)으로 삼아야 한다며, 나아가 "무아법(無我法) 가운데에 진아(眞我)가 있다"라고 설파하는 것입니다.

* 진실로 중생은 자기의 진아(眞我)를 미혹하고 오온(五蘊)을 집착하여 허망하게 나를 삼게 된다. 그러므로 부처님께서는 대소승(大小乘)의 법상(法相)과 파상교(破相教) 가운데서 이 집착을 타파하여 "나라 할 것이 없다"라고 말씀하셨다. 지금 성종(性宗)에서는 바로 실체를 밝히고 있기에 이를 드러내어, "진아(眞我)가 있다"라고 말하는 것이다.

◉ 공종은 유아(有我)를 망(妄)으로 보고 무아(無我)를 진(眞)으로 보는데, 성종에서는 유아(有我)를 진(眞)이라 보고 무아(無我)를 망(妄)으로 본다는 것이다. 성종이 유아(有我)를 진(眞)이라고 보는 증거로서 『열반경』을 인용한다. 무아(無我)만으로는 끝나는 게 아니라, 무아법(無我法) 속에 진아(眞我)를 인정하고 있는 것이다.

---

170) 『禪源諸詮集都序』 하권 미주 (8) 참조 바람.

118　都 序 下

㈥ 진리를 드러내는 방법에 대하여

六에 遮詮表詮異者란 무엇인가. 遮는 謂 遣其所非하고 表는 謂 顯其所是니라. 又 遮者는 揀卻諸餘하며 表者는 直示當體니라. 如諸經에 所說하듯 眞妙理性을 每云하되 不生不滅 不垢不淨 無因無果 無相無爲 非凡非聖 非性非相 等은 皆是遮詮이라. [諸經論中 每以非字로 非卻諸法하니 動卽 有三十五十箇非字이라. 不字와 無字도 亦爾니라. 故로 云하되 絶百非也라]

여섯 번째 차이점으로서 "진리를 드러내는 방법으로 공종(空宗)에서는 부정의 논리를, 성종(性宗)에서는 긍정의 논리를 쓴다는 점이 다르다"는 것은 무엇을 말하겠습니까.
부정의 논리는 잘못된 것을 내치고, 긍정의 논리는 옳은 것을 드러내고자 하는 것을 말합니다. 또 부정의 논리란 진실을 제외한 나머지 모두를 가려내는 것이며, 긍정의 논리란 바로 당체(當體)를 보여 주고자 하는 것입니다. 모든 경에서 설하듯이 진여(眞如)의 현묘(玄妙)한 이치와 성품을 매번 "불생불멸(不生不滅)·불구부정(不垢不淨)·무인무과(無因無果)·무상무위(無相無爲)·비범비성(非凡非聖)·비성비상(非性非相) 등이라 말하고 있는 것은 모두 부정의 논리가 되는 것입니다.

* 모든 경론 가운데 매번 비(非)란 글자를 가지고 모든 법이 잘못이라고 물리치게 되어 걸핏하면 삼십 개나 오십 개 등의 많은 비(非)란 글자가 있게 된다. 불(不)과 무(無)란 글자도 또한 그러한 용도로 쓰이게 된다. 그러므로 이런 무한 부정의 논리를 절백비(絶百非)라고 표현한다.

若云하되 知見覺照 靈鑑光明 朗朗昭昭 惺惺寂寂 等이라면 皆是表詮이라. 若無 知見等 體라면 顯何法 爲性이며 說何法 不生不滅等이리오. 必須認得見하여 今了然而知가 卽是心性이어야 方說此知 不生不滅等이니라. 如說鹽云하되 不淡은 是遮이나 云鹹은 是表이고 說水云하되 不乾은 是遮이나 云濕은 是表니라. 諸敎에서 每云 絶百非者는 皆是遮詞이며 直顯一是라야 方爲表語니라. 空宗之語는 皆是遮詮이나 性宗之語는 有遮有表니라. 但遮者 未了나 兼表者 乃的이라 今時人이 皆謂 遮言으로 爲深하되 表言으로 爲淺하니라. 故로 唯重非心非佛 無爲無相 乃至 一切不可得之言하니 良由로 但以遮非之詞로 爲妙하며 不欲親自證認法體故로 如此也니라.

만약 지견각조(知見覺照)·영감광명(靈鑑光明)·낭랑소소(朗朗昭昭)·성성적적(惺惺

寂寂) 등을 말하고 있다면 이는 모두 긍정의 논리가 됩니다. 만약 지견(知見) 등의 체(體)가 없다면 무슨 법을 드러내어 성(性)을 삼을 것이며, 무슨 법을 설파하여 불생불멸(不生不滅) 등이라고 하겠습니까.

반드시 알고 보아 지금 분명히 아는 지(知)가 곧 심성(心性)이어야, 바야흐로 이 지(知)를 설하여 불생불멸(不生不滅) 등이라고 하는 것입니다. 이는 마치 소금을 "담박한 맛이 아니다"라고 설명하면 부정의 논리가 되나 "짠맛이다"라고 설명하면 긍정의 논리가 되고, 물을 "건조하지 않다"라고 설명하면 부정의 논리가 되나 "습하다"고 설명하면 긍정의 논리가 되는 것과 같습니다.

모든 가르침에서 매번 '절백비(絶百非)'라 말해지는 것은 모두 부정의 논리이며, 바로 하나같이 옳은 것을 드러내야 바야흐로 긍정의 논리가 되는 것입니다.

공종(空宗)의 말은 모두 부정의 논리가 되나, 성종(性宗)의 말은 부정의 논리와 긍정의 논리가 다 함께 있는 것입니다. 단지 부정의 논리만 전개하고 있는 자는 아직 진실을 알지 못하고 있으나, 부정의 논리와 함께 긍정의 논리를 쓰고 있는 자라면 진실을 바로 아는 것입니다.

그런데도 요즈음 사람들이 모두 부정의 논리로서 깊은 이치를 삼고 있으면서 긍정의 논리는 이치가 깊지 않다고 말합니다. 그러기에 오직 비심(非心)・비불(非佛)・무위(無爲)・무상(無相), 나아가 '일체를 얻을 수 없다'라는 말만 중요시하게 됩니다. 이는 진실로 부정의 논리만을 최고의 묘(妙)로 삼고 있으면서, 친히 스스로 법의 당체(當體)를 증득하여 알려 하지 않았기에 이와 같이 되어버린 것입니다.

◎ 진리를 표현하는 방법으로 공종은 부정의 논리만을 쓰게 되나, 성종은 부정과 긍정의 논리를 둘 다 함께 사용한다. 그러나 부정의 논리만으로는 진리를 다 표현하는 것이 부족하고, 부정의 논리와 함께 긍정의 논리가 있어야만 진리의 법체(法體)를 나타낼 수 있다고 한다. 종밀은 당시의 학인들이 비심(非心)・비불(非佛)・무위(無爲)・무상(無相) 등의 부정의 논리로만 진리를 나타내려 하는 것은 잘못이라고 지적한다.

㉗ 명(名)과 체(體)의 내용에 대해서

七에 認名認體異者란 무엇인가. 謂 佛法과 世法이 ——皆有名體니라. 且如世間稱大라도 不過四物이니 如智論 云에 地水火風은 是四物名이요 堅濕煖動은 是四物體라하니 今且說水하리라. 設有人이 問에 每聞하기를 澄之卽淸하고 混之卽濁하며 堰之卽止하고 決之卽流하여 而能漑灌萬物하고 洗滌萬穢하는 此是何物인고하면 [擧功能義用而問之라] 答云하되 是水니라. [擧名答也라] 愚者는 認名으로 便謂已解하나 智者는 應更問云에 何者是水오하면 [徵其體也라] 答云하되 濕卽是水니라. [剋體指也니라. 此一言에 便定이니 更別無字可替也라. 若云에 冰波凝流淸濁이 是水라하면 何異他所問之詞리요]

일곱 번째 차이점으로서 "명(名)을 아는 것과 체(體)를 아는 것은 그 내용이 다르다"는 것은 무엇을 말하겠습니까.

불법과 세간의 법 하나하나에는 모두 그 이름과 체(體)가 있다는 것을 말합니다. 만약 세간이 크다고 해도 네 종류의 물질에 지나지 않게 되니, 이는 『대지도론(大智度論)』에서 "지(地)·수(水)·화(火)·풍(風)은 네 종류 물질의 이름이 되고, 딴딴하고 축축하고 따뜻하고 움직이는 견(堅)·습(濕)·난(煖)·동(動)은 네 종류 물질의 체(體)가 된다"라고 말한 것과 같습니다. 이 내용을 지금 물을 가지고서 설명해 보겠습니다.

설사 어떤 사람이 질문하여 매번 "가만히 놓아두어 맑게 하면 맑아지고 저으면 탁해지며, 막으면 멈추고 터주면 흘러가서 만물을 축축하게 적셔주고 많은 더러움을 씻어 줄 수 있는 이것이 무엇인가"라는 소리를 듣게 된다면,

　*이는 공능(功能)의 뜻을 사용하여 질문한 것이다.

답하기를 "물"이라고 할 것입니다.

　*이는 이름을 들어 답한 것이다.

어리석은 사람은 이름을 안 것만으로 문득 물을 알았다고 생각하게 되나, 지혜로운 자는 응당 "무엇이 물입니까"라고 다시 질문할 것이며,

　*그 체(體)를 따져 물은 것이다.

답변하기를 "축축한 것이 물이다"라고 하게 될 것입니다.

　*체(體)에 나아가서 가리킨 것이다. 이 한마디로 체(體)가 확정되니 여기에 다시 따로 바꿀 만한 어떤 명자(名字)도 없게 되는 것이다. 만약 빙파(氷波)와 응류(凝流)와 청탁(淸濁)이 물이라고 말한다면 이것들이 어찌 질문했던 말들과 다를 수 있겠는가.

佛法亦爾하여 設有人이 問에 每聞하기를 諸經에 云 迷之卽垢하고 悟之卽淨하며 縱之卽凡하고 修之卽聖하여 能生世間一切諸法이라하는 此是何物인고하면[擧功能義用而問也라] 答云하되 是心이라. [擧名答之라] 愚者는 認名으로 便謂已識이라하나 智者는 應更問에 何者是心고하면 [徵其體也라] 答하되 知卽是心이라.[指其體니라. 此言이 最的이고 餘字는 不如니라. 若云에 非性非相으로 能語言運動等이 是心者라하면 何異他所問之詞也리요]

불법도 또한 그와 같이 설사 어떤 사람이 질문하여 매번 "모든 경에서 '미혹하면 더럽고 깨달으면 청정하며, 멋대로 두게 되면 범부이고 닦아나가면 성인이어서 세간의 일체 모든 법을 만들어 낼 수 있다'라고 하는 이것이 무엇인가"라는 소리를 듣게 된다면,

* 이는 공능(功能)의 뜻을 사용하여 질문한 것이다.

답하기를 "마음이다"라고 할 것입니다.

* 이는 이름을 들어 답한 것이다.

어리석은 사람은 이름을 안 것만으로 문득 마음을 알았다고 생각하게 되나, 지혜로운 자는 응당 "무엇이 마음입니까?"라고 다시 질문할 것이며, 답변하기를 "지(知)가 곧 마음이다"라고 하게 될 것입니다.

* 그 체(體)를 가리킨 것이다 이 한 마디가 가장 옳은 말이었고 다른 명자(名字)는 이 뜻과 같지가 않았다. 만약 비성(非性)과 비상(非相)으로 말을 하고 운동할 수 있는 것 등이 마음이라고 말한다면, 이것이 어찌 질문했던 말들과 다를 수 있겠는가.

以此로 而推하면 水之名體 各唯一字일뿐 餘皆義用하고 心之名體도 亦然이라. 濕之一字가 貫於淸濁 等의 萬用萬義之中하고 知之一字가 亦貫於貪瞋慈忍 善惡苦樂 等의 萬用萬義之處니라.

이로써 추론하게 되면 물의 명(名)과 체(體)는 각각 오직 한 글자일 뿐 나머지는 모두 의(義)로 사용하였으며, 마음의 명(名)과 체(體)도 또한 그러했던 것입니다. 습(濕)이란 한 글자가 맑고 탁한 등의 물에 관한 많은 용도와 그 이치를 관통하고 있고, 지(知)란 한 글자가 또한 탐욕과 성냄·자비와 인욕·선악과 고락 등의 마음에 관한 많은 용도와 이치를 관통하게 되는 것입니다.

今時 學禪人이 多疑云에 達磨는 但說心인데 荷澤은 何以說知인고하니 如此說者 豈不似 疑云에 比只聞 井中有水인데 云何今日에 忽覺井中濕耶리요. 直須悟得 水是名이라 不是水요 濕是水라 不是名이니 卽淸濁冰波凝流에 無義不通也니라. 以例로 心是名이라 不是心이요 知是心이라 不是名이니 卽眞妄垢淨善惡에 無義不通也니라. 空宗과 相宗은 爲對初學 及淺機하여 恐隨言生執故로 但標名하여 而遮其非하고 唯廣以義用으로 而引其意니라. 性宗은 對久學 及上根하여 令忘言認體故로 一言에 直示하니 [達磨 云에 指一言 以直示라하니 後人이 意不解하고 尋思하여 何言이 是一言고하다 若言 卽心是佛이 是一言者라면 此是四言이니 何名爲一言이오]

요즈음 선(禪)을 배우는 이들이 의심이 많아서, "달마스님은 단지 마음을 설했을 뿐인데, 하택(荷澤)은 무슨 이유로 지(知)를 설하고 있는가"라고 말합니다. 이와 같이 말하는 자들은, 의심하여 "근래 우물 가운데 물이 있을 뿐이라고 들었는데, 어떻게 금일 우물 가운데서 갑자기 축축한 기운을 느끼게 되는가"라고 하는 소리와 어찌 비슷하지 않겠습니까. 물은 이름이라 진짜 물이 아니요 축축한 기운 습(濕)이 진짜 물이라 이름이 아님을 바로 깨달아야, 곧 청탁(淸濁)·빙파(氷波)·응류(凝流)의 어떠한 이치에도 통하지 않을 게 없는 것입니다.

이런 예로서 마음은 이름이라 참 마음이 아니요 지(知)가 진짜 마음이라 이름이 아님을 깨달아서야, 이것이 곧 진망(眞妄)·구정(垢淨)·선악(善惡)의 어떤 이치에도 통하지 않을 게 없다는 것입니다.

공종(空宗)과 상종(相宗)은 초학자와 근기가 약한 사람들을 상대하여 이들이 말을 따라서 집착하는 마음을 낼까 봐 걱정하였기 때문에, 단지 명(名)만을 표방하여 그 잘못을 차단하게 되고, 오로지 광범하게 의(義)를 사용하는 것만으로 그 뜻을 끌어왔던 것입니다.

성종(性宗)은 오래 공부하거나 상근기(上根機)를 상대해서 그들이 언어를 잊고 체(體)를 알도록 하였기 때문에 한 마디로 그 체(體)를 바로 가리켰으니,

* 달마 스님이 "한 마디를 가리켜서 그 체(體)를 바로 보여 준다"라고 하였으니, 후학이 그 뜻을 알지 못하고 "어떤 말이 이 한 마디 말인가"라고 한참 생각하다가, 만약 즉심시불(卽心是佛)을 한 마디 말이라고 한다면, 즉심시불(卽心是佛)은 네 마디 말이 되니 어찌 한 마디 말이라 할 수 있겠는가.

認得體已_{하면} 方於體上_{에서} 照察義用故_로 無不通矣_{니라}.

　이 한 마디로 체(體)를 알아버렸다면, 바야흐로 그 체(體) 위에서 나온 뜻이 어떻게 쓰이고 있는 가를 환히 살필 수 있었기에 일체법에 통하지 않을 게 없었던 것입니다.

◉ '명(名)을 인정하고 있느냐 체(體)를 인정하고 있느냐'에 의해서 공종과 성종의 차이점이 있게 된다. 명(名)과 체(體)의 구별을 하고자, 물의 비유를 들어 청(淸)·탁(濁)·응(凝)·류(流) 등의 물의 움직임은 단지 물의 명(名)에 지나지 않게 되나, 축축한 기운의 습성(濕性)은 그 체(體)라고 말한다. 그와 마찬가지로 불법(佛法)에서도 선악(善惡)·구정(垢淨)·범성(凡聖) 등은 마음의 작용에 지나지 않기에 마음 그 자체는 아니고, 마음의 체(體)는 오직 지(知) 뿐이라고 한다. 달마도 명(名)으로서 마음만 설한 것이 아니고, 마음의 체(體)가 지(知)였음을 설하고 있었다고 한다.

이를 알게 되었다면 달마의 마음과 하택의 지(知)는 모순되지 않는다고 말할 수 있다. 종밀은 하택의 지(知)가 달마에게서 전해졌던 것임을 말하기 위하여 명(名)과 체(體)의 상이점을 주장하고 있는 것이다. 상종(相宗)이 명(名)을 세우거나 공종이 명(名)을 부정하는 것도 똑같이 명(名)에 집착하는 것이었고, 성종은 체(體) 그 자체를 바로 가리키는 것에 특질이 있다고 한다.

㈧ 공종(空宗)의 이제(二諦)와 성종(性宗)의 삼제(三諦)

八에 二諦三諦異者란 무엇인가. 空宗의 所說에 世出世間의 一切諸法이 不出二諦라함을 學者 皆知하니 不必引釋이라. 性宗은 則攝一切의 性相 及自體하여 總爲三諦하니 以緣起色等의 諸法으로 爲俗諦하고 緣無自性하여 諸法이 卽空으로 爲眞諦하며[此는 與空宗相宗의 二諦와 義無別也라]

여덟 번째 차이점으로서 "공종(空宗)에서는 이제(二諦)를 성종(性宗)에서는 삼제(三諦)를 주장한다는 점이 다르다"는 것은 무엇을 말하겠습니까.

공종(空宗)에서 "세간과 출세간의 일체 모든 법이 이제(二諦)를 벗어나지 못한다"라고 설했던 것을 공부하는 사람들은 모두 알고 있을 것이니, 반드시 인용하여 해석할 필요가 없을 것입니다. 성종(性宗)에서는 일체의 성(性)과 상(相) 및 그 자체를 거두어서 총괄하여 삼제(三諦)가 됩니다.

인연으로 일어나는 색(色) 등의 모든 법으로서 속제(俗諦)를 삼고, 무자성(無自性)을 인연하여 모든 법이 공(空)한 것으로서 진제(眞諦)를 삼으며,

　　* 이것은 공종(空宗)과 상종(相宗)의 이제(二諦)와 뜻이 다를 것이 없다.

一眞心體로서 非空非色이로되 能空能色으로 爲中道第一義諦하니 其猶明鏡이 亦具三義니라. 鏡中影像이 不得呼靑爲黃하여 姸媸各別은 如俗諦하고 影無自性하여 一一全空은 如眞諦하며 其體常明하여 非空非靑黃이로되 能空能靑黃으로서 如第一義諦하니 其如 瓔珞 大品 本業 等의 經에 所說이라. 故로 天台宗은 依此三諦 修三止三觀하여 成就三德也니라.

일진(一眞)의 심체(心體)로서 비공(非空)·비색(非色)이로되 능공(能空)·능색(能色)으로서 중도제일의제(中道第一義諦)를 삼게 되니, 그것은 마치 또한 세 가지 이치를 갖추고 있는 밝은 거울과 같습니다.

거울 속의 영상이 푸른 것을 노랗다 할 수 없어 곱고 추한 것이 각각 다르게 되는 것은 속제(俗諦)와 같고, 거울 속의 영상이 자성(自性)이 없어 하나하나 전부 공(空)한 것은 진제(眞諦)와 같으며, 거울의 체(體)가 항상 밝고 밝아서 비공(非空)·비청황(非靑黃)이

로되 능공(能空)·능청황(能青黃)으로서 마치 제일의제(第一義諦)와 같게 되니, 이는 모두 『영락본업경(瓔珞本業經)』과 『대품반야경(大品般若經)』과 『보살본업경(菩薩本業經)』 등의 경(經)에서 말한 것과 같습니다. 그러므로 천태종(天台宗)은 이 삼제(三諦)에 의지하여 삼지(三止)·삼관(三觀)을 닦아서 세 종류의 덕을[171] 성취하게 되는 것입니다.

◉ 삼론종(三論宗)은 진제(眞諦)와 속제(俗諦)를 세웠고, 천태종(天台宗)은 공제(空諦)와 가제(假諦)와 중도제(中道諦)를 세웠기에 삼론종과 천태종의 차이점은 분명하다. 이와 마찬가지로 공종에서는 색(色) 등의 모든 법을 속제라 하고 모든 법이 공(空)한 것을 진제로 하고 있으나, 성종에서는 하나 더 나아가 일진(一眞)·일심(一心)의 체(體)를 비공비색(非空非色)이로되 능공능색(能空能色)이라고 하여 중도제일의제(中道第一義諦)로 삼는 것이다. 이를 증명하는 경(經)으로서 『영락본업경(瓔珞本業經)』·『대품반야경(大品般若經)』·『보살본업경(菩薩本業經)』 등을 예로 들고 있다.

⑨ 삼성(三性)에 대해서

九에 三性空有異者란 무엇인가. 三性은 謂 遍計所執性과[妄情으로 於我及一切法을 周遍計度하여 一一執爲實有하니 如痴孩 鏡中 見人面像하고 執爲有命質礙肉骨等이라] 依他起性과[此는 所執法이 依他衆緣하여 相因而起하니 都無自性이라. 唯是虛相일뿐 如鏡中影이니라] 圓成實性이다.[本覺眞心이 始覺으로 顯現하여 圓滿成就해서 眞實常住하니 如鏡之明이니라]

아홉 번째 차이점으로서 "변계소집성(遍計所執性)과 의타기성(依他起性)과 원성실성(圓成實性)을 공종(空宗)에서는 모두 무성(無性)이라고 주장하고 있으나, 성종(性宗)에서는 공(空)과 유(有)의 입장이 있다고 주장하는 점이 다르다"라는 것은 무엇을 말하겠습니까.
삼성(三性)은 변계소집성(遍計所執性)과
* 허망한 정식(情識)으로 나와 일체법을 두루 생각하며 하나하나를 집착하여 실제 있다고 하니, 마치 어

---

171) 三德은 『열반경』에서 나오는 내용으로서 열반이 갖추고 있는 세 종류의 덕을 말한다. 常住不滅의 法性身인 法身德·法相을 여실하게 아는 지혜인 般若德·일체의 속박을 벗어난 대자유인의 경지인 解脫德을 말한다.

리석은 아이가 거울 가운데 사람의 얼굴을 보고 그 그림자를 생명이 있는 몸뚱아리라고 집착하는 것과 같다.

의타기성(依他起性)과
* 이는 집착한 법이 다른 많은 인연에 의지하여 서로 원인이 되어서 일어나고 있으니, 조금도 자성(自性)이 없는 것이다. 오직 허상일 뿐 거울 속의 그림자와 같다.

원성실성(圓成實性)입니다.
* 본각(本覺)의 진심(眞心)이 시각(始覺)으로 현현하여 원만 성취해서 진실로 상주하게 되니, 마치 거울의 밝음과 같다.

空宗은 云 諸經에 每說有者는 卽約遍計依他하고 每說空者는 卽是圓成實性이나 三法에 皆無性也라하고 性宗은 卽三法이 皆具空有之義니 謂 遍計는 情有하나 理無하고 依他는 相有하나 性無하며 圓成은 則情無나 理有하고 相無나 性有라하니라.

공종(空宗)에서는 "모든 경에 매번 설하게 되는 유(有)는 변계(遍計)와 의타(依他)를 기준하고 있고 매번 설하게 되는 공(空)은 원성실성(圓成實性)이나, 세 가지 법 모두 결정된 성품이 없는 무성(無性)이다"라고 하였으나, 성종(性宗)에서는 "세 종류의 법이 모두 공(空)과 유(有)의 뜻을 갖추고 있으니, 변계소집성(遍計所執性)은 정식(情識)은 있으나 이(理)가 없고, 의타기성(依他起性)은 상(相)은 있으나 성(性)이 없으며, 원성실성(圓成實性)은 정식(情識)이 없으나 이(理)가 있으며 상(相)이 없으나 성(性)이 있다"라고 말하고 있는 것입니다.

◉ 법상종(法相宗)의 중요한 교설인 삼성설(三性說)에 대한 공종과 성종의 해석이 다르다. 공종은 변계소집성(遍計所執性)과 의타기성(依他起性)을 유(有)라 하고 원성실성(圓成實性)을 공(空)이라 하는데, 성종은 화엄종 법장(法藏)의 삼성설(三性說)에 의지하여 삼성(三性)에 제각기 공(空)과 유(有)의 뜻이 있다고 하여 공종과 입장을 달리하는 것이다.

㊉ 부처님의 덕상(德相)에 대해서

　　十에 佛德空有異者란 무엇인가. 空宗 說에 佛은 以空爲德하여 無有少法도 是名菩提이니 色見聲求하면 皆行邪道라[172] 中論 云에 非陰不離陰이어 此彼不相在라 如來는 不有陰이어늘 何處에 有如來리요하니[173] 離一切相이 卽名諸佛이라하니라.[174] 性宗은 則一切諸佛의 自體에 皆有常樂我淨 十身十智 眞實功德 相好通光하여 一一無盡이니 性自本有로서 不待機緣이라하니라.

　열 번째 차이점으로서 "공종(空宗)은 하나의 법도 인정하지 않는 철저한 공(空)을 부처님의 덕상(德相)으로 삼고 있으나, 성종(性宗)은 부처님 자체에 상(常)·락(樂)·아(我)·정(淨)의[175] 덕상(德相)이 있다고 주장하는 점이 다르다"는 것은 무엇을 말하겠습니까.
　공종(空宗)에서는 부처님을 설하기를 "공(空)을 부처님의 덕상(德相)으로 삼아서 어떤 법이라도 보리(菩提)라 이름할 것이 없으니, 여래를 색으로 보고 소리로 구한다면 모두 사도(邪道)를 행하는 것이다. 이를 『중론(中論)』의 게송에서,[176]

　　오음이나 오음 밖에 있지를 않아
　　피차의 서로간에 있지도 않네
　　여래는 오음이 있지 않거늘
　　어느 곳에 여래가 있단 말인가

라고 설파하고 있으니, 일체의 상(相)을 떠난 것이 곧 모든 부처라고 한다"라고 하였으나, 성종(性宗)에서는 설하기를 "일체 모든 부처님의 자체에 상(常)·낙(樂)·아(我)·정(淨)·십신(十身)[177]·십지(十智)·진실공덕(眞實功德)·부처님의 상호(相好)가 빛과 빛으로서 통해 있어 하나하나가 중중무진(重重無盡)하게 되니, 그러한 성품 자체에

---

172) 『禪源諸詮集都序』 하권 미주 (9) 참조 바람.
173) 『禪源諸詮集都序』 하권 미주 (10) 참조 바람.
174) 『禪源諸詮集都序』 하권 미주 (11) 참조 바람.
175) 『열반경』 2권 哀歎品에 설해진 四德이다. 깨달음은 영원 불변하기에 常이고, 고뇌가 없기 때문에 樂이며, 자유자재하여 다른 것에 구애를 받지 않기에 참된 我이고, 번뇌가 다하여 일체의 더러움이 없기 때문에 淨이라고 한다. 『반야경』이 부정적으로 一切皆空을 설한 것에 대하여 『열반경』은 적극적으로 四德을 주장하고 있다.
176) 『中論』 4권 觀如來品 第二十二의 첫 번째 게송이다.
177) 十身은 衆生身·國土身·業報身·聲聞身·獨覺身·菩薩身·如來身·智身·法身·虛空身을 말한다.

본래 있는 것으로서 어떤 기연(機緣)을 기다리는 것이 아니다"라고 말하고 있는 것입니다.

◎ 부처님의 덕상(德相)에 대하여 공종과 성종의 해석이 다르다. 공종은 일체의 상을 떠난 공성(空性)이 부처님의 덕상이라고 하는 것에 대하여, 성종은 모든 부처님 자체에 상(常)·락(樂)·아(我)·정(淨)·십신(十身)·십지(十智)·진실공덕(眞實功德)·부처님 상호 등의 덕상을 갖추고 있다고 말하는 것이다.

㈦ 삼종(三宗)과 삼교(三敎)의 근본은 하나

　　十異가 歷然하여 二門煥矣니라. 雖分敎相이라도 亦無滯情하여 三敎와 三宗이 是一味法이라. 故로 須先約三種佛敎하여 證三宗禪門한 然後에 禪敎雙忘하고 心佛俱寂이라. 俱寂이면 卽念念이 皆佛로서 無一念而非佛心이고 雙忘하면 卽句句가 皆禪으로서 無一句而非佛敎니라. 如此則 自然 聞泯絶無寄之說하고 知是破我執情하고 聞息妄修心之言하고 知是斷我習氣니라. 執情破하여 而眞性顯하니 卽泯絶이 是顯性之宗이며 習氣盡하여 而佛道成이니 卽修心이 是成佛之行이니라.

　열 가지 차이점이 분명하여 공종(空宗)과 성종(性宗)의 모든 것이 환합니다. 비록 가르치는 모습이 다르더라도 또한 걸릴 것이 없어, 삼종(三宗)과 삼교(三敎)가 하나의 내용으로 나타난 법입니다. 그러므로 먼저 부처님의 세 종류 가르침을 기준하여 선문(禪門)의 삼종(三宗)을 증득한 연후에야 선(禪)과 교(敎)를 잊고 마음과 부처님이 함께 공적(空寂)해지는 것입니다.

　마음과 부처님이 함께 공적하면 곧 생각생각이 모두 부처님으로서 한 생각도 부처님의 마음 아닌 것이 없고, 선(禪)과 교(敎)를 함께 잊으면 구구절절이 모두 선(禪)으로서 한 구절도 선(禪)의 가르침이 아닌 것이 없습니다.

　이와 같다면 저절로 민절무기종(泯絶無寄宗)의 설을 듣고는 이것이 나의 집착인 정식(情識)을 타파하라는 방편임을 알고, 식망수심종(息妄修心宗)의 소리를 듣고도 이것이 나의 잘못된 습기를 끊어내야 하는 방편임을 알게 되는 것입니다.

　집착한 정식(情識)을 타파하여 진성(眞性)을 드러내게 하니 이는 곧 일체를 부정하는 민절(泯絶)이 진성(眞性)을 드러내는 종(宗)이 되는 것이며, 나쁜 습기를 다 제거하여야 불도(佛道)를 이루게 되니 이는 곧 마음을 닦아나가는 것이 성불(成佛)하는 행이 된다는 것입니다.

　　頓漸空有 旣無所乖어니 洪荷能秀가 豈不相契리요. 若能如是通達하면 則爲他人說이 無非妙方이요 聞他人說이 無非妙藥이니 藥之與病이 祗在執之與通이라. 故로 先德 云 執則

字字瘡疣요 通則文文妙藥이라하니 通者는 了三宗不相違也니라.

　돈(頓)과 점(漸) 및 공(空)과 유(有)가 이미 어그러질 것이 없으니, 홍주(洪州)와 하택(荷澤) 및 혜능(慧能)과 신수(神秀)가 어찌 서로의 뜻이 계합하지를 않겠습니까. 만약 이와 같이 통달할 수만 있다면 다른 사람을 위하여 설하게 되는 법이 신묘한 처방 아닌 것이 없고, 다른 사람의 어떤 이야기를 들어도 묘약 아닌 것이 없는 것입니다.
　약이냐 병이냐는, 다만 집착했느냐 아니면 통했느냐에 달려 있는 것입니다. 그러므로 선덕(先德)이 "집착했다면 글자 하나하나가 부스럼이나 종기 아닌 것이 없고, 통했다면 문장 하나하나가 묘약 아닌 것이 없다"라고 하는 것입니다. 통(通)한 사람은 세 종류의 선종(禪宗)이 서로 어긋나지 않았다는 것을 아는 것입니다.

◉ 파상현성교(破相顯性敎)와 진심즉성교(眞心卽性敎)의 열 가지 차이점이 교학상(敎學上)으로는 다르게 보이지만 근본적으로는 하나의 가르침으로 돌아가지 않으면 안 된다고 한다. 더 나아가 교(敎)의 삼교(三敎)와 선(禪)의 삼종(三宗)도 근본은 하나의 내용이고, 궁극에는 선(禪)이나 교(敎)의 구별이 없다는 것이다. 돈(頓)과 점(漸) 및 공(空)과 유(有)가 절대적으로 대립하는 것이 아니었다는 사실을 알게 되면 홍주(洪州)와 하택(荷澤), 남종(南宗)과 북종(北宗)도 하나의 내용으로서 통합 될 수 있다는 의미이다.

㈠ 돈교(頓教)와 점교(漸教) 및 축기돈(逐機頓)과 화의돈(化儀頓)

問이라. 前云에 佛說頓教漸教하고 禪開頓門漸門이라하나 未審커라 三種教中 何頓何漸인고. 答이라. 法義의 深淺이 已備盡於三種이라. 但以世尊이 設教에 儀式不同으로 有稱理頓說이나 有隨機漸說이라 故로 復名頓教漸教하니 非三教外 別有頓漸이니라. 漸者는 爲中下根이 卽時에 未能信悟圓覺妙理者하여 且說 前人天小乘 乃至法相[上皆第一教也] 破相하고[第二教也] 待其根機漸熟해서야 方爲說了義이니 卽法華涅槃經等이 是也니라. [此와 及下逐機頓教 合爲第三教也이고 其化儀頓은 卽總攝三般이라. 西域此方의 古今諸德이 所判教 爲三時五時者는 但是漸教一類라 不攝華嚴等經이니라]

問 : 앞에서 부처님께서는 돈교(頓教)와 점교(漸教)를 설하고 선문(禪門)에서는 돈문(頓門)과 점문(漸門)을 열었다고 말씀하셨지만, 잘 알지 못하겠습니다. 이들 세 종류의 가르침 가운데 어느 것이 돈(頓)이고 어느 것이 점(漸)이 되는 것입니까.

答 : 법(法)과 의(義)의 뜻이 깊거나 얕은 내용으로 분류되어 이미 세 종류의 가르침에 다 갖추어져 있습니다. 단지 세존께서 가르침을 베푸는 의식(儀式)이 달라서 이치에 칭합하여 돈(頓)을 설했거나 중생의 근기에 따라 점(漸)을 설하는 것이 있게 되었으므로 다시 돈교(頓教)와 점교(漸教)라고 이름했을 뿐이니, 세 종류의 가르침 이외 달리 돈(頓)과 점(漸)이 있는 것이 아닙니다.

점(漸)이란 중・하근기(中・下根機)로서 즉시 원각(圓覺)의 묘리(妙理)를 믿고 깨달을 수 없는 자를 위하여 앞에서 말한 인천교(人天教)와 소승교(小乘教) 내지 법상교(法相教)와 파상교(破相教)를 설하고, 그들의 근기가 점차 성숙하기를 기다려서야 요의(了義)를 설하게 되는 것이니 곧 『법화경』과 『열반경』 등이 여기에 속합니다.

* 이것과 밑의 축기돈(逐機頓)의 가르침이 합해져 현시진심즉성교(顯示眞心卽性教)가 되고, 화의돈(化儀頓)은 실상반야(實相般若)・관조반야(觀照般若)・방편반야(方便般若)를 전부 거두어들이는 것이다. 서역과 이쪽의 고금에 덕(德) 있는 스님들이 교판(教判)한 것이 삼시교판(三時教判)이 되고 오시교판(五時教判)이178) 되는 것은 단지 점교(漸教)의 한 부류가 될 뿐, 『화엄경』 등을 거두는 것은 아니다.

---

178) 경전의 가치체계를 결정하는 것이 教相判釋이다. 그 가운데 法相宗 三時教判의 첫 번째는 有教로서 모든 법의 존재를 설하는 『아함경』 등이 해당되고, 두 번째는 空教로서 공을 설한 『반야경』 등이 해당되며, 세 번째는 中道教로서 唯識中道를 설한 『해심밀경』 등이 해당된다. 五時教判은 南北朝時代부터 많은 학자들에 의해 설해진 教判이며, 天台 智顗의 五時八教 교판에서 완성된 것이다. 자세한 것은 『大乘義章』・『法華玄義』・『探玄記』・『大乘法苑義林章』・『華嚴經疏』등을 참조 바람.

頓者에 復二이니 一은 逐機頓이요 二는 化儀頓이다. 一에 逐機頓者란 遇凡夫上根利智하여 直示眞法이니 聞卽頓悟하여 全同佛果라 如華嚴中 初發心時 卽得阿耨菩提이며 圓覺中 觀行이 卽成佛道이니라.179) 然이나 始는 同前二敎中의 行門이니 漸除凡習하여 漸顯聖德이라 如風이 激動大海하면 不能現像이나 風若頓息하면 則波浪漸停하여 影像顯也니라.[風喩迷情하고 海喩心性하며 波喩煩惱하고 影喩功用이니 起信論中에 一一配合하니라180)]

돈(頓)에는 다시 두 종류가 있으니, 하나는 축기돈(逐機頓)이요 또 하나는 화의돈(化儀頓)입니다. 첫 번째 축기돈(逐機頓)이란 범부로서 예리한 지혜를 지닌 상근기(上根機)를 만나게 되면 바로 참다운 법을 보는 것이니, 그가 법을 듣게 되면 곧 돈오(頓悟)하여 완전히 불과(佛果)와 같아지는 것을 말합니다. 이는 마치 『화엄경』 가운데 초발심(初發心) 때에 곧 아뇩보리를 얻게 되며, 『원각경』 가운데의 관행(觀行)이 곧 불도(佛道)를 이루게 된다는 것과 같습니다.

그러나 처음 수행할 때에는 앞의 설상교(說相敎)와 파상교(破相敎)의 행문(行門)과 같아서 점차 범부의 습기를 제거하고 점차 성인(聖人)의 덕을 드러내야 하는 것이니, 이는 마치 바람이 큰 바다를 휩쓸게 되면 바다가 영상을 나타낼 수 없게 되나, 문득 바람이 잠들면 파도와 물결이 점차 멈추어서 바다에 영상이 나타나는 것과 같습니다.

* 바람은 미혹한 정식(情識)・바다는 심성(心性)・파도와 물결은 번뇌・영상은 공용(功用)에 비유한 것이니 『기신론(起信論)』에서 이렇게 하나하나 배합해 놓은 것이다.

卽華嚴一分 及圓覺佛頂 密嚴勝鬘 如來藏之類의 二十餘部經이 是也니라. 遇機이면 卽說하여 不定初後이니 與禪門第三直顯心性宗과 全相同也이니라.

곧 『화엄경』 일부분과 『원각경(圓覺經)』・『불정경(佛頂經)』181)・『밀엄경(密嚴經)』・『승만경』・『여래장경(如來藏經)』 등의 이십 여부 경전이 그러한 내용을 담고 있는 경입니다. 상대할 만한 근기를 만나게 되면 곧 거기에 맞는 법을 설파하여 공부의 처음과 나중 순서를 결정해 놓지를 않고 있으니, 이는 선문(禪門)의 세 번째 직현심성종(直顯心性

---

179) 『禪源諸詮集都序』 하권 미주 (12) 참조 바람.
180) 『禪源諸詮集都序』 하권 미주 (13) 참조 바람.
181) 『佛頂經』은 『大佛頂如來密印修證了義諸菩薩萬行首楞嚴經』을 말한다.

宗)과 완전히 서로 그 내용이 같은 것입니다.

二에 化儀頓者란 謂 佛이 初成道에 爲宿世緣熟 上根之流하여 一時에 頓說 性相事理와 衆生萬惑과 菩薩萬行과 賢聖地位와 諸佛萬德하니 因該果海이니 初心에 卽得菩提하며 果徹因源이니 位滿에 猶稱菩薩이니라. 此는 唯華嚴一經 及十地一論을 名爲頓敎라하며 餘皆는 不備니라. [前敍에 外難云하되 頓悟成佛은 是違經者라함에 余今於此에 通了也니라]

두 번째 화의돈(化儀頓)이란 "부처님께서 처음 도(道)를 이루고 나서 전생의 인연이 성숙한 상근기(上根機)들을 위하여 일시에 성상(性相)·사리(事理)·중생의 온갖 미혹·보살의 만행·현성(賢聖)의 지위182)·모든 부처님의 온갖 덕을 단숨에 설하게 된 것"을 말하니, 인(因)은 온갖 과(果)를 싸안으니 초심(初心)에 곧 보리(菩提)를 얻게 되는 것이며, 과(果)는 인(因)의 근원을 아우르니 성불(成佛)해도 오히려 보살이라 부르는 것입니다. 이는 오직 『화엄경』이란 하나의 경(經)과 『십지론(十地論)』이라는183) 하나의 논(論)만을 돈교(頓敎)라고 이름하며, 나머지 모든 경론(經論)은 이런 내용을 갖추고 있지를 않습니다.

* 앞에서 외도가 "돈오(頓悟)하여 성불(成佛)한다는 것은 부처님의 가르침과 어긋난다"고 힐난 한 것에 대하여, 내가 지금 여기에서 이 뜻을 통하게 한다.

其中所說諸法은 是全一心之諸法이요 一心은 是全諸法之一心이라. 性相圓融하고 一多自在故로 諸佛이 與衆生과 交徹하고 淨土가 與穢土와 融通한다. 法法이 皆彼此互收하고 塵塵이 悉包含世界하여 相入相卽하고 無礙鎔融하여 具十玄門184) 重重無盡하니 名爲無障礙法界니라.

그 가운데 설한 모든 법은 전부 일심(一心)에서 나오는 법이요, 이 일심(一心)은 모든

---

182) 賢聖의 地位는 三賢十聖의 지위를 말한다.
183) 『十地論』은 『十地經論』인데, 世親이 정리한 『十地經』의 주석서로서 佛陀扇多·勒那摩提의 共譯이다. 이 論에 의해서 地論宗이 성립하였지만 뒤에 華嚴宗에 흡수되었다.
184) 『禪源諸詮集都序』 하권 미주 (14) 참조 바람.

법을 전부 싸안고 있는 일심(一心)이 됩니다. 성(性)과 상(相)이 원융하고 일(一)과 다(多)가 자재하기에, 그러므로 모든 부처님이 중생과 더불어 서로 아우르게 되고 정토(淨土)가 예토(穢土)와 더불어 융통하게 되는 것입니다. 법 하나하나가 모두 피차에 서로를 거두게 되고, 티끌 하나하나가 모두 삼천대천세계를 포함시켜 상즉상입(相卽相入)하며 걸림이 없이 원융하여 십현문(十玄門)의185) 중중무진(重重無盡)을 갖추게 되니 이를 무장애법계(無障礙法界)라고 말하는 것입니다.

◉ 돈교(頓敎)와 점교(漸敎)로서 삼교(三敎)와의 관계를 밝히고 있다. 점교는 능력이 낮은 자를 상대하여 순차적으로 인천교(人天敎)·소승교(小乘敎)·법상교(法相敎)·파상교(破相敎)를 설하고, 수행을 충분히 쌓은 후에야 진실의 즉성교(卽性敎)를 설하게 되니, 『법화경』과 『열반경』이 여기에 해당하는 것이다. 돈교에는 축기돈(逐機頓)과 화의돈(化儀頓)이 있다. 축기돈은 수승한 능력을 가진 수행자에게 바로 즉성교(卽性敎)를 보여 돈오시키는 것이니, 『화엄경』의 일부와 『원각경』 등에서 이것이 설해지며 이는 선문의 직현심성종(直顯心性宗)에 해당한다. 화의돈은 『화엄경』에 설해져 있는 것이며 화엄종의 원융무애인 무장애법계를 나타낸다.

㈢ 돈(頓)과 점(漸)의 여러 가지 해석186)

此上頓漸은 皆就佛하여 約敎而說이나 若就機하여 約悟修說者이면 意又不同이라. 如前所敘諸家 有云에 先因漸修功成하여 而豁然頓悟라하며 [如伐木에 片片漸斫이라가 一時頓倒하고 又 如遠詣都城에 步步漸行이라가 一日頓到也라]

이 위에서 말한 돈(頓)과 점(漸)은 모두 부처님의 가르침에 나아가서 교(敎)를 기준 삼

---

185) 十玄門은 화엄사상 究極의 진리를 설한다. 이것은 智儼의 『一乘十玄門』에 최초로 설해졌고, 法藏의 『華嚴五敎章』과 『探玄記』에 나온다. 『一乘十玄門』과 『華嚴五敎章』의 십현문과 『探玄記』의 십현문에는 차이가 있어서, 전자를 古十玄이라 하고 후자를 新十玄이라 한다. 澄觀과 宗密은 新十玄을 계승하니, 新十玄은 1同時具足相應門 2廣狹自在無碍門 3一多相容不同門 4諸法相卽自在門 5隱密顯了俱成門 6微細相容安立門 7 因陀羅網境界門 8託事顯法生解門 9十世隔法異成門 10主伴圓明具德門이다. 시간과 공간상에서 一卽一切가 되고 一切卽一이 되어 諸法이 서로 관련하여 圓融無盡하다는 것을 나타내 보이는 이론이다.
186) 이 단락은 『종경록(宗鏡錄)』 제36권에서 "선원집운(禪源集云)"이라 하여 인용하고 있다.

아 설했으나, 만약 중생의 근기에 나아가 깨닫고 닦아나가는 오수(悟修)를 기준 삼아 말하게 된다면 뜻이 또한 같지가 않습니다. 앞에서 서술한 바와 같이 모든 종파에서,

　　어떤 사람은 "먼저 점차 닦아서 공(功)이 이루어져 활연 돈오(頓悟)한다"라고 하였으며,

> * 비유하면 마치 나무를 베어 낼 때 조금씩 찍어내다 보면 어느 시점에서 단숨에 나무가 쓰러지게 되고, 또 멀리 있는 도성으로 여행할 때 한 걸음 한 걸음 가다 보게 되면 어느 날 금방 도착해 버리는 것과 같다. 점수돈오(漸修頓悟).

有云에 因頓修하여 而漸悟라하며 [如人學射니라. 頓者란 箭箭에 直注意在於的이요 漸者란 久久에 方始漸親漸中이라. 此說運心이 頓修로서 不言功行頓畢也이니라]

　　어떤 사람은 "돈수(頓修)로 인(因)하여 점차적으로 깨닫는다"라고 하였으며,

> * 비유하면 마치 사람이 활 쏘는 법을 배우는 것과 같다. 돈(頓)이란 화살을 쏠 때마다 바로 과녁이 어디에 있는가를 마음에 두는 것이요, 점(漸)이란 오래오래 활 쏘는 법을 익히고 난 후에야 비로소 활이 과녁에 점차적으로 가까워지는 것을 말한다. 여기에서 말한 '바로 과녁이 어디에 있는가를 마음에 두는 운심(運心)'이 돈수(頓修)로서 공행(功行)을 단숨에 마쳤다는 것을 말하는 게 아니다. 돈수점오(頓修漸悟).

有云에 漸修漸悟라하니[如登九層之臺에 足履漸高하면 所見이 漸遠이라. 故로 有人이 詩云에 欲窮千里目이면 更上一層樓也니라187)]

　　어떤 사람은 "점차적으로 닦고 점차적으로 깨닫는다"라고 하니,

> * 비유하면 9층의 누각에 높이 올라가면 갈수록 멀리 볼 수 있는 것과 같다. 그러므로 시(詩)에서188) "천리를 보고자 하면 한 층의 높이를 더 올라가라"고 하였다. 점수점오(漸修漸悟).

---

187) 『禪源諸詮集都序』 하권 미주 (15) 참조 바람.
188) 이 詩의 作者에 대해서 『國秀集』은 朱斌이라 하고, 『墨客揮犀』・『夢溪筆談』에는 王文奐이라 하며, 『唐詩選』에는 王之渙이라고 한다.

等者 皆說證悟也니라. 有云에 先須頓悟해야 方可漸修者는 此約解悟也라.[約斷障說이면 如日頓出에 霜露漸消하고 約成德說이면 如孩子生에 即頓具四肢六根이나 長即漸成志氣功用也니라]

이와 같은 것들은 모두 증오(證悟)를 설한 것입니다.
어떤 사람은 "먼저 모름지기 돈오(頓悟)해야 점수(漸修)할 수 있다"라고 하였으니, 이는 해오(解悟)를 기준 삼아서 하는 말입니다.

* 번뇌를 끊어내야 한다는 것을 기준 삼아서 설한다면 마치 동산에 해가 문득 솟아오르더라도 이슬과 서리는 점차 사라져야 하는 것과 같고, 공덕(功德) 이룬 것을 기준 삼아서 말한다면 아이가 태어나면서 사지(四肢)와 육근(六根)을 갖추고 있더라도 크면서 점차 뜻대로 사용할 수 있는 공능을 지녀 가는 것과 같다. 돈오점수(頓悟漸修).

故로 華嚴에 說 初發心時 即成正覺이라하니 然後에 三賢十聖을 次第修證이니라. 若未悟而修이면 非眞修也니라.[良以로 非眞流之行이면 無以稱眞이라 何有修眞之行이 不從眞起리요. 故로 彼經에 說하되 若未聞此法이면 多劫에 修六度萬行이라도 竟不證眞也니라]

그러므로 『화엄경』에서는 "처음 발심(發心)할 때 곧 정각(正覺)을 이룬다"라고 한 연후에, 삼현십성(三賢十聖)을189) 차례로 닦아 증득하는 것입니다. 바르게 깨닫지 못하고 닦아나간다면 진짜 닦아나가는 진수(眞修)가 아닙니다.

* 진실로 참된 흐름의 수행이 아니면 진(眞)에 칭합(稱合)할 수 없다. 어찌 진(眞)을 닦아나가는 수행이 진(眞)에서 일어나지 않을 수 있겠는가. 그러므로 『화엄경』에서 "만약 이 법을 듣지 못했다면 다겁생래(多劫生來)에 육도만행(六度萬行)을 닦았더라도 끝내 진(眞)을 증득하지 못할 것이다"라고 설하는 것이다.

有云에 頓悟頓修者라하니 此說 上上智가 根性과 欲樂이[欲勝故修] 俱勝하여 一聞千悟에 得大總持하여 一念不生이면 前後際斷이라.[斷障은 如斬一綟絲에 萬條頓斷하고 修德은 如染一綟絲에 萬條頓色이니라. 荷澤은 云190) 見無念體해야 不逐物生이라하고191) 又云에 一念이 與本性相應하면 八萬波羅密行이 一時齊用也라하니라]

---
189) 三賢十聖에서 三賢은 대승의 十住・十行・十廻向을 말하고 十聖은 十地의 성인을 말한다.
190) "荷澤云"은 『경덕전등록』 28권에 수록되어 있는 「荷澤神會大師語」 가운데 들어 있는 구절이다.
191) 『禪源諸詮集都序』 하권 미주 (16) 참조 바람.

어떤 사람은 "돈오돈수(頓悟頓修)이다"라고 말합니다. 이는 최상의 지혜를 지닌 자가 도(道)를 깨닫고자 하는 근성(根性)과 도(道)를 닦으려는 욕구가 함께 수승하여,

* 근기가 수승하기 때문에 깨닫게 되고 욕구가 수승하기 때문에 닦게 된다.

하나를 들고 천 개를 깨달아서 대총지(大總持)를[192] 얻어 한 생각도 일으키지를 않았다면 전후의 모든 망상이 끊어진다는 것을 말합니다.

* 번뇌를 끊는다는 것은 마치 한 뭉치의 실을 끊으면 만 가닥의 실을 단숨에 끊어버리는 것과 같고, 덕(德)을 닦는다는 것은 한 뭉치의 실을 물들이면 만 가닥의 실을 단숨에 물들이게 되는 것과 같다. 하택은 "망념이 없는 바탕을 보아야 중생으로서 윤회를 하지 않는다"라고 하였고 또 "한 생각이 본성(本性)과 더불어 상응하게 되면 팔만 바라밀행이 일시에 다 쓰여지게 된다"라고 하였다. 돈오돈수(頓悟頓修).

此人三業은 唯獨自明了하여 餘人所不及이니라.[金剛三昧에 云 空心不動이면 具波羅密이라하고[193] 法華 說에 父母所生眼으로 徹見三千界等也라하니라[194]]

이 사람의 신구의(身口意) 삼업(三業)은 오직 홀로 스스로 명료하여 다른 사람의 경계가 미치지 못하는 곳입니다.

* 『금강삼매경(金剛三昧經)』에서 "공(空)한 마음이 움직이지 않으면 바라밀을 구족한다"라고 하였고, 『법화경(法華經)』에서는 "부모님께 받은 눈으로서 삼천대천세계(三千大天世界) 등을 아우르며 본다"라고 설하였다.

且就事跡하여 而言之하면 如牛頭融大師之類也라. 此門에 有二義하니 若因悟而修라면 卽是解悟이고 若因修而悟라면 卽是證悟니라. 然이나 上皆 祗約今生而論으로 若遠推宿世하면 則唯漸으로 無頓이라. 今見頓者는 已是多生에 漸熏而發現也이니라.

이 돈오돈수(頓悟頓修)를 또 선지식의 역사적 자취에서 말한다면 우두융(牛頭融) 대사와 같은 부류입니다. 이 문(門)에 두 가지 뜻이 있게 되니, 만약 깨달음으로 인(因)하여 닦아나가는 것이라면 이 깨달음은 해오(解悟)가 되고, 닦아나간 것으로 인(因)하여 깨달

---

192) 大總持는 범어 dharani의 意譯으로 敎法을 전부 지닐 수 있는 능력을 말한다.
193) 『禪源諸詮集都序』 하권 미주 (17) 참조 바람.
194) 『禪源諸詮集都序』 하권 미주 (18) 참조 바람.

게 되면 이 깨달음은 증오(證悟)가 되는 것입니다.

그러나 위에서 말한 모든 것은 다만 금생을 기준하여 논(論)하는 것으로서 만약 멀리 숙세(宿世)까지 추론하게 되면 오직 점(漸)으로서 돈(頓)은 없는 것입니다. 지금 돈(頓)을 보게 된다는 것은 이미 다겁생래(多劫生來)에 점차적으로 훈습된 것이 금생의 결과로서 발현되는 것입니다.

有云에 法無頓漸인데 頓漸이 在機者는 誠哉라. 此理는 固不在言이어 本祇論機인데 誰言法體리요. 頓漸의 義意가 有此多門하여 門門에 有意하니 非强生穿鑿이라. 況楞伽에 四漸四頓이나195)[義與漸修頓悟相類也] 此猶不敢繁云하노라. 比見時輩論者하니 但有頓漸之言으로 都不分析 就敎에 有化儀之頓漸과 應機之頓漸이며 就人에 有敎授方便之頓漸과 根性悟入之頓漸과 發意修行之頓漸이로다.

어떤 사람이 "법에는 돈(頓)·점(漸)의 차이가 없는데 중생의 근기에 맞추어서 돈(頓)·점(漸)의 차이가 있게 된다"라고 말한 것은 참으로 진실합니다. 이 이치는 진실로 사람들의 말에 있는 것이 아니어서 본래 중생의 근기를 논하고 있었을 뿐인데, 여기서 그 누가 법체(法體)를 말하겠습니까. 돈(頓)·점(漸)의 뜻이 이와 같이 많은 갈래가 있어 나름대로 의의가 있게 되니, 어느 하나에 집착하여 억지로 천착할 것은 아닙니다. 더욱이 『능가경(楞伽經)』에는 네 종류의 돈(頓)·점(漸)이 있었으나

   * 뜻이 점수돈오(漸修頓悟)와 더불어 서로 비슷한 부류다.

여기에서 언급하게 되면 오히려 더 번거로워질까 말하지는 않겠습니다. 요즈음 시류를 따라가는 사람들을 보니 단지 돈(頓)·점(漸)의 말이 있을 뿐, '교(敎)에서는 교화하는 방식인 화의(化儀)의 돈점(頓漸)과 중생의 근기에 따라가는 응기(應機)의 돈점(頓漸)이 있으며, 사람에게는 가르치는 방편의 돈점(頓漸)과 중생의 근성(根性)을 가지고 깨달아 들어가는 근성오입(根性悟入)의 돈점(頓漸)과 뜻을 내어 수행하는 돈점(頓漸)이 있다'라는 사실은 조금도 분석하고 있지를 않습니다.

---

195) 『禪源諸詮集都序』 하권 미주 (19) 참조 바람.

於中에서 唯云에 先頓悟하고 後漸修라하니 似違反也라 欲絶疑者 豈不見이요. 日光이 頓出해도 霜露는 漸消하고 孩子가 頓生해도[四肢六根이 即具니라] 志氣는 漸立하며[肌膚八物業藝는 皆漸漸成也라] 猛風이 頓息해도 波浪은 漸停하고 訴良이 頓成해도 禮樂은 漸學이니라.[如高貴子孫이 少小時 亂으로 沒落爲奴하여 生來 自不知貴라가 時淸에 父母訪得이라. 當日로 全身이 是貴人이나 而行跡去就는 不可頓改故로 須漸學也니라] 是知이니 頓漸之義가 甚爲要矣니라.

그 가운데 오직 "먼저 돈오(頓悟)하고 뒤에 점수(漸修)한다"라고만 이야기하는 것은 그 뜻이 진실에 위반되는 듯합니다. 그러나 의심을 끊으려 하는 자, 어찌 진실을 보지 않는 것입니까. 햇빛이 나오게 되더라도 이슬과 서리는 점차 녹아져야 하고, 아이가 세상에 태어나게 되더라도 사지(四肢)와 육근(六根)을 부릴 수 있는 뜻과 기운은 점차 세워나가야 하며, 사나운 바람이 그치게 되더라도 파도와 물결은 점차 멈추어야 하고, 부랑아가 옛 양반의 지위를 찾게 되더라도 양반의 예절과 품위는 점차 배워야 하는 것입니다.

  * 이것은 고귀한 자손이 어릴 때 전쟁으로 집안이 몰락하여 노예로서 살아오며 자신이 귀한 신분임을 모르다가, 세월이 좋아져서 부모를 찾아 자신의 신분을 찾게 되는 것과 같다. 당일로 그 사람은 귀인이 되나 그 동안의 행적이나 거취는 단숨에 바꿀 수 없는 것이기에, 모름지기 점차 예의범절을 배워야 할 것이다.

이것으로 돈(頓)과 점(漸)의 뜻이 참으로 중요한 내용이 된다는 점을 알게 되는 것입니다.

◉ 돈점에 관하여 여섯 종류의 예를 들어 설명하고, 마지막에 돈오점수(頓悟漸修)의 뜻을 보충 설명하고 있다. 오수(悟修)의 입장에서 보는 점수돈오(漸修頓悟)・돈수점오(頓修漸悟)・점수점오(漸修漸悟)・돈오점수(頓悟漸修)・돈오돈수(頓悟頓修)와 "법에는 돈(頓)・점(漸)의 차이가 없는데 중생의 근기에 맞추어서 돈(頓)・점(漸)의 차이가 있게 된다"라고 하는 것들이다. 또한 돈오돈수(頓悟頓修)의 돈오는 보는 관점에 따라서 해오(解悟)와 증오(證悟)의 두 종류가 있게 된다고 한다.

㈢ 교법(教法)의 근원은 일진(一眞)의 심체(心體)

然이나 此文本意는 雖但敍禪詮이라도 緣達磨一宗이 是佛法通體이나 諸家所述이 又各不同하여 今集爲一藏 都成理事具足 至於悟解修證門戶하여 亦始終周圓이라. 故로 所敍之는 須備盡其意하여 令血脈連續하여 本末有序케하니라. 欲見本末倫序이면 先須推窮此上三種의 頓說漸說하고 敎中의 所論之法이 本從何來이며 見在何處니라. 又 須仰觀諸佛의 說此敎意가 本爲何事오니 卽一大藏經의 始終本末이 一時에 洞然 明了也이니라.

그러나 이 글의 본래 의도가 단지 선의 논리만을 서술하고 있더라도, 달마종(達磨宗)이 불법(佛法)에 통하는 체(體)인 것과 모든 종파에서 서술한 내용들이 각각 다르다는 것을 인연하여, 지금 이들을 한군데 모아서 이(理)와 사(事)를 모두 구족(具足)하게 하여 오해수증문(悟解修證門)에 이르러서야 또한 그 내용의 처음과 끝이 두루 원만해지게 되는 것입니다.

그러므로 서술한 내용들은 모름지기 그 뜻을 다 갖추어서 연속적으로 법의 맥락을 이어 근본과 지말의 순서가 있게 해야 합니다. 근본과 지말의 도리와 순서를 보려 하면 먼저 위에서 말한 세 종류의 돈설(頓說)과 점설(漸說)을 196) 따져 보아야 하고, 교(敎) 가운데서 논한 법들이 197) 본래 어디에서 왔으며 어느 곳에 있었던가를 보아야 할 것입니다. 또 모든 부처님이 이 가르침을 설한 의도가 본래 무엇을 위했던 일인가를 우러러 관찰해야 할 터이니, 그러면 곧 모든 부처님의 가르침을 한군데 모은 처음과 끝의 근본과 지말이 일시에 확 터져 명료해질 것입니다.

且推窮 敎法이 從何來者오하면 本從世尊의 一眞心體로 流出展轉하여 至於當時人之耳와 今時人之目이라. 其所說義도 亦祇是凡聖所依 一眞心體로서 隨緣流出展轉하여 遍一切處하며 遍一切衆生身心之中하니라. 但各於自心靜念에서 如理思惟하면 卽如是如是而顯現也라.[華嚴에 云하되 如是如是思惟하면 如是如是顯現也라]

또 교법(敎法)이 어디에서 왔는가를 추궁하여보면 본래 세존의 일진(一眞) 심체(心體)

---

196) 세 종류의 頓說과 漸說은 頓敎와 漸敎를 나누고 다시 頓敎를 逐機頓과 化儀頓으로 나눈 것을 말하는 것인지, 아니면 敎授方便의 頓漸·根性悟入의 頓漸·發意修行의 頓漸을 말하는지 확실치가 않다.
197) 敎 가운데 논한 법들은 三敎의 근거가 되는 법으로서 眞性 眞心을 말한다.

로부터 흘러나와서 당시 사람들의 귀와 요즈음 사람들의 눈에 이르게 된 것입니다. 그 설해진 뜻도 또한 다만 범부와 성인이 의지하는 일진(一眞)의 심체(心體)로서 인연 따라 흘러나와 일체처에 두루하게 되며 일체 중생의 몸과 마음 가운데에도 두루하게 되는 것입니다. 그러므로 단지 자기의 고요한 마음에서만 각자가 이치대로 사유(思惟)하게 되면 곧 진여(眞如) 그대로의 모습이 현현하게 될 것입니다.

> *『화엄경』에서 "진여(眞如) 그대로의 모습을 사유하게 되면 진여(眞如) 그대로의 모습이 현현(顯現)한다"라고 하였다.

◉ 선종(禪宗) 모든 종파의 주장을 모아서 선장(禪藏)을 만든 이유는 서로의 결함을 보충하여 완전한 가르침으로 만들려는 의도가 있었다. 또 돈·점의 해석이 다른 내용을 서술하여 근본과 지말의 순서를 확실히 하지 않으면 안되었다. 그러기 위해서는 돈점설(頓漸說)의 내용을 따져 보아야 했었고, 교법이 어디에서 왔는가를 밝혀야 했던 것이다. 교법은 일진(一眞)의 심체(心體)로부터 온 것이었고, 그 일진(一眞)의 심체(心體)는 일체중생의 마음 가운데 두루 있는 것이기에 자기 마음을 자각(自覺)해야 일진(一眞)의 심체(心體)가 현현한다는 것이다.

㈣ 부처님이 경을 설하신 뜻

> 次觀佛說經本意者인댄 世尊이 自云하되 我本意는 唯爲一大事因緣故로 出現於世라. 一大事者란 欲令衆生이 開佛知見하여 乃至 入佛知見道故로 諸有所作이 常爲一事니라. 唯以佛之知見으로 示悟衆生[云云198)]이니 無有餘乘의 若二若三이며 三世十方 諸佛의 法도 亦如是니라. 雖以無量無數方便과 種種因緣譬喩言詞로 而爲衆生하여 演說諸法이라도 是法은 皆爲一佛乘故니라.

다음에 부처님이 설하신 경의 본 뜻을 관(觀)한다면 무엇이 되겠습니까. 세존께서는 스스로 "나의 본 뜻은 오직 일대사인연(一大事因緣)을 위하여 세상에 출현하였다"라고 말씀하셨습니다. 일대사(一大事)란 중생들이 자신들의 불지견(佛知見)을 열어 불지견(佛知見)의 도(道)에 들어가도록 하는 것이기에, 부처님이 하시는 일 모두는 항상 이 일대사

---

198) 『禪源諸詮集都序』 하권 미주 (20) 참조 바람.

(一大事)를 위했던 것입니다.
　오직 부처님의 지견(知見)으로써 중생들에게 보여주고 깨치게 하니, 이승(二乘)이든 삼승(三乘)이든 다른 방편이 있을 수 없게 되며, 삼세 시방의 모든 부처님 법 또한 이와 같았던 것입니다. 비록 무량(無量)·무수(無數)의 방편과 온갖 인연과 비유와 언사로써 중생들을 위하여 모든 법을 설했더라도, 이 법은 모두 일불승(一佛乘)을 위한 것이었기 때문입니다.

　故로 我於菩提樹下 初成正覺하여 普見一切衆生이 皆成正覺이며 乃至 普見一切衆生이 皆般涅槃이며[華嚴 妙嚴品 云에 佛在摩竭提國 菩提場中에 始成正覺하니 其地堅固하여 金剛所成이고 其菩提樹 高廣嚴顯이라하며199) 出現品 云에 如來成正覺時 普見衆生等이라하니200) 一一如文이니라]

　그러므로 부처님께서는 다음과 같이 말씀하셨습니다.
　내가 보리수 아래에서 처음 정각(正覺)을 이루어 두루 일체중생이 모두 정각(正覺)을 이루고 있던 것을 보았으며, 나아가 두루 일체 중생이 모두 반열반(般涅槃)에 들어가 있는 것을 보았으며,

　* 『화엄경(華嚴經)』 묘엄품(妙嚴品)에서 "부처님이 마갈제국(摩竭提國)201) 보리도량에 계시면서 처음 정각을 이루시게 되니, 그 땅이 견고하여 금강으로 이루어졌고 보리수가 크고 넓게 장엄하여 드러났다"라고 하였으며, 여래출현품(如來出現品)에서는 "여래께서 정각을 이룰 때 두루 중생들을 보았는데 등등의 이야기"를 설하고 있는데 하나하나의 문장이 여기에 있는 문장과 같다.

　普見一切衆生이 貪恚癡諸煩惱中 有如來身智하여 常無染污 德相備足하며[如來藏經文也202)]

---

199) 『禪源諸詮集都序』 하권 미주 (21) 참조 바람.
200) 『禪源諸詮集都序』 하권 미주 (22) 참조 바람.
201) 摩竭提國은 Magadha의 音寫語다. 중인도의 고대국가로서 부처님 시대 이래로 마우리야 왕조, 굽타 왕조에 이르기까지 불교의 중심지가 되었다. 현재 인도의 남 Bihar 지방을 말한다.
202) 『禪源諸詮集都序』 하권 미주 (23) 참조 바람.

두루 일체중생이 탐진치(貪瞋癡)의 모든 번뇌 속에 여래의 몸과 지혜가 있어 항상 오염된 적이 없는 덕상(德相)을 갖추고 있는 것을 보았으며,

　＊『여래장경(如來藏經)』에 있는 글이다.

無一衆生도 而不具有如來智慧이니 但以妄想執著으로 而不證得이라. 我欲教以聖道로 令其永離妄想하여 於自身中에 得見如來廣大智慧하여 如我無異하리라.203)[華嚴 出現品 文也니라. 唯改當字 爲欲字는 令順語勢也라. 法華에 亦云하되 我本立誓願은 欲令一切衆으로 如我等無異也라]

한 중생도 여래의 지혜를 갖추고 있지 않은 것이 없었으니, 단지 허망한 생각으로 집착하여 이를 증득하고 있지 못했을 뿐이었다. 내가 성스런 도(道)로써 그들이 허망한 생각을 영원히 벗어나도록 가르쳐서 자신의 마음 속에서 여래의 광대한 지혜를 볼 수 있게 하여 나와 같이 다름이 없게 하리라.

　＊『화엄경(華嚴經)』 출현품(出現品)의 글이다. 『화엄경』의 문장에서 오직 당(當)자만을 고쳐 욕(欲)자로 만든 것은 말의 흐름을 순조롭게 하려고 한 것이다. 『법화경』에서도 또 "내가 본래 서원을 세운 것은 일체 중생으로 하여금 나와 같이 평등하여 다름이 없게 하리라"고 말하였다.

遂爲此等衆生하여 於菩提場에서 稱 [去聲] 大方廣法界하여 敷演萬行因華하고 以嚴本性하여 令成萬德佛果니라. 其有往劫에 與我同種善根하고 曾得我於劫海中에 以四攝法으로 而攝受者하여204)[亦妙嚴品文也라] 始見我身하고[頻伸三昧盧舍那身이라] 聞我所說 [說上華嚴이라]

마침내 이들 중생을 위하여 보리도량에서205) 대방광법계(大方廣法界)에 걸맞게 온갖 행의 인화(因華)를 설명하고 본성(本性)을 장엄하여 온갖 공덕의 불과(佛果)를 이루게 하였다. 이들은 오랜 세월 나와 똑같이 선근을 심었고 일찍이 내가 영겁의 바다에서 사섭

---

203) 『禪源諸詮集都序』 하권 미주 (24) 참조 바람.
204) 『禪源諸詮集都序』 하권 미주 (25) 참조 바람.
205) 菩提道場은 bodhimanda의 번역으로서 부처님이 菩提를 성취했던 도량이다. 세존께서 成道하신 摩竭提國 尼連禪河의 강변에 있는 보리수 아래의 金剛座를 말한다.

법(四攝法)으로 섭수 할 수 있어서,

* 이것 또한 『화엄경』 묘엄품(妙嚴品)의 문장이다.

비로소 나의 몸을 보고

* 사자빈신삼매(師子頻伸三昧)의 노사나(盧舍那)206) 몸이다.

내가 설한 바를 들어

* 위에서 설한 『화엄경』의 내용이다.

卽皆信受하여 入如來智이며 乃至 逝多林에서 我入師子頻伸三昧함에 大衆이 皆證法界하나 除先修習學小乘者 [佛在法華會에 說 昔在華嚴會中 五百聲聞이 如聾若盲하여 不見佛境界하고 不聞圓融法이라함이 是也이며 次云에 我今 亦令得聞此經하여 入於佛慧라하여 卽直至 四十年後 法華會中에 皆得授記하니 是也니라]

곧 모두가 이를 믿고 받아들여 여래의 지혜에 들어가게 되었다.
나아가 서다림(逝多林)에서207) 내가 사자빈신삼매(師子頻伸三昧)에 들어감에 그 대중이 모두 법계를 증득하였으나, 먼저 소승을 배우고 닦아 익힌 자

* 부처님이 법화회상(法華會上)에 계시면서 "옛날 화엄회상의 오백 성문이 마치 귀가 멀고 눈먼 사람과 같아 부처님의 경계를 보지 못하고 원융한 법을 듣지 못했다"라고 설한 게 이것이며, 다음에 또 "내가 지금 또한 이들이 이 경을 들을 수 있게 하여 부처님의 지혜에 들어가게 하리라"고 하여 곧 바로 사십 년 뒤의 법화회상에서 모두 수기를 받게 된 것이 이것이다.

及溺貪愛之水等也니라.[亦出現品에서 云에 如來智慧 唯於二處에 不能爲作生長利益이니 所謂 二乘 墮於無爲廣大深坑 及壞善根非器衆生이 溺大邪見 貪愛之水니라. 然이나 亦於彼에 曾無厭捨라하니라.208) 釋曰 卽華嚴所說學小乘者는 法華會中에서 還得授記하고 及不在此會는 亦展轉하여 令與授記하니 是 此云 不厭捨也니라]

및 탐욕과 애욕에 빠져 있는 사람들은 제외되었다.

---

206) 盧舍那는 Vairocana의 音寫語로 『화엄경』의 교주로서 光明遍照라고 번역한다.
207) 逝多은 Jeta의 音寫語로서 逝多林은 祇陀林이나 祇洹林이라고도 한다. 원래 Jeta 태자의 정원이었던 것을 給孤獨 長者가 사서 精舍를 세워 부처님께 공양 올렸던 祇園精舍를 말한다.
208) 『禪源諸詮集都序』 하권 미주 (26) 참조 바람.

* 또한 출현품(出現品)에서 "여래의 지혜는 오직 두 곳에서만 이익을 낼 수 없게 되니, 말하자면 무위(無爲)의 깊고 큰 구덩이에 떨어진 이승(二乘)과 선근(善根)이 파괴된 법기(法器) 아닌 중생이 크게 그릇된 견해인 탐욕과 애욕에 빠져 있는 곳이다. 그러나 또한 그들에게도 일찍이 싫어하여 버릴 마음은 없었다"라고 하였다. 풀이하여 보면, 『화엄경』에서 설하고 있었던 소승(小乘)을 배워 수기받지 못한 이들이 법화회상(法華會上)에서 수기(授記)를209) 받게 되었고, 이 회상에 있지 아니한 사람들은 또한 뒷날 세월이 흐르면서 시절인연을 통하여 수기를 주도록 하였으니, 이것을 여기서 "일찍이 싫어하여 버릴 마음은 아니었다"라고 표현하는 것이다.

如是衆生의 諸根이 闇鈍하여 着樂癡所盲으로 難可度脫이라. 我於三七日 思惟如是事하여 我若但爲讚於佛乘하면 彼卽沒在苦하여 毀謗不信故로 疾入於惡道라. 若以小乘化하여 乃至 於一人이면 我卽墮慳貪이라 此事는 爲不可로 進退難爲로다. 遂尋念過去佛의 所行 方便力하고야 方知過去諸佛도 皆以小乘으로 引誘하고 然後에 令入究竟一乘이라. 故로 我 今所得道도 亦應說三乘이라. 我如是思惟時 十方佛이 皆現하여 梵音으로 慰喩我하고 善哉라 釋迦文 第一之導師여 得是無上法 隨一切諸佛하여 而用方便力이라.

이와 같은 중생의 모든 근기는 암둔하여 세상의 오욕락에 집착하는 어리석은 눈먼 봉사로서 제도하여 해탈시키기가 어려웠다. 내가 삼칠일 동안 이와 같은 일들을 사유하여, "내가 만약 단지 불승(佛乘)만을 찬탄하고 있게 된다면 저 중생들은 고통에 빠져 있으면서 불법을 훼손하고 비방하며 믿지 않게 될 것이므로 빠르게 삼악도(三惡道)에 들어가게 될 것이다. 또한 소승(小乘)으로 교화하되 깨달음이 나 한 사람에게 그치게 된다면 나는 곧 혼자 법을 탐하는 인색한 자리에 떨어지게 될 것이다. 이 일은 옳지 않은 일로서 참으로 진퇴를 결정하기 어려운 일이다"라고 판단하였다.

그러다 마침내 과거 부처님이 행하신 방편력을 생각하고 찾아내서야 비로소 "과거의 모든 부처님도 처음은 소승의 입장으로서 중생을 유인하였고, 그런 연후에 그들을 구경(究竟)의 일승(一乘)에 들어가게 하였다"는 사실을 알게 되었다. 그러므로 "내가 지금 얻은 도(道)도 응당 삼승(三乘)으로 설해야 할 것이다"라고 생각하였다. 내가 이와 같이 사유할 때에 시방의 부처님이 모두 나타나서 아름다운 소리로 나를 위로하고 깨우치기를 "훌

---

209) 授記는 장래 成佛할 수 있다는 증언을 부처님께서 해주시는 것이다. 『법화경』 4권에는 악인이었던 제바달다와 일반적으로 성불할 수 없다는 여인의 수기가 설해져 있다. 『무량수경』에서 法藏菩薩이 아미타불이 되는 수기를 받는 내용은 유명하다.

146 都 序 下

륭하십니다, 석가모니 제일가는 스승이시여. 위 없는 법을 얻어 일체 모든 부처님의 뜻을 따라 방편의 힘을 쓰게 되십니다"라고 하였다.

我聞慰喩音하고 隨順諸佛意故로 方始往波羅奈國 轉四諦法輪하여 度憍陳如 等五人하고 漸漸諸處 乃至千萬이라.[如羊車也] 亦爲求緣覺者에 說十二因緣하고[如鹿車也] 亦爲求大乘者에 說六波羅密이라.[如牛車也. 此上은 皆當第一密意依性說相敎라. 此上三車는 皆是宅中에서 指云 在門外者니 以喩權敎三乘이니라]

나는 그들이 위로하고 깨우쳐 주는 소리를 듣고 모든 부처님의 뜻을 수순하였기에, 비로소 처음 바라내국(波羅奈國)210) 녹야원(鹿野園)에 가서 사제(四諦) 법륜(法輪)을 설파하여 교진여(憍陣如)211) 등의 다섯 비구를 제도하게 되었다. 그리고 점차 여러 곳으로 법을 전파하게 되니 수없이 많은 사람을 제도하게 되었다.

* 이는 법화경에서 양이 끄는 수레에 비유한 것과 같다.

또한 연각(緣覺)을 구하는 자들을 위하여 십이인연(十二因緣)을 설하게 되었고,

* 이는 법화경에서 사슴이 끄는 수레에 비유한 것과 같다.

또한 대승(大乘)을 구하는 자들을 위하여 육바라밀(六波羅密)을 설하게 되었다.

* 이는 법화경에서 소가 끄는 수레(牛車)에 비유한 것과 같다. 이 위는 모두 첫 번째 밀의의성설상교(密意依性說相敎)에 해당한다. 이 위의 세 종류 수레는 모두 집 가운데서 문 밖에 있는 것을 가리켜 말하는 것이니, 방편으로 가르치는 권교(權敎)의 삼승(三乘)에 비유하는 것이다.

中間에 爲說甚深般若波羅密하여 淘汰如上聲聞하고 進趣諸小菩薩이라.[此는 當第二密意破相顯性敎也라]

---

210) 波羅奈國은 Baranasidml 音寫語로서 Kasi國이라고도 한다. 중인도에 있었던 나라의 이름으로 수도는 현재의 Benares에 해당한다. 부처님이 成道하신 후 Benares 鹿野園에서 최초로 설법한 장소로서 六大說法 장소의 하나이다.
211) 교진여는 녹야원에서 최초로 부처님의 설법을 들은 五比丘를 대표했던 사람이다. 부처님이 고행을 포기할 때 부처님을 파계하고 타락했다고 비난하며 다른 네 비구와 함께 부처님을 떠났다가, 녹야원에서 부처님의 설법을 듣고 부처님 최초의 제자가 되었다.

그 중간에 깊고 깊은 반야바라밀(般若波羅蜜)을 설하여 성문(聲聞)들을 도태시키고 모두 작은 보살(菩薩)로 나아가게 하였다.
* 이는 두 번째 밀의파상현성교(密意破相顯性教)에 해당한다.

漸漸見其根熟하고 遂於靈鷲山에서 開示如來知見하며 普皆與授阿耨多羅三藐三菩提記니[究竟一乘이라. 如四衢道中에 白牛車也. 權敎의 牛車大乘은 與實敎 白牛車一乘과 不同者 三十餘本經論에 俱有明文也니라212)]

점차적으로 그들의 근기가 성숙한 것을 보고, 마침내 영축산에서 여래의 지견(知見)을 열어 보이면서 두루 모두에게 아뇩다라삼먁삼보리의 수기(授記)를 주게 되었으니,
* 이는 구경일승(究竟一乘)이다. 이는 마치 사거리에서 흰 소가 끄는 수레와 같다. 권교(權敎)의 우거(牛車)에 비유되는 대승(大乘)은 실상교(實相敎)의 백우거(白牛車)에 비유되는 일승(一乘)과 같지 않다는 것은 삼십 여권의 경론에서 모두 밝혀 놓은 것이다.

顯示三乘의 法身이 平等하여 入一乘道이니라.

이는 삼승(三乘)의 법신(法身)이 평등한 것을 드러내어 일승도(一乘道)에 들어가는 것이었다.

乃至 我臨欲滅度에 在拘尸那城 娑羅雙樹間에서 作大獅子吼하여 顯常住法하며 決定說言 一切眾生이 皆有佛性이라하니라. 凡是有心이면 定當作佛이니 究竟涅槃의 常樂我淨으로 皆令安住秘密藏中케하니라.[法華에 且收三乘하고 至涅槃經해야 方普收六道하니 會權入實은 須漸次故也니라]

나아가 내가 열반에 들려 할 때에 구시나성(拘尸那城)에213) 있는 두 그루의 사라(娑

---
212) 『禪源諸詮集都序』 하권 미주 (27) 참조 바람.
213) 拘尸那는 Kusinara의 音寫語로서 부처님이 입멸하신 장소를 말한다.

羅) 나무 사이에서 대사자후(大獅子吼)를 토하여 상주법(常住法)을 드러내게 되면서 결정적으로 "일체 중생에게 모두 불성(佛性)이 있다"라고[214] 설파했던 것이다.

무릇 마음이 있다면 결정코 부처가 될 것이니, 구경 열반의 상(常)·락(樂)·아(我)·정(淨)으로서 모두 여래의 비밀장 가운데 안주케 했던 것이다.

* 『법화경』에서 삼승(三乘)을 거두고 『열반경』에 이르러서야 두루 육도(六道)를 거두게 되었으니, 방편을 모아 실상(實相)에 들어가는 것은 모름지기 점차적 방편을 취해야 할 것이다.

卽與華嚴師子頻伸의 大衆頓證과 無有別異니라.[法華와 涅槃은 是漸敎中之終極이라. 與華嚴等 頓敎와 深淺無異이니 都爲第三顯示眞心卽性敎也라]

곧 화엄의 사자빈신삼매(師子頻伸三昧)에서 온 대중이 단번에 삼매를 증득한 내용과 더불어 달리 차이가 없었다.

* 『법화경』과 『열반경』은 점교(漸敎) 가운데서 가장 마지막에 있었던 가르침이다. 『화엄경』 등의 돈교(頓敎)와 내용의 깊고 얕은 것에 차이가 없으니, 모두 세 번째의 현시진심즉성교(顯示眞心卽性敎)가 되는 것이다.

我旣所應度者를 當已度訖하고 未得度者는 已爲作得度因緣故로 於雙樹間에 入大寂滅定 返本還源하여 與十方三世一切諸佛의 常住法界와 常寂常照也니라.

내가 제도할 자를 이미 다 제도하여 마쳤고, 아직 제도받지 못한 자는 이미 제도받을 수 있는 인연(因緣)을 만들어 놓았기 때문에, 사라쌍수 사이에서 대열반의 적멸정(寂滅定)에 들어가 반본환원(返本還源)하여, 시방삼세의 일체 모든 부처님의 상주법계(常住法界)와 더불어 항상 공적(空寂)하고 항상 비추게 되는 것이다.

◉ 부처님이 경을 설하신 진의(眞意)를 밝히면서 경전들의 가르침과 삼교(三敎)와의 관계를 보여 주고 있다. 부처님이 가르침을 베푸신 뜻은 중생들의 불지견(佛知見)을 열어 그들을 깨달

---

214) 一切衆生皆有佛性은 『열반경』 중심사상의 하나이다.

음에 들어가게 하는 것이었다. 『화엄경』은 부처님이 성불하고 나서 바로 "중생도 본래 여래의 덕상(德相)과 지혜를 갖추고 있다"라고 하여 근기가 높은 중생들을 상대하여 설법했던 내용이다. 반대로 근기가 낮은 중생들을 위해서는 방편으로 우선 사제(四諦)·십이인연(十二因緣)·육바라밀을 설하고〔밀의의성설상교(密意依性說相教)〕, 다음에 반야를 설하며〔밀의파상현성교(密意破相顯性教)〕, 다시 법화경의 구경일승도(究竟一乘道)를 설하면서 최후에 『열반경』의 상(常)·락(樂)·아(我)·정(淨)을〔현시진심즉성교(顯示眞心卽性教)〕 설하는 것이다. 『열반경』과 『법화경』은 점교 가운데의 맨 마지막이 되며 화엄경의 가르침과 일치하는 것이다.

㊄ 부처님의 뜻과 삼교(三敎)와 삼종(三宗)

評曰. 上來三紙는 全是於諸經中에 錄佛自言也라. 但以抄錄之故로 不免於連續綴合之處에 或加減改換三字兩字而已니라. [唯敘華嚴處 一行半이 是以徑顯佛意로서 非佛本語也라]

위의 내용을 살펴보도록 하겠습니다. 위의 세 페이지는215) 전부 여러 경 가운데에서 부처님이 스스로 말씀하신 것만을 뽑아 기록한 것입니다. 단지 간추려 쓰는 까닭에 문장이 연속적으로 이어져 나가는 곳에서 혹 두 서너 글자를 더하거나 빼서 고쳐 쓰게 된 것을 면치 못했을 뿐입니다.
  * 오직 화엄경의 내용을 서술했던 곳의 "遂爲此等衆生하여 於菩提場에서 稱大方廣法界하여 敷演萬行因華하고 以嚴本性으로 令成萬德佛果니라"고 한 부분이 바로 부처님의 뜻을 나타낸 것으로서 부처님 본래의 말씀은 아니었다.

便請將佛此自述本意하여 判前三種敎宗하면 豈得言權實一般이며 豈得言始終二法이리오. 禪宗을 例敎하면 誰謂不然이리요. 切欲和會는 良由此也니라. 誰聞此說하고 而不除疑리요. 若猶執迷이면 則吾不復也니라.

여기에서 부처님께서 스스로 말씀하신 본래의 뜻을 가져다 앞에서 말한 세 종류의 교

---

215) 143쪽 원문의 次觀佛說經本意者 이하부터 이 단락의 評曰 위까지를 말한다.

(敎)와 종(宗)을 판단하게 되면, 어찌 방편과 실상을 같다고 말할 수 있을 것이며, 어찌 처음과 끝이 다른 두 가지 법이라고 주장할 수 있겠습니까. 선종(禪宗)을 부처님의 가르침에 비교하여 열거하여 보면 어느 누가 이를 옳지 않다고 말할 수 있겠습니까. 간절한 마음으로 뜻을 조화하여 회통시키고자 하는 것은 참으로 이것으로 말미암았던 것입니다. 누가 이 설을 듣고 의심을 제거하지 않을 수 있겠습니까. 아직도 미혹에 집착하고 있다면 나는 다시 되풀이하여 말하지는 않겠습니다.

◉ 앞 단락의 내용은 모든 경(經)에서 부처님의 말을 인용하여 문장을 만들었던 것이다. 경문(經文)을 그대로 인용한 이유는 부처님의 본의(本意)를 알고자 하는 동시에, 삼교(三敎)도 부처님의 본의에 어긋나지 않았다는 사실을 밝히려 하는 것이다. 삼교(三敎)로 분류되는 정당성은 당연히 선종(禪宗)의 삼종(三宗)에 대한 정당성도 확보하게 되어 선교일치(禪敎一致)를 주장할 수 있게 된다. 여기서 종밀의 선교일치에 대한 자신감과 열렬한 의욕을 볼 수 있다.

㈦ 부처와 중생 및 깨달음과 미혹

然이나 上所引 佛自云에 見衆生皆成正覺이라하고 又云에 根鈍癡盲이라하니 語似相違니라. 便欲於其次에 通釋이나 恐間雜佛語 文相反加하니라.

그러나 위에 인용한 글에서 부처님이 스스로 말씀하시기를 "중생이 모두 정각 이룬 것을 보았다"라고 하였고, 또 "중생은 근기가 둔하고 어리석어 눈 먼 봉사이다"라고 하셨으니, 말이 서로 어긋나는 듯 보입니다. 바로 그 다음 글에서 회통하는 풀이를 하려고 하였으나, 부처님 말씀과 섞이어 문장이 더 번거로워질까 염려하게 되었습니다.

今於此後에야 方始全依上代祖師馬鳴菩薩이 具明衆生心의 迷悟本末始終하여 悉令顯現케하면 自然見 全佛之衆生이 擾擾生死하고 全衆生之佛이 寂寂涅槃하며 全頓悟之習氣가 念念攀緣하고 全習氣之頓悟가 心心覺照하니 卽於佛語相違之處에서 自見無所違也라. 謂 六道凡夫와 三乘賢聖의 根本이 悉是靈明淸淨 一法界心이니라. 性覺普光이 各各 圓滿하니 本不名諸佛이고 亦不名衆生이라. 但以此心이 靈妙自在하여 不守自性이라 故로 隨迷悟之緣하여 造業受苦하면 遂名衆生이고 修道證眞하면 遂名諸佛이니라.

지금 이 뒤에서야 비로소 전적으로 윗대의 조사 마명(馬鳴) 보살이 중생심(衆生心)의 미오(迷悟)와 본말(本末)과 시종(始終)을 함께 밝혀 놓은 것에 의지하여 모두 그 의미를 드러내게 되면, 자연 전부 부처님이 되는 중생이 생사에 넘나들고 전부 중생이 되는 부처님이 열반에 적적(寂寂)하며, 전부 돈오가 되는 습기가 생각에 반연하고 전부 습기가 되는 돈오가 마음마음에 깨달아 비추는 것을 보게 되니, 곧 부처님의 말씀이 서로 어긋난 곳에서 스스로 어긋날 것이 없음을 보게 되는 것입니다.

이는 육도(六道)의 범부와 삼승(三乘)의 현성(賢聖)이 근본이 모두 신령스레 밝고 청정한 한 법계의 마음이라는 사실을 말합니다. 성(性)을 깨달아 두루 비추는 빛이 하나하나 제각기 원만하여 본래 모든 부처님이라 이름할 것도 아니고 또한 중생이라 이름할 것도 아닙니다. 단지 이 마음이 신령스레 미묘하고 자재하여 스스로의 성품을 지키지 않았을 따름이니, 그러므로 미오(迷悟)의 인연을 따라 업(業)을 짓게 되어 괴로움을 받게 되면 마침내 중생이라 부르는 것이며, 도(道)를 닦아 진여(眞如)를 증득하게 되면 마침내 모든 부처님이라 부르게 되는 것입니다.

又 雖隨緣이더라도 而不失自性故로 常非虛妄이며 常無變異로 不可破壞하여 唯是一心이니 遂名眞如니라. 故로 此一心에 常具二門하여 未曾暫闕이라. 但隨緣門中에 凡聖無定이니라. 謂本來未曾覺悟故로 說煩惱하여 無始이나 若修證하면 卽煩惱斷盡故로 說有終이라. 然이나 實無別始覺이고 亦無不覺이니 畢竟平等이니라. 故로 此一心에 法爾 有眞妄二義하고 二義에 復各二義故로 常具眞如生滅二門하니라.

또 비록 인연을 따라가더라도 자성(自性)을 잃지 않고 있기에 항상 허망하지 아니하며, 항상 변할 것이 없으므로 파괴할 수 없어 오직 일심(一心)이었을 따름이니 마침내 진여(眞如)라 이름하는 것입니다.

그러므로 이 일심(一心)에 항상 두 가지 문을 갖추어서 일찍이 잠시도 빠트린 적이 없게 되는 것입니다. 단지 인연을 따르는 문 가운데에서 범부와 성인으로 결정된 것이 없었을 따름입니다. 이는 본래 아직 일찍이 깨닫지를 못하고 있었기에 번뇌를 시원(始源)이 없다고 설하게 되었으나, 만약 번뇌를 닦아서 도(道)를 증득하게 되면 곧 번뇌가 다 끊어지기에 번뇌의 끝이 있다고 설하게 되는 것입니다.

그러나 실제로는 따로 시각(始覺)도216) 없고 또한 불각(不覺)도217) 없는 것이니 필경에 평등한 것입니다. 그러므로 이 일심(一心)에는 으레 진(眞)과 망(妄)의 두 가지 뜻이 있게 되고, 이 두 가지의 뜻에 다시 각각 두 가지 뜻이 있기에, 항상 진여문(眞如門)과 생멸문(生滅門)이란 두 문(門)을 갖추게 되는 것입니다.

---

216) 始覺은 범부가 一心인 自性佛을 깨달아 발심하여 수행하는 것을 말한다. 『기신론』에서는 "本覺에 의지하여 不覺이 있고, 不覺에 의지하여 始覺이 있다"라고 하였다.
217) 不覺은 本覺의 自性淸淨心을 自覺하지 못하는 것이다.

各二義者는 眞에 有不變隨緣二義하고 妄에 有體空成事二義하니 謂由眞不變故로 妄體本空이어 爲眞如門하고 由眞隨緣故로 妄識成事하여 爲生滅門하니라. 以生滅이 卽眞如故로 諸經에 說 無佛無衆生하여 本來涅槃이며 常寂滅相이라하고 又 以眞如가 卽生滅故로 經에 云하되 法身이 流轉五道를 名曰衆生이라.

각각 두 가지 뜻이 있다고 하는 것은 진(眞)에는 불변(不變)과 수연(隨緣)의 두 가지 뜻이 있게 되고, 망(妄)에는 체공(體空)과 성사(成事)의 두 가지 뜻이 있게 된다는 것입니다. 이는 진(眞)의 불변(不變)으로 말미암아 망체(妄體)가 본래 공(空)이어서 진여문(眞如門)이 되고, 진(眞)의 수연(隨緣)으로 말미암아 망식(妄識)이 경계를 만들어 생멸문(生滅門)이 되는 것을 말합니다.

생멸이 곧 진여이기에 모든 경에서 "부처도 없고 중생도 없이 본래 열반이며 항상 적멸(寂滅)한 모습이다"라고 설하게 되며, 또 진여가 곧 생멸이기에 경에서 "법신(法身)이 오도(五道)에 윤회하는 것을 중생이라 한다"라고 말하는 것입니다.

◉ 경문 속에는 서로 반대되는 가르침이 설해져 있는 경우가 있다. 이 모순을 해결하기 위하여 『기신론(起信論)』의 내용을 사용하여 중생과 부처, 깨달음과 미혹의 관계를 밝히고 있다. 중생과 부처가 대립하는 개념이 아니라는 사실을 밝히기 위하여, 『기신론』에 있는 일심이문(一心二門)의 체계를 사용하고 있다. 중생이나 부처의 근본은 신령스레 밝고 청정한 한 법계의 마음일 뿐인데, 일심(一心)이 움직여 미혹하게 되면 심생멸문(心生滅門)으로서 중생이 되고, 이를 깨닫게 되면 심진여문(心眞如門)으로서 부처가 되니, 그러므로 중생이나 부처의 근본은 같다는 것이다. 종밀이 사용한 이 논리의 배경에는 화엄교학(華嚴敎學)의 진망교철(眞妄交徹) 사상이 도사리고 있다.

㉠ 범부가 되는 과정의 미십중(迷十重)

旣知迷悟凡聖이 在生滅門이니 今於此門에서 具彰凡聖二相이라. 卽眞妄의 和合으로 非一非異를 名阿梨耶識이라.218) 此識이 在凡하여 本來常有 覺與不覺二義하니 覺은 是三乘賢聖之本이고 不覺은 是六道凡夫之本이라. 今且示 凡夫의 本末이 總有十重이니라.〔今每重 以夢喩로 側脚注하여 一一合之하리라〕

이미 미오(迷悟)와 범성(凡聖)이 생멸문에 있게 된 것을 알았으니, 지금 이 생멸문에서 범부와 성인의 두 가지 모습을 자세히 드러내겠습니다.

곧 진(眞)과 망(妄)의 화합으로서 같은 것도 아니요 다른 것도 아닌 것을 이름하여 아리야식(阿梨耶識)이라고 합니다. 이 식(識)은 범부에게 있으면서 항상 각(覺)과 불각(不覺)의 본래 두 가지 뜻을 가지고 있으니, 각(覺)은 삼승(三乘)의 현성(賢聖)이 되는 근본이고 불각(不覺)은 육도(六道)의 범부가 되는 근본입니다. 지금 다시 범부가 되는 근본과 지말이 모두 열 가지로 이어져 있는 것을 보여 드리겠습니다.

* 지금 매번 이어서 설명하는 곳을 꿈의 비유로써 옆에 각주를 달아 하나하나의 내용을 합치되게 하겠다.

一은 謂一切衆生이 皆有本覺眞心이라.〔如一富貴人이 端正多智하여 自在宅中也라〕

二는 未遇善友開示하면 法爾本來不覺이라.〔如宅中人이 睡自不知也라. 論에서 云에 依本覺故로 而有不覺也라219)〕

三은 不覺故로 法爾念起니라.〔如睡에 法爾有夢이라. 論에서 云에 依不覺故로 生三種相이라.220) 此是初一也라〕

첫 번째는 일체 중생이 모두 본각(本覺)의 진심(眞心)이 있는 것을 말합니다.〔이는 귀하고 부유한 사람이 단정하고 지혜가 많이 있으면서 스스로 자기 집 안에 있는 것과 같다〕

두 번째는 아직 선지식의 가르침을 만나지 못하여 으레 본래가 불각(不覺)인 것을 말합

---

218) 『禪源諸詮集都序』 하권 미주 (28) 참조 바람.
219) 『禪源諸詮集都序』 하권 미주 (29) 참조 바람.
220) 『禪源諸詮集都序』 하권 미주 (30) 참조 바람.

니다.〔자기 집 안에서 잠든 사람이 스스로 꿈꾸고 있는 줄 알지 못하는 것과 같다. 논(論)에서는 "본각(本覺)에 의지하므로 불각(不覺)이 있다"라고 한다〕

　세 번째는 불각(不覺)이기 때문에 으레 망념이 일어나는 것을 말합니다.
　　＊ 잠이 들면 으레 꿈이 있는 것과 같다. 논(論)에서 "불각(不覺)을 의지하기에 세 종류의 상(相)이 생겨난다"라고 하였는데, 이 부분이 세 종류 가운데 처음 일어나는 부분이다.

　　四는 念起故로 有能見相이라.〔如夢中之想也라〕

네 번째는 망념이 일어났기 때문에 능견(能見)의 모습이 있게 되는 것을 말합니다.
　　＊ 꿈속에서의 생각과 같다.

　　五는 以有見故로 根身과 世界가 妄現이라.〔夢中에 別見有身하여 在他鄕貧苦하며 及見種種好惡事境이라〕

다섯 번째는 능견(能見)이 있기 때문에 근신(根身)과 세계가 망심(妄心)으로 나타나는 것을 말합니다.
　　＊ 꿈속에서 자신의 몸이 타향에서 초라하고 고통스럽게 있는 것을 보며, 온갖 좋고 나쁜 경계를 보게 되는 것이다.

　　六은 不知此等이 從自念起하고 執爲定有하니 名爲法執이라.〔正夢時에 法爾必執 夢中所見之物하여 爲實物也라〕

여섯 번째는 이것들이 자기의 생각에서 일어나는 것임을 알지 못하고 결정코 있다고 집착하게 되는 것을 말하니, 이를 이름하여 법집(法執)이라고 합니다.
　　＊ 바로 꿈속에 있을 때 으레 꿈속에서 보는 사물들을 반드시 집착하게 되어 실물(實物)로 삼는 것이다.

七은 執法定故로 便見自他之殊하니 名爲我執이라.[夢時에 必認他鄕貧苦身하여 爲己本身也라]

일곱 번째는 법을 집착하여 있다고 결정했기 때문에 문득 자타(自他)로서 다른 경계를 보게 되는 것을 말하니, 이를 이름하여 아집(我執)이라고 합니다.
* 꿈꿀 때 반드시 타향에서 겪고 있는 빈고(貧苦)의 몸을 실물(實物)로 인정하여 자기 본래의 몸을 삼게 되는 것이다.

八은 執此四大하여 爲我身故로 法爾貪愛順情諸境하여 欲以潤我하고 瞋嫌違情諸境 恐損惱我하여 愚癡之情으로 種種計較니라.[此是三毒이니 如夢在他鄕에 所見違順等事 亦貪瞋也라]

여덟 번째는 지(地)·수(水)·화(火)·풍(風) 사대(四大)를 집착하여 나의 몸을 삼고 있기 때문에 으레 정식(情識)에 수순하는 모든 경계를 탐내고 좋아하여 그것으로써 나를 윤택하게 하려하고, 정식(情識)에 어긋나는 모든 경계를 화를 내거나 싫어하며 나에게 해를 끼치고 괴롭힐까 두려워해서 어리석은 정식(情識)으로 온갖 계교(計較)를 내는 것을 말합니다.
* 이는 탐진치 삼독(三毒)의 마음이니, 꿈속에 타향에 있으면서 정식(情識)에 수순하거나 어긋나는 일들을 보는 것과 또한 이에 탐심을 내거나 화를 내는 것들과도 같다.

九는 由此故로 造善惡等業이라.[夢中에 或偸奪打罵 或行恩布德也라]

아홉 번째는 이런 것들로 말미암아 선악 등의 업을 짓게 되는 것을 말합니다.
* 꿈속에서 혹 도둑질이나 강탈 및 구타하고 욕을 하는 것들과, 혹 은혜와 덕을 베풀고 행하는 것들이다.

十은 業成難逃하여 如影響이 應於形聲故로 受六道의 業繫苦相이라.[如夢에 因偸奪打罵하여 被捉枷禁決罰하며 或因行恩得報하여 擧薦拜官署職也라]

열 번째는 업을 지으면 책임을 회피하기 어려워 마치 그림자와 메아리가 소리와 형상에 상응하는 것과 같기 때문에, 육도(六道)의 업에 매인 괴로움을 받게 된다는 것을 말합니다.

> * 이는 마치 꿈속에서 도둑질이나 강탈 및 구타하고 욕을 하는 것들로 인(因)하여 체포되어 형틀로 구속되는 벌을 받는 것들과, 혹은 은혜를 베풀고 그 과보를 얻는 것으로 인(因)하여 추천을 받아서 관직에 임명되는 것들과도 같다.

此上十重의 生起次第가 血脈이 連接하여 行相이 甚明하니 但約理觀心而推照하면 卽歷然可見이라.

여기서 거듭 열 가지로 이어져 차례로 일어나는 것이, 법의 맥락이 연속적으로 이어져 참으로 행상(行相)이 분명하게 되었으니, 단지 이치로서 마음을 관(觀)하여 비추어 보면 곧 역력히 이를 볼 수 있는 것입니다.

◎ 일심(一心)을 진여문과 생멸문으로 나누고, 생멸문 속에 아리야식을 설정하여 아리야식의 각(覺)과 불각(不覺)의 두 측면에서 미혹과 깨달음을 전개해 나가는 것이다. 특히 여기서는 불각이 되는 미혹을 열 가지로 나누어 그 전개과정을 설명했다. 본각(本覺)인 진심(眞心)을 자각하지 않고 미혹의 과정을 따라가게 되면 마침내 육도(六道)의 윤회를 하게 되어 고락의 과보를 받게 된다는 것이다. 이 과정을 열 가지로 나누어 설명하면서 각 과정마다 꿈의 비유를 들어가며 이해가 가기 쉽도록 하였다.

㈢ 부처가 되는 과정의 오십중(悟十重)

次에 辨悟後修證하면 還有十重이니 翻妄卽眞으로 無別法故니라. 然이나 迷悟義別하여 順逆이 次殊라. 前은 是迷眞逐妄으로 從微細 順次生起하여 展轉至麤하나 此는 是悟妄歸眞으로 從麤重 逆次斷除하여 展轉至細하니라. 以能翻之智는 自淺至深이니 麤障은 易遣하여 淺智卽能翻故나 細惑은 難除하여 深智라야 方能斷故니라. 故로 此十은 從後逆次로 翻破前十이니라. 唯此一과 前二는 有少參差하니 下當顯示하리라.

다음에 본각(本覺)의 진심(眞心)을 깨달은 뒤 닦아 증득하게 되는 오후수증(悟後修證)을 분별하여 보면 여기에도 다시 열 가지 법의 맥락으로 거듭 이어지는 것이 있게 되니, 망(妄)을 뒤집으면 곧 진(眞)으로서 다른 법이 없기 때문입니다. 그러나 미(迷)와 오(悟)의 뜻으로서 달라져 역(逆)과 순(順)으로서 차례가 다르게 됩니다.

앞에서는 진(眞)에 미혹하여 망(妄)을 좇는 것으로서 미세한 곳으로부터 순차적으로 일어나 점차 거칠어지는 번뇌를 말하게 되나, 여기에서는 망(妄)을 깨달아 진(眞)에 돌아가는 것으로서 거칠고 무거운 번뇌로부터 역순으로 끊어 제거하여 점차 미세한 곳으로 도달해 가는 것을 말합니다.

능히 망(妄)을 뒤집을 수 있는 지혜는 얕은 데서부터 깊은 곳에 도달하게 되니, 거친 번뇌는 쉽게 버려 얕은 지혜로도 뒤집을 수 있고 미세한 번뇌는 제거하기 어려워 깊은 지혜라야 끊을 수 있기 때문입니다. 그러므로 여기서 말하는 열 가지는 뒤에서 역순으로 앞에서 말한 열 가지를 뒤집어 타파하게 되는 것입니다. 오직 여기의 첫 번째와 앞의 두 번째는 약간의 차이가 있게 되니, 뒤에서 이 내용을 마땅히 드러내 보이겠습니다.

十重者는 一은 謂 有衆生이 遇善知識이 開示하는 上說本覺眞心하면 宿世曾聞으로 今得悟解 [若宿生에 未曾聞이면 今聞에 必不信하며 或信이라도 而不解니라. 雖人人有佛性이더라도 今現有不信不悟者 是此類也니라]

오(悟)의 십중(十重)이란 무엇을 말하겠습니까. 첫 번째는 어떤 중생이 선지식의 가르침인 본각(本覺)의 진심(眞心)을 만나게 되면, 일찍이 숙세(宿世)에 들었던 것으로서

* 만약 숙세(宿世)에 일찍이 듣지 못했다면 지금 들어도 반드시 믿지 못할 것이며, 혹 믿어도 이해하지 못한다. 비록 사람마다 불성(佛性)이 있더라도 지금 현재 믿지 못하고 깨닫지 못하는 자들이 있게 되는 것이 이런 부류이다.

四大非我이며 五蘊이 皆空이어 信自眞如 及三寶德이니라.[信自心이 本不虛妄하고 本不變異하니 故로 曰 眞如니라. 故로 論에 云 自信己性하고 知心妄動하면 無前境界라하고[221] 又 云에 信心에 有四種이라 一은 信根本으로 樂念眞如니라 二는 信佛有無量功德으로 常念親近供養이라 三은 信法有大利益으로 常念修行이라 四는 信僧能修正行 自利利他로 常樂親近이라.[222] 悟前一하니 翻前二하여 成第一重也라]

지금 "사대(四大)는 내가 아니며 오온(五蘊)이 모두 공(空)이다"라는 것을 알 수 있어, 자기의 진여(眞如)와 삼보(三寶)의 공덕을 믿게 되는 것을 말합니다.

* 자기의 마음이 본래 허망하지 않고 본래 변하지 않는 것임을 믿으므로 진여(眞如)라고 한다. 그러기에 『기신론(起信論)』에서는 "스스로 자기 성품을 믿고 마음이 허망하게 움직이는 것을 알게 되면 앞의 경계가 없다"라고 하고, 또 "믿는 마음에 네 종류가 있다. 첫 번째는 근본을 믿는 것으로서 진여(眞如)를 즐겨 염(念)하는 것이다. 두 번째는 부처님에게 무량한 공덕이 있음을 믿는 것으로서 항상 부처님을 친근하여 공양할 것을 생각하는 것이다. 세 번째는 법에 커다란 이익이 있음을 믿는 것으로서 항상 수행할 것을 생각하는 것이다. 네 번째는 스님들이 바른 수행을 닦아 자리이타(自利利他)할 수 있음을 믿는 것으로서 항상 스님들을 즐겁게 친근하는 것이다"라고 하였다. 미십중(迷十重)의 첫 번째를 깨닫게 되니 미십중(迷十重)의 두 번째를 뒤집어서 오십중(悟十重)의 첫 번째를 이루게 된다.

二는 發悲智願하여 誓證菩提니라.[發悲心者 欲度衆生이고 發智心者는 欲了達一切이며 發願心者 欲修萬行하여 以資悲智也라]

두 번째는 자비심과 지혜로운 마음과 원력을 발하여서 보리(菩提) 증득할 것을 맹세하는 것을 말합니다.

* 자비로운 마음을 내는 것은 중생을 제도하려는 것이고, 지혜로운 마음을 내는 것은 일체를 알려는 마음이며, 원력의 마음을 내는 것은 온갖 행을 닦아서 자비심과 지혜로운 마음을 도우려는 것이다.

---

221) 『禪源諸詮集都序』 하권 미주 (31) 참조 바람.
222) 『禪源諸詮集都序』 하권 미주 (32) 참조 바람.

三은 隨分修行 施戒忍進 及止觀門하여 增長信根이라.[論에 云 修行이 有五라야 能成此信이라.223) 止와 觀이 合爲一行故로 六度가 唯成五也니라]

세 번째는 자기의 역량에 따라 보시·지계·인욕·정진·지관(止觀)을 수행하여 믿음의 뿌리를 증장 시키는 것을 말합니다.
* 기신론(論)에서 "수행에 다섯 가지가 있어야 이 믿음을 이룰 수 있다"라고 하였다. 육바라밀(六波羅密) 가운데 지(止)와 관(觀)을 합쳐 하나의 바라밀을 삼기에, 육바라밀이 오직 다섯 종류로 이루어지는 것이다.

四는 大菩提心이 從此顯發이라.[卽上의 三心開發이라. 論 云에 信成就發心者는 有三種心이니 一은 直心이니 正念眞如法故이고 二는 深心이니 樂習諸善行故이며 三은 大悲心이니 欲拔一切衆生苦故也라224)]

네 번째는 대보리심(大菩提心)이 여기로부터 드러나는 것을 말합니다.
* 곧 위에서 말한 세 종류의 마음이 드러나는 것이다.『기신론(起信論)』에서는 "믿음을 성취하는 발심(發心)에는 세 종류의 마음이 있으니, 첫 번째 직심(直心)이니 바르게 진여의 법을 생각하기 때문이고, 두 번째 심심(深心)이니 모든 선행을 즐겁게 익히기 때문이며, 세 번째 대비심(大悲心)이니 일체중생의 고통을 뿌리째 뽑고자 하기 때문이다"라고 하였다.

五와 六은 以知法性에 無慳等心으로[等者는 染欲 嗔恚 懈怠 散亂 愚癡也라]

다섯 번째와 여섯 번째는 법성(法性)에 인색하게 구는 등의 잘못된 마음이 없는 것을 앎으로서
* 등(等)의 마음이란 더러운 욕망·화내는 마음·게으름·산란·어리석은 마음을 말한다.

隨順修行六波羅密하여 定慧力用으로[初修 名止觀이나 成就 名定慧니라]

---

223)『禪源諸詮集都序』하권 미주 (33) 참조 바람.
224)『禪源諸詮集都序』하권 미주 (34) 참조 바람.

육바라밀(六波羅密)을 수순(隨順) 수행하여 선정과 지혜의 힘으로써
 * 처음 수행할 때의 이름은 지관(止觀)이라 하나, 수행을 성취할 때의 이름은 정혜(定慧)라고 한다.

我法雙亡하고[初發心時 已約敎理하여 觀二執空하고 今卽 約定慧力하여 親自覺空也니라]

아집(我執)과 법집(法執)이 함께 사라져
 * 처음 발심할 때 이미 교리(敎理)를 기준 하여 아집과 법집이 공(空)함을 관(觀)하고, 지금은 정혜(定慧)의 힘으로 친히 스스로 공(空)을 깨닫게 되는 것이다.

無自無他하며[證我空이니 五也니라]

자기도 없고 남도 없이
 * 아공(我空)을 증득함이니 다섯 번째이다.

常空常幻하니라.[證法空이니 六也니라. 色不異空하고 空不異色故로 常空常幻也라]

일체가 항상 공(空)하고 항상 환(幻)인 것을 말합니다.
 * 법공(法空)을 증득함이니 여섯 번째이다. 색(色)이 공(空)과 다르지 않고 공(空)이 색(色)과 다르지 않으므로 항상 공(空)하고 항상 환(幻)인 것이다.

七은 於色에 自在하여 一切融通이라.[迷時 不知從自心變故로 不自在라. 今因二空智하여 達之故로 融通也라]

일곱 번째는 색(色)에 자재(色自在)하여 일체가 융통한 것을 말합니다.
 * 미혹할 때 일체가 자기 마음에서 변한 것임을 알지 못했으므로 자재하지를 않았다. 지금 아공(我空)과 법공(法空)의 지혜로 이 도리를 통달하였기 때문에 일체가 융통한 것이다.

八은 於心自在에 無所不照니라.[旣不見心外 別有境界하여 境界唯心故로 自在니라]

여덟 번째는 마음이 자재하여 어떠한 곳도 비추지 못할 곳이 없는 것을 말합니다.
* 이미 마음 밖에 달리 경계가 있는 것을 보지 않아, 경계가 오직 마음이기에 자재한 것이다.

九는 滿足方便 一念相應하여 覺心初起 心無初相이라. 離微細念하니 心卽常住하여 覺於迷源에 名究竟覺이니라.[225)[從初發心으로 卽修無念하여 至此해야 方得成就니라. 成就故로 卽入佛位也라]

아홉 번째는 방편을 만족시켜 일념에 상응(相應)하여 마음이 처음 일어날 때 마음이 처음부터 어떤 모습이 없었음을 깨닫게 되는 것을 말합니다. 미세한 망념을 벗어나니 참마음이 상주하여 미혹의 근원을 깨치게 되니, 이를 이름하여 구경각(究竟覺)이라고 합니다.
* 초발심(初發心)에서 무념(無念)을 닦아 여기에 이르러서야 공부를 성취할 수 있다. 공부를 성취했기에 곧 부처님의 지위에 들어가는 것이다.

十은 心旣無念이면 則無別始覺之殊라. 本來平等하여 同一覺故니라. 冥於根本眞淨心源에서 應用塵沙하며 盡未來際에 常住法界하며 感而卽通하니 名大覺尊이라. 佛無異佛하여 是本佛이니 無別新成이라. 故로 普見一切衆生에 皆同成等正覺이니라.

열 번째는 마음에 이미 망념이 없다면 이것은 따로 시각(始覺)과 다를 게 없다는 것을 말합니다. 본래 평등하여 동일한 각(覺)이기 때문입니다. 근본이 되는 참으로 청정한 마음의 근원에서 그윽이 응용되는 것이 한량이 없게 되며, 미래제(未來際)가 다하도록 항상 법계에 주(住)하면서 감응하여 통하게 되니, 이를 이름하여 대각존(大覺尊)이라 합니다. 부처님으로서 다른 부처님이 없이 본래의 부처님이 되니, 여기에 달리 새로 만들어진 부처님은 없습니다. 그러기에 두루 일체중생을 봄에, 모두 똑같이 등정각(等正覺)을 이루고 있는 것입니다.

---

225) 『禪源諸詮集都序』 하권 미주 (35) 참조 바람.

故로 迷與悟가 各有十重이나 順次를 相翻하면 行相甚顯이라. 此之第一은 對前一二하고 此十은 合前第一이라. 餘八은 皆從後逆次로 翻破前八이니라. 一中에서 悟前第一本覺하여 翻前第二不覺이라. 前에서 以不覺으로 乖於本覺하여 眞妄相違故로 開爲兩重이니라. 今以悟로 卽冥符하고 冥符하여 相順하니 無別始悟故로 合之爲一이니라. 又 若據逆順之次이면 此一은 合翻前十이라. 今以頓悟門中 理須直認本體하여 翻前本迷故로 對前一二니라.[上云 參差 卽是此也니라]

그러므로 미(迷)와 오(悟)에는 각각 십중(十重)이 있어 순차(順次)를 서로 뒤집어보게 되면 행상이 분명합니다. 오십중(悟十重)의 첫 번째는 미십중(迷十重)의 첫 번째와 두 번째를 상대하고, 오십중(悟十重)의 열 번째는 미십중(迷十重)의 첫 번째와 합해지게 됩니다. 나머지 오십중(悟十重) 여덟은 모두 뒤에서 역의 순서로 미십중(迷十重)의 여덟 가지를 뒤집어 타파하는 것입니다.

오십중(悟十重) 첫 번째에서 미십중(迷十重) 첫 번째의 본각을 깨달아 미십중(迷十重) 두 번째의 불각(不覺)을 뒤집게 되는 것입니다. 미십중(迷十重)에서 불각(不覺)이 본각(本覺)에서 어긋나 진(眞)과 망(妄)이 서로 틀어졌기에 미십중(迷十重)과 오십중(悟十重)으로 갈라지게 된 것입니다. 지금 깨달아 본각(本覺)에 은근하게 부합하고, 은근하게 부합하여 서로 수순하게 되니, 따로 시각(始覺)으로서 깨달을 것이 없기에 합해져 하나가 된 것입니다.

또 만약 역순의 차례에 근거하여 말한다면 오십중(悟十重)의 첫 번째는 미십중(迷十重)의 열 번째를 합하여 뒤집는 것입니다. 지금은 돈오문(頓悟門) 가운데의 이치로 모름지기 본체(本體)를 바로 알아, 미십중(迷十重)의 본래 미혹했던 것을 뒤집었기 때문에, 미십중(迷十重)의 첫 번째와 두 번째에 배대하게 되는 것입니다.

　* 위에서 "약간 차이가 난다"라고 말한 것이 곧 이것이다.

二中은 由怖生死之苦로 發三心하여 自度度他故로 對前第十六道生死니라. 三은 修五行하여 翻前第九造業하고 四는 三心開發하여 翻前第八三毒하니라. [悲心으로 翻瞋하고 智心으로 翻癡하며 願心으로 翻貪하니라]

오십중(悟十重)의 두 번째 가운데는 생사의 고통을 두려워하게 됨으로 세 종류의 마음을 발하여 자기를 제도하고 남을 제도하고 있기에 미십중(迷十重)의 열 번째 육도(六道)의 생사에 배대하게 됩니다.

오십중(悟十重)의 세 번째는 다섯 가지 행을 닦아서 미십중의 아홉 번째 업 짓는 것을 뒤집게 되며, 네 번째는 세 종류의 마음을 드러내어 미십중의 여덟 번째 탐진치 삼독을 뒤집게 되는 것입니다.

　　＊ 자비로 화나는 마음을 뒤집고, 지혜로는 어리석음을 뒤집으며, 원력으로 탐욕을 뒤집는다.

五는 證我空하여 翻前第七我執하고 六은 證法空하여 翻前第六法執하며 七은 色自在로 翻前第五境界니라. 八은 心自在로 翻前第四能見하고 九는 離念하여 翻前第三念起라.

다섯 번째는 아공(我空)을 증득하여 미십중의 일곱 번째 아집(我執)을 뒤집게 되고, 여섯 번째는 법공(法空)을 증득하여 미십중의 여섯 번째 법집(法執)을 뒤집게 되며, 일곱 번째는 색자재(色自在)로 미십중의 다섯 번째 경계를 뒤집게 되는 것입니다. 여덟 번째는 심자재(心自在)로 미십중의 네 번째 능견(能見)을 뒤집게 되고, 아홉 번째는 망념을 여의어 미십중의 세 번째 망념이 일어나게 되는 것을 뒤집게 됩니다.

故로 十은 成佛이니 佛無別體하여 但是始覺일뿐 翻前第二不覺하여 合前第一本覺이라. 始本不二로서 唯是眞如顯現하니 名爲法身大覺이라. 故로 與初悟와 無二體也니라. 逆順之次에 參差 正由此矣니라. 一은 卽因該果海하고 十은 卽果徹因源이라. 涅槃經 云에 發心과 畢竟 二는 不別이라하고 華嚴經 云에 初發心時 卽得阿耨菩提라하니 正是此意니라.

그러므로 열 번째는 성불(成佛)하여 부처님이 되니, 이 부처님은 다른 체(體)가 없이 단지 시각(始覺)일 뿐으로서 미십중의 두 번째 불각(不覺)을 뒤집어 미십중의 첫 번째 본각(本覺)에 계합하게 된 것입니다. 시각(始覺)과 본각(本覺)이 둘이 아니었고 오직 진여(眞如)만 현현했을 뿐이니, 이를 이름하여 법신(法身)의 대각(大覺)이라 합니다. 그러므로 처음의 깨달음과 다를 체(體)가 없는 것입니다. 역순의 차례에 조금 차이가 난다고 한 것이 바로 이것으로 말미암은 것입니다.

　오십중의 첫 번째는 곧 인(因)으로서 과(果)의 바다를 싸안고 있고, 열 번째는 곧 과(果)로서 인(因)의 근원을 아우르고 있는 것입니다. 『열반경』에서 "발심(發心)과 필경(畢竟)의 구경각(究竟覺) 이 둘은 다른 것이 아니다"라고 하였고, 『화엄경』에서는 "초발심(初發心) 때 곧 아뇩보리를 얻는다"라고 한 것이 바로 이 뜻입니다.

◉ 앞에서는 미혹의 과정을 전개하였고, 여기서는 깨달음의 과정을 전개하고 있다. 앞은 진(眞)에서 망(妄)으로 가는 순서로서 미세한 번뇌부터 거친 번뇌로 가면서 이야기를 전개하였는데, 여기서는 역으로 망(妄)에서 진(眞)으로 환원하는 과정을 거친 번뇌로부터 미세한 번뇌로 나아가며 이야기를 전개하였다. 미혹과 깨달음의 과정이 각각 열 단계인데 순서를 역으로 대응시켜 보면, 미십중(迷十重)과 오십중(悟十重)이 서로 역대응(逆對應)하게 되니, 역대응하는 이유는 인(因)・과(果)가 서로 둘이 아니기 때문이며, 진(眞)・망(妄)이 서로 아우르고 교철(交徹)하기 때문이다.

㊂ 도표를 만드는 이유

然이나 雖逆順相對해서 前後相照하여 法義昭彰이라도 猶恐文不頓書하여 意不並現하고 首尾相隔하여 不得齊睹니라. 今 畫之爲圖하여 令凡聖本末과 大藏經宗을 一時에 現於心鏡케하리라. 此圖 頭在中間이니 云에 衆生心이란 三字가 是也니라. 從此三字로 讀之 分向兩畔하여 朱畫는 表淨妙之法하고 墨畫는 表垢染之法이니 一一尋 血脈詳之어다. 朱爲此○號는 記淨法十重之次하고 墨爲此●號는 記染法十重之次이니 此號는 是本論之文이고 此點은 是義說論文이니라.

　그러나 비록 역순으로 서로 배대해서 앞의 것과 뒤의 것을 서로 대조하여 법(法)과 의(義)의 뜻이 분명했더라도, 여전히 글을 정리하여 단숨에 쓰지를 못하여 모든 뜻이 나타나지를 못하였고, 처음과 끝의 간격이 있어서 그 내용을 한 눈에 볼 수 없을까 봐 걱정이 되었습니다. 그래서 지금 이 내용을 도표로 만들어서 범부와 성인의 근본과 지말 및 대장경의 종지를 일시에 마음이라는 거울에 나타내도록 하겠습니다.

이 도표가 시작되는 처음은 중간에 있게 되니, '중생심(衆生心)'이라고 말한 세 글자가 이것입니다. 이 '중생심'부터 양쪽으로 읽어 나가면서 붉은 글씨는 청정하고 미묘한 법을 표시하고, 검은 글씨는 오염된 법을 표시하였으니, 하나하나 그 맥락을 찾아 상세히 살펴보시기를 바랍니다. 붉은 색으로 ○번호를 매긴 것은 본법(本法)의 오십중(悟十重) 차례를 기록한 것이고 검은 색으로 ●번호를 매긴 것은 염법(染法)의 미십중(迷十重) 순서를 기록한 것이며, 여기의 번호는 본 논(論)의 글에서 사용한 것이고 여기서 점을 찍어 구분해 놓은 부분은 뜻에 대한 설명을 논해 놓은 글입니다.

◉ 오십중(悟十重)과 미십중(迷十重)을 일목요연하게 볼 수 있게 도표를 만든 이유와 설명을 하고 있다. 도표를 만든 목적은 부처와 중생의 관계를 금방 알 수 있도록 한 것이다. 이 도표의 중심은 중생심(衆生心)이고, 그것을 진(眞)과 망(妄)으로 나누어서 도표를 그려가고 있다. 그러나 본문의 내용이 강원 교재로 쓰이는 책의 도표에서 어떻게 적용되고 있는지가 불투명하다. 따라서 여기는 나름대로 도표를 간단히 정리하고 거기에 번호를 붙여서 번호에 따라 설명해 나가고자 한다.

㈣ 도표

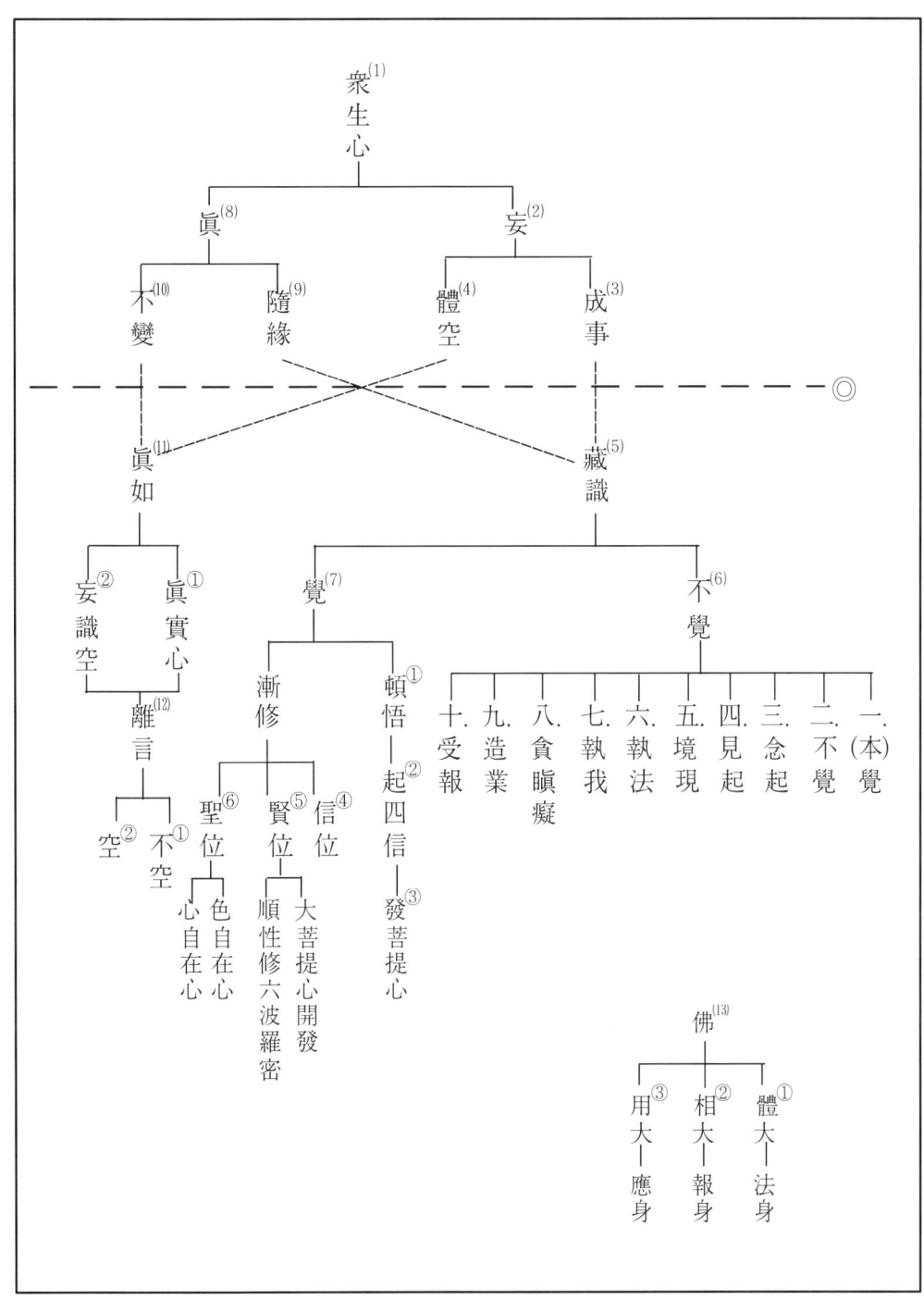

(1) 衆生心

經云에 一實境界者 謂衆生心이며 乃至 心有二種하니 一者는 眞心이요 二者는 妄心이라하며 論에 云하되 所言法者 謂衆生心也라 是心이 總攝一切世出世間法하니 依於此心하여 顯示摩訶衍義니라.

『점찰경(占察經)』에서 "하나의 진실한 경계는 중생심을 말하며, 나아가 이 마음에 두 종류가 있으니 하나는 진심(眞心)이요 또 하나는 망심(妄心)이다"라고 하였고, 『기신론(起信論)』에서는 "법(法)이라 말해지는 것은 중생심(衆生心)이다. 이 마음이 일체 세간과 출세간의 법을 다 거두어들이니, 이 마음을 의지하여 마하연(摩訶衍)의 뜻을 드러낸다"라고 하였다.

(2) 망(妄)

論에 云 以不達一法界故로 忽然念起하니 名爲無明이라. 無明所染 有其染心하며 確然根身 塵境紛然하여 分別緣慮하니 如上寢臥之人이 夢見貧賤 及種種異狀 種種憂喜하고 又如迷上杌木 爲是人身神鬼하니 不同不睡之身과 不迷之木也니라.

논(論)에서 "하나의 법계를 통달하지 못하였기 때문에 홀연 망념(妄念)이 일어나니, 이를 무명(無明)이라 한다"라고 하였다. 무명으로 오염된 바 오염된 마음이 있게 되며, 오염된 마음 때문에 근신(根身)이 분명하고 망상의 경계가 분연하여, 근신이 그 경계를 분별하고 반연(攀緣)하게 된다. 이는 마치 침대에서 자는 사람이 꿈에서 자신의 어려운 처지 및 온갖 모습과 감정을 보는 것과 같고, 또한 나무그루터기에서 사람의 몸이나 귀신을 잘못 보는 것과 같다. 잠들지 않은 몸과 잘못보지 않은 나무와는 같지 않은 것이다.

(3) 성사(成事)

망심(妄心)으로 일체사(一切事)가 이루어진다는 것이다.

(4) 체공(體空)

망심(妄心)의 실체(實體)가 공(空)하다는 것이다.

◎ 此上은 是標位[標此圖中之位也 云衆生心者 是在纏佛性 本論及經皆目爲如來藏] 及義門[眞妄下各有二義是眞如門及梨耶識根本義理]이고 兩畔은 是所標心中의 性[眞如] 相[梨耶] 染[不覺位中諸法] 淨[覺中諸法] 法體也라. 迷時에 無漏淨妙德用이 但隱而不滅故로 眞如本覺은 在有漏識中[一切衆生皆有佛性 是此義也]이며 悟時에 有漏染相이 必無故로 無明識相 妄念業果等은 不在眞如門也니라. 唯淨妙德用이 獨在眞如心中이니 名爲佛이니라.

이 위는 마음자리의 위치와
  *이 도표 가운데서 마음자리의 위치를 표시한 것이다. 중생심(衆生心)이란 재전불성(在纏佛性)을 말하니, 논(論)과 경(經)에서 모두 여래장(如來藏)이라고 지목한 것이다.

의문(義門)을
  *진(眞)과 망(妄)의 밑에서 제각기 있는 두 이치가 진여문(眞如門)과 아리야식(阿梨耶識)의 근본 의리(義理)이다.

표시하였고, 양쪽으로 나누어지는 내용은 표시되는 마음 가운데의 성(性)
  *진여(眞如)

· 상(相)
  *아리야식(阿梨耶識)

· 염(染)
  *불각(不覺)의 위치 가운데 있는 모든 법

· 정(淨)의 법과
  *각(覺) 가운데 있는 모든 법

그 체(體)들이다. 미혹할 때에는 무루(無漏)의 청정하고 오묘한 덕용(德用)이 단지 나타나지 않을 뿐 멸한 것은 아니기에 진여(眞如)의 본각(本覺)은 유루식(有漏識) 가운데 있으며,
  *"일체중생에게 모두 불성(佛性)이 있다"라고 한 말이 이 뜻이다.

깨달을 때에는 유루(有漏)의 오염된 모습이 반드시 없어지기 때문에 무명(無明)의 식상(識相)과 망념(妄念)의 업과(業果) 등은 진여문(眞如門)에 있지 않게 된다. 오직 청정하고 오묘한 덕용(德用)만이 진여심(眞如心) 가운데 있게 되니, 이를 불(佛)이라 한다.

⑸ 장식(藏識)

진심(眞心)의 수연(隨緣)과 망심(妄心)의 성사(成事)로 이루어진 것이다.

⑹ 불각(不覺)

여기서의 불각은 범부가 되는 과정의 미십중(迷十重)을 말한다.

① 覺
證而實無有始覺之異니 以生滅이 本來平等하여 同一覺故라. 斷不了一法界義者 從初發心으로 學斷하여 至如來地하면 究竟離離念地라. 一念에 相應하여 覺心初起하면 心無初相이니 離微細念하여 心得常住니라.

깨달음을 증득(證得)하더라도 진실로 시각(始覺)과 본각(本覺)이 다를 것이 없으니, 생멸이 본래 평등하여 동일한 각(覺)이기 때문이다. 일법계(一法界)의 뜻을 알지 못했던 것을 끊는다는 것은 초발심(初發心)부터 수행하여 망념을 끊어나가면서 여래지(如來地)에 도달하면 마침내 망념을 벗어난 자리도 벗어나는 것이다. 일념(一念)에 상응하여 마음이 처음 일어나는 것을 깨달으면 마음에 최초의 어떤 모습도 없게 되니, 미세한 망념을 벗어나서 마음이 상주하는 것이다.

② 不覺
迷眞也로서 不如實知眞如之法이라.

진(眞)에 미혹한 것으로서 여실(如實)하게 아는 진여(眞如)의 법이 아닌 것이다.

③ 念起
不覺故로 法爾念起니라.

불각(不覺)이기에 으레 망념(妄念)이 일어나는 것이다.

④ 見起
念故로 有能見相이라.

망념(妄念) 때문에 능견(能見)의 모습이 있게 되는 것이다.

⑤ 境現

見故로 根身世界妄現이라.

능견(能見) 때문에 근신(根身)과 세계가 허망하게 나타나는 것이다.

⑥ 執法

不知境從自心起하고 執爲實有니라.

근신과 세계의 경계가 자기 마음에서 일어나는 것임을 알지 못하고 이를 실제 있는 것이라고 집착하는 것이다.

⑦ 執我

執法定故로 見自他殊하여 計自爲我라.

경계로 나타난 법을 결정코 있다고 집착하기 때문에, 주체와 객체의 차이점을 보고 스스로 주체를 '나'로 삼아 생각하는 것이다.

⑧ 貪瞋癡

由執我故로 貪順情境하고 瞋違情境하며 愚癡計較니라.

'나'를 집착함으로 말미암아 탐욕이 정식(情識)의 경계를 따르고, 정식(情識)의 경계에 어긋나면 화를 내며, 이런 어리석음으로 항상 자기를 생각하고 살아가는 것이다.

⑨ 造業

由三毒繫故로 造善惡等業이라.

탐진치(貪瞋癡) 삼독심(三毒心)이 구속함으로 말미암아 선악(善惡) 등의 업(業)을 짓게 되는 것이다.

⑩ 受報

業成難逃라 故로 受六道業繫之苦하나니 已受之身은 非可斷法故로 無對治之位라.

업을 지은 것은 피하기 어렵다. 그러므로 육도(六道)의 업(業)에 매인 고통을 받게 되니, 이미 받은 몸은 끊을 수 있는 법이 아니기에 상대하여 다스릴 것이 없다.

⑺ 각(覺)

여기서의 각(覺)은 깨달아 가는 과정을 말한다.

① 돈오(頓悟)

宿世聞熏으로 今遇善知識開示하여 覺心本淨하며 覺妄本空이라.

전생(前生)에 법을 듣고 익힌 힘으로서 지금 선지식의 가르침을 만나, 마음이 본래 청정하며 망념(妄念)이 본래 공(空)임을 깨닫게 되는 것이다.

② 기사신(起四信)

一은 信根本하여 樂念眞如요 二는 信佛功德하여 常念供養이요 三은 信法利益하여 常念修行이요 四는 信僧正修하여 常念親近이니라.

첫 번째는 근본을 믿어서 진여(眞如)를 즐겁게 생각하는 것이요, 두 번째는 부처님의 공덕을 믿어서 항상 부처님께 공양 올릴 것을 생각하는 것이요, 세 번째는 법의 이익을 믿어서 항상 수행 할 것을 생각하는 것이요, 네 번째는 스님의 바른 수행을 믿어서 항상 가까이하여 모실 것을 생각하는 것이다.

③ 발보리심(發菩提心)

發悲智願하여 誓取菩提라.

비심(悲心)・지심(智心)・원심(願心)을 발하여 보리심(菩提心) 취득할 것을 맹세하는 것이다.

④ 신위(信位)

學修五行하며 覺察妄念이라. 一은 隨分施라. 二는 戒十惡이니 若出家이면 卽習頭陀니라. 三

은 忍他惱니라. 四는 進不怠니라. 五는 止觀住靜이라. 正意로서 止一切境하고 正念唯心으로 觀察世間 無可樂也니라. 覺知前念起惡 能止後念하여 令其不起也이니라.

오행(五行)을 배우고 익히면서 망념(妄念)을 살핀다. 첫 번째 행은 자기의 역량에 따라 재물이나 법을 필요한 중생들에게 보시(布施)하는 행이다. 두 번째 행은 십악(十惡) 등을 삼가고 조심해야 하는 행이니, 만약 출가하였다면 두타행(頭陀行)을 닦아 익혀야 한다. 세 번째 행은 남이 귀찮게 하더라도 잘 참아내는 행이다. 네 번째 행은 항상 노력하며 게으르지 않아야 하는 행이다. 다섯 번째 행은 지관(止觀)의 행으로서 고요한 장소에 머물러야 하는 행이다. 이것은 바른 뜻으로서 일체의 경계를 끊고, 정념(正念)으로 일체경계가 오직 마음뿐이라는 사실을 염두에 두면서 세간에 즐거워할 만한 것이 없음을 관찰하는 행이다. 앞생각이 일어나는 것을 알아 뒷생각을 그칠 수 있어, 망념이 일어나지 않도록 하는 것이다.

⑤ 賢位
 ㅇ 大菩提心開發

即前悲智願三心이 今開發也라 直心은 正念眞如요 深心은 樂習諸善이요 悲心은 欲拔他苦라.

곧 앞의 비심(悲心)·지심(智心)·원심(願心)이 지금 드러나는 것이다. 직심(直心)은 바르게 진여를 생각하는 것이요, 심심(深心)은 모든 선행을 즐겁게 익히는 것이며, 비심(悲心)은 중생의 고통을 뽑아주려는 것이다.

 ㅇ 順性修六波羅密

於眞如理에 深解現前하여 修離相이라. 以知性體 無慳無染하며 離嗔離怠하여 常明故로 隨順修行 施戒忍進禪慧니라.

진여(眞如)의 이치에서 깊은 이해가 현전(現前)하여 상(相)에서 벗어나는 수행을 하는 것이다. 진여성(眞如性)의 체(體)는 인색하거나 오염될 것이 없으며, 성내거나 게으른 것을 벗어나 항상 밝게 비추고 있음을 알기 때문에 육바라밀(六波羅密)을 수순(隨順) 수행하는 것이다.

⑥ 聖位

  o 色自在地

    色自在地는 已證境是自心所現故로 於一切色에 自在融通하여 定慧力用으로 我法雙亡하고 悟法無性故로 常空常幻이며 離我執故로 無自無他니라.

색자재지(色自在地)는 경계가 자기 마음에서 나타난 것임을 이미 증득했기 때문에 일체의 색(色)에서 자재융통(自在融通)하여 정혜(定慧)의 힘으로 아(我)와 법(法)이 사라지고, 법의 무성(無性)을 깨달았기에 항상 공(空)하고 항상 환(幻)이며, 아집을 벗어났기 때문에 자타(自他)가 없는 것이다.

  o 心自在地

    心自在地는 不見外有定實之境故로 於一切에 自在하여 無所不照니라.

심자재지(心自在地)는 바깥에 결정지어진 어떤 경계가 있다고 보지 않기 때문에 일체 모든 경계에 자재하여 어떠한 곳도 비추지 못할 것이 없는 것이다.

⑧ 진(眞)

    論에 云하되 是心이 從本已來로 自性이 淸淨이라. 蕩然空寂하고 了然知覺함이 如福德智慧相 自端嚴富貴之人이 於自宅堂中에 寢臥하고 亦如曠野杌木이라.

『기신론(起信論)』에서 "이 마음이 본래부터 자성이 청정하다"라고 하였다. 이 마음이 확 트여 공적하고 분명하게 아는 것이 마치 복덕과 지혜의 상으로서 단정하고 품위 있는 부귀한 사람이 꿈을 꾸기 전 자신의 집 침대에 누워있는 것과 같고, 또한 귀신으로 보이기 전 들판의 나무그루터기 모습과도 같은 것이다.

⑨ 수연(隨緣)

진여(眞如)의 청정한 마음이 인연따라 그 모습을 드러내는 것을 말한다.

⑩ 불변(不變)

진여(眞如)의 청정한 마음으로써 변하지 않는 것을 말한다.

⑪ 진여(眞如)

여기에서 진여는 진심(眞心)의 불변(不變)[진실심]과 망심(妄心)의 체공(體空)[망식공]을 말한다.

① 진실심(眞實心)

心眞如者 卽是一法界大總相法門體라 所謂 心性의 不生不滅이며 又云하되 所謂 心性 常無念故로 名爲不變이라.

심진여(心眞如)는 곧 일법계(一法界) 대총상(大總相) 법문(法門)의 체(體)이다. 말하자면 심성(心性)의 불생불멸(不生不滅)이며, 또한 심성(心性)에 항상 망념(妄念)이 없기 때문에 불변(不變)이라 말하는 것이다.

② 妄識空

一切諸法은 唯依妄念而有差別이라. 若離妄念이면 則無一切境界之相이니라.

일체 모든 법은 오직 망념에 의지해서 차별이 있게 된다. 그러므로 망념을 벗어나면 일체 경계의 모습이 없다.

⑫ 이언(離言)

是故로 諸法이 從本已來로 離言說相 離名字相 離心緣相 畢竟平等하여 無有變異하고 不可破壞니라. 唯是一心이니 故名眞如니라.

이 때문에 모든 법이 본래부터 언설상(言說相)·명자상(名字相)·심연상(心緣相)을 벗어나서 마침내 평등하여 변해서 달라질 것이 없고 파괴할 수 없는 것이다. 오직 일심(一心)일 따름이니 그러므로 진여(眞如)라고 한다.

① 불공(不空)

以有自體에 其足無漏性功德故라 又云하되 已顯法體空無妄故로 卽是眞心이 常恆不變하며 淨法滿足이니라.

진여 자체에 무루성(無漏性)의 공덕이 갖추어져 있기 때문이다. 또한 "법체(法體)가 공(空)이어서 망념이 없기 때문에 곧 진심(眞心)이 항상 불변(不變)하며 청정하고 오묘한 작용이 가득 차 있다"라고 말하기도 한다.

② 공(空)

從本已來로 一切染法이 不相應故니 謂離一切差別之相이라. 以無虛妄心念故로 妄念分別이 皆不相應也니라.

본래부터 일체 오염된 법이 상응하지 않기 때문이니 말하자면 일체 차별상(差別相)을 벗어났다. 허망한 마음이 없기 때문에 망념과 분별이 모두 상응하지 않는 것이다.

⑬ 佛

① 體大 - 法身

眞如自體相者는 有大智慧光明이 遍照法界하여 眞實識知 常樂我淨等義故로 具足如是 過恒沙不思議佛法滿足하여 無有所少하니 名爲如來法身也이라.

진여 자체의 모습은 대지혜(大智慧)의 광명이 법계를 두루 비추어 진실하게 상(常)·락(樂)·아(我)·정(淨) 등의 뜻을 알고 있기 때문에, 항하(恒河)의 모래알 수보다 더 많은 부사의(不思議)한 불법을 구족(具足)하여 가득해서 조금도 부족할 것이 없으니, 이를 여래(如來)의 법신(法身)이라 한다.

② 相大 - 報身

依諸菩薩하여 從初發意 乃至 十地의 心所見이 名爲報身이니 身有無量色하고 色有無量相하며 相有無量好라. 所住依果도 亦有無量種種莊嚴하여 隨所示現하니 卽無有邊 不可窮盡이라. 皆因無漏行熏 及本覺熏之所成就하여 具足無量樂相故로 名爲報身也니라.

모든 보살들을 의지하여 처음 발심(發心)할 때부터 십지(十地)에 이르기까지 마음에서 보는 바를 보신(報身)이라 하니, 몸에는 무량한 색(色)이 있고 색(色)에는 무량한 상(相)이 있으며 상(相)에는 무량한 상호(相好)가 있다. 머무는 바 의지하는 과(果)도 또한 한량없이 온갖 장엄이 있어서 보살이 시현(示現)하는 바를 따르게 되니, 곧 그 수가 끝이 없어 다 헤아릴 수 있는 것이 아니다. 모두 무루행(無漏行)의 훈습과 본각(本覺)의 훈습이 성취한 바로 인(因)하여 한량없이 즐거운 모습을 구족(具足)하였으므로 이를 보신(報身)이라 한다.

③ 用大 - 應身

> 眞如用者는 諸佛이 本住因地 行六波羅密하여 攝化衆生하되 大方便智로 除滅無明하여 見本法身하니 自然有不思議業用 遍一切處하여 隨其衆生見聞 得益이니라. 依凡夫二乘心하여 所見者는 名爲應身이니 以不知轉識現故로 見從外來하고 取色分齊하매 不能盡知故이니라.

진여(眞如)를 활용한다는 것은 모든 부처님이 본래 인지(因地)에 머물러서 육바라밀(六波羅密)을 행하여 중생을 거두어 교화하되, 대방편지(大方便智)로 무명(無明)을 제거하여 본래의 법신(法身)을 보니 자연 부사의(不思議) 업용(業用)이 일체처에 두루하여 중생들이 보고 듣는 것에 따라서 이익을 얻는다는 것이다. 여기서 범부나 이승의 마음을 의지하여 본 것은 응신(應身)이라 하니, 전식(轉識)이 나타난 것임을 알지 못하기에 바깥에서 온 경계를 보고 그것을 분별하여 취하매 일체를 다 알 수 없기 때문이다.

㊴ 도표로 자기의 위치를 알아서 수행해야

詳究前述하며 諦觀此圖하여 對勘自他 及想賢聖하여 爲同爲異아 爲眞爲妄가 我在何門하고 佛在何位하며 爲當別體아 爲復同源가하면 卽自然不執著於凡夫하고 不僭濫於聖位하며 不耽滯於愛見하여 不推讓於佛心也이니라.

상세히 앞에서 서술한 것을 챙기면서 이 도표를 자세히 보아 자기와 남의 위치가 어디인가를 잘 알아야 할 것이며, 성현(聖賢)이 자기와 같은지 아니면 다른지를, 자기가 진(眞)의 자리에 있는지 아니면 망(妄)의 자리에 있는지를 잘 생각해야 합니다. 나는 어느 곳에 있고 부처님은 어느 위치에 계시며, 나와 부처님의 그 체(體)가 다른 것인가 아니면 그 근원이 같은 것인가를 생각해야 합니다. 그리하면 곧 자연 범부에 집착하지도 않고 성스런 위치에 멋대로 끼어 들지도 않으며, 애견(愛見)에 빠져 탐착하지도 않으면서 부처님의 마음을 쓰게 되는 것을 사양하지 않게 될 것입니다.

然이나 初十重은 是一藏經 所治法身中에[第一重也] 煩惱之病 生起元由[次三重也] 漸漸加增[我法二執] 乃至麤重하여[三毒造業] 慧滅 [受報] 之狀이니라. 後十重은 是法身이 信方服藥하여[前三重汗出] 汗出病差하니[菩提心開發] 將理方法으로[六波羅蜜] 漸漸減退하여[從六至九] 乃至平復 [成佛] 之狀하니라. 如有一人이[在纏法身] 諸根을 具足하여[恆沙功德] 强壯 [常住不變 妄不能染] 多藝라도[恆沙妙用] 忽然得病[無始無明] 漸漸加增하여[其次七重] 乃至氣絶이라.[第十重也] 唯心頭暖이라가[賴耶識中 無漏智種] 忽遇良醫하니[大善知識] 知其命在하고[見凡夫人 卽心是佛] 强灌神藥하여[初聞不信 頻就不捨] 忽然蘇醒 [悟解]하니라.

그러나 미십중(迷十重)은 모든 부처님의 가르침이 다스려야할 법신 가운데에서
　　* 미십중의 첫 번째이다.

번뇌의 병을 생겨나게 하는 근본이
　　* 미십중의 두 번째·세 번째·네 번째이다.

점차 증가하여
　　* 아집(我執)과 법집(法執)이다.

추중(麤重)에 이르러서
* 삼독심(三毒心)으로 업을 짓는 것이다.

지혜가 멸하게 되는 모습입니다.
* 과보를 받는 것이다.

오십중(悟十重)은 병이 든 법신이 처방을 믿고 약을 복용하여
* 오십중의 첫 번째와 두 번째와 세 번째이다.

땀이 나서 병의 차도가 있게 되는 것이니
* 보리심(菩提心)을 열어 드러낸 것이다.

이치가 있는 방법을 가지고
* 육바라밀이다.

점차 병을 물리쳐서
* 오십중의 여섯 번째부터 아홉 번째까지이다.

평상시의 모습으로 회복하는 것입니다.
* 부처님이 되는 것이다.

이는 마치 어떤 사람이
* 번뇌 속에 있는 법신(法身)이다.

모든 근(根)을 구족하여
* 많은 공덕이다.

건강하고
* 법신이 상주불변하여 허망한 식(識)이 오염시킬 수 없는 것이다.

재능이 많은데도
* 많은 공덕의 미묘한 작용이다.

갑자기 병을 얻어
* 무시무명(無始無明)을 말한다.

점차 병이 엄중해지다
* 미십중에서 무시무명의 뒤로부터 일곱 가지를 비유한다.

기절(氣絶)해 있는 것과 같습니다.
* 미십중의 열 번째이다.

이 사람이 오직 심장(心臟)만 따뜻하게 살아 있다가
　　* 아뢰야식 가운데의 무루(無漏) 지혜의 종자를 비유한다.

홀연 훌륭한 의사를 만나게 되니,
　　* 훌륭한 선지식을 비유한다.

의사는 그의 목숨이 살아 있음을 알고
　　* 범부를 보니 그의 마음이 곧 부처님이었다.

강제로 신약(神藥)을 먹이게 되어
　　* 처음 법을 듣고 믿지 않더라도, 자주 관심을 가져 그들을 저버리지 않는다는 뜻이다.

그는 홀연히 소생하게 됩니다.
　　* 법을 깨달아 아는 것을 비유한다.

初未能言이니[初悟之人이 未能說法이니 答他問難에 皆悉未得이라] 乃至漸語하고[能說法也] 漸能行履하여[十地十波羅蜜] 直至平復하면[成佛] 所解伎藝를 無所不爲니라.[神通光明 一切種智] 以法으로 一一對合하면 何有疑事而不除也이리요. 卽知이니 一切衆生이 不能神變作用者는 但以業識惑病所拘라 非法身不具妙德이니라. 今愚者 難云에 汝旣頓悟면 卽佛인데 何不放光者요하니 何殊令病未平復之人으로 便作身上本藝리요. 然이나 世醫處方에 必先候脈하니 若不對病狀輕重이면 何辨方書是非며 若不約痊愈淺深이면 何論將理法則이리요. 法醫도 亦爾니라.

그가 병에서 소생하게 될 때 처음에는 말을 할 수 없었으나
　　* 처음 깨달은 사람이 아직 법을 설할 수는 없으니, 다른 사람의 힐난하는 질문에 모두 다 답변할 수 없다는 것을 비유한다.

점차 말을 하게 되고
　　* 법을 설할 수 있는 것을 비유한다.

점차 몸을 움직이게 되면서
　　* 보살 십지(十地)와 십바라밀(十波羅蜜)을 비유한다.

평상시의 몸으로 바로 회복되었다면

* 성불(成佛)함을 비유한다.

알고 있는 온갖 재능을 어떤 곳에서도 펼치지 못할 게 없었던 것입니다.

* 신통광명과 일체종지를 비유한다.

법으로서 여기에 하나하나 배대하여 보면 어찌 의심이 있었던 일을 제거하지 않을 수 있겠습니까. 이것으로 곧 일체중생이 신통변화의 작용을 할 수 없었던 것은 단지 업식(業識)의 미혹한 병에 구속되어 있었을 뿐, 법신의 미묘한 덕을 갖추고 있지 않았던 것은 아니었다는 사실을 알게 될 것입니다.

지금 어리석은 사람들이 힐난하여 말하기를 "네가 이미 돈오(頓悟)하였다면 곧 부처님인데, 어찌하여 방광(放光)을 하지 않는가"라고 하니, 이것이 어찌 병들어 몸이 회복되지 않은 사람으로 하여금 몸에 지닌 본래의 재능을 펼치라고 하는 것과 다르지 않겠습니까.

그러나 세상 의사의 처방에는 반드시 먼저 맥부터 진단하게 되니, 만약 병 상태의 중하고 경함을 알지 못하고 있다면 어찌 처방을 써야 할지 말아야 할지를 분별할 수 있겠으며, 병이 치유되는 상태를 잡아내지 못하고 있다면 어찌 사리에 맞게 병을 치유할 수 있는 법칙을 논할 수가 있겠습니까. 부처님의 법으로 중생의 마음을 치유하는 법의(法醫) 또한 그런 것입니다.

◉ 도표를 보고 자기의 마음을 살펴 부처님의 지위와 비교하고 반성 자각하여 수행해야 한다는 내용이다. 도표 미십중(迷十重)의 첫 번째는 본각(本覺)을 설명하고, 두·세·네 번째는 번뇌가 일어나는 이유를 설명하며, 다섯 번째 이후는 아집(我執)·법집(法執)·삼독(三毒)이 일어나게 되어 지혜가 멸하는 과정을 밝히고 있다. 오십중(悟十重)은 먼저 법신(法身)의 본각(本覺)을 믿고, 그 믿음 위에서 번뇌를 멸하고자 육바라밀을 수행하여 성불하는 과정이다. 중생은 법신이 번뇌에 덮여져 있기 때문에 미혹의 세계에 있게 되지만, 무루지(無漏智)의 발현에 의해 성불이 가능하다는 것이다. 마치 병이 중하더라도 심장이 약간 뛰고 있다면 훌륭한 의사에 의하여 치료될 수 있다는 것이다. 의사가 먼저 병자의 맥을 살피고, 병의 경중에 따라 치료 처방을 달리하듯, 중생의 병을 고치는 법의(法醫) 또한 그렇다는 것이다.

㈥ 도(道)를 닦는 마음가짐

故로 今具述迷悟各十重之本末하니 將前經論으로 統三種之淺深하여 相對照之하면 如指其掌하리라. 勸諸學者하니 善自安心하라. 行卽任隨寄一門하되 解卽須通達無礙니라. 又 不得慮其偏局하다 便莽蕩 無所指歸하라. 洞鑒源流하여 令分菽麥하고 必使同中에 見異하고 異處에 而同하라. 鏡像千差에 莫執好醜하며 鏡明一相에 莫忌靑黃하라. 千器가 一金으로 雖無阻隔이라도 一珠의 千影은 元不混和니라. 建志運心하되 等虛空界하고 防非察念하되 在毫釐間하라. 見色聞聲하되 自思하라 如影響否아. 動身擧意에 自料하라 爲佛法否아. 美饍糲飡에 自想하라 無嫌愛否아. 炎涼凍暖에 自看하라 免避就否아. 乃至 利衰毁譽 稱譏苦樂에 一一審自反照하라 實得情意一種否아.

  그러므로 지금 미십중(迷十重)과 오십중(悟十重)의 근본과 지말을 갖추어서 서술하게 되니, 앞에서 언급한 경론(經論)을 가지고 세 종류의 깊이가 다른 가르침을 통괄하여 서로 대조하여 보면 마치 손가락으로 손바닥을 가리키듯 모든 것이 확연해질 것입니다. 모든 공부하는 이들에게 권하노니, 스스로 마음을 편하게 가지셔야 합니다.

  행(行)은 방편으로서 자기의 역량에 맞는 수행에 맡기되, 앎은 곧 모든 것에 통달하여 걸림이 없어야 합니다. 또 한 곳에 치우쳐서 공부하다 많은 가르침을 보고는 놀라서 당황하지 말아야 합니다. 근원의 흐름을 통찰하여 분명한 차이점을 알고 반드시 같은 것 가운데의 차이점을 보고, 차이점이 있는 곳에서 같은 내용을 보아야 합니다.

  거울에 비친 천차만별의 영상에서 예쁘고 추한 것을 구별하여 집착하지 말아야 하며, 밝은 하나의 거울에서 파랗거나 노랗게 나타나는 모습을 꺼리지도 말아야 합니다. 천 개의 그릇이 하나의 금으로 만들어져 비록 본질상 차이가 없더라도, 하나의 구슬에 비친 천 개의 모습은 원래 섞이지 않는 법입니다. 뜻을 세워 마음을 쓰되 허공계(虛空界)와 같이 하고, 잘못을 차단하여 생각을 살피되 한 순간도 놓치지 말아야 합니다. 색을 보고 소리를 듣되 스스로 "그림자와 메아리 같지 않은가"를 생각해야 합니다.

  몸을 움직이고 뜻을 일으키되 "내가 불법을 위한 것인가"를 스스로 헤아려 보아야 합니다. 맛있거나 꺼칠한 음식에 대하여 "내가 음식을 좋아하고 싫어하는 분별이 없는가"를 스스로 챙겨보아야 합니다. 춥거나 따뜻한 것에 대하여 "내 몸에 좋은 것만 챙기고 나쁜 것은 피하려는 마음이 있는가"를 살펴보아야 합니다. 나아가 이익과 손해·모욕과 명예·

칭찬과 비방·고통과 즐거움에 대하여 하나하나 살펴서 "진실로 중생의 생각이 하나의 마음이 될 수 있는가"를 스스로 반조해 보아야 합니다.

必若自料하여 未得如此하면 卽色未似影이고 聲未似響也니 設實頓悟라도 終須漸修니라. 莫如貧窮人이 終日數他寶라도 自無半錢分이라. 六祖大師 云에 佛說一切法은 爲度一切心이라 我無一切心이니 何須 一切法이요하니 今時人이 但將此語로 輕於聽學하며 都不自觀實無心否아. 若無心者라면 八風이 不能動也니라. 設習氣未盡하여 嗔念이 任運起時라도 無打罵讎他心이며 貪念이 任運起時에도 無營求令得心이며 見他榮盛時에도 無嫉妬求勝心이며 一切時中 於自己에게 無憂饑凍心하고 無恐人輕賤心이라. 乃至 種種 此等에 亦得名爲無一切心也이니 此名修道니라. 若得對違順等境하여 都無貪嗔愛惡이면 此名得道이니 各各反照하여 有病이면 卽治하되 無病不藥이니라.

반드시 스스로 헤아려서 이와 같은 경계를 얻지 못했다면 곧 색은 그림자와 같지 않고 소리는 메아리와 같지 않을 것이니, 설사 진실로 돈오(頓悟)했다 하더라도 끝내는 점수(漸修)해야 할 것입니다. 마치 가난한 사람이 종일토록 남의 보배를 헤아려도, 자기의 돈은 반푼도 없는 것처럼 하지 말아야 합니다.

육조(六祖) 대사가 "부처님께서 일체법을 설한 것은 일체의 마음을 제도하기 위한 것이었다. 그런데 나에게는 일체의 마음이 없으니 어찌 일체법을 설하려 하겠는가"라고 말씀하시게 되니, 요즈음 사람들이 단지 이 말의 표면만을 받아들여서 듣고 배우기를 가볍게 여기며, "나는 진실로 무심(無心)한가"를 조금도 스스로 관찰하지를 않습니다. 만약 무심(無心)이라면 팔풍(八風)이[226] 마음을 흔들 수 없습니다. 설사 습기가 다하지 못하여 성내는 생각이 삶의 흐름 속에 일어나는 때라도, 남을 때리고 욕하면서 원수같이 여기는 마음이 없습니다. 탐내는 생각이 삶의 흐름 속에 일어나는 때라도, 이 마음으로써 무엇을 얻으려고 하는 마음이 없습니다. 다른 사람이 영화롭게 살아가는 것을 볼 때에도 그를 질투하여 이기려는 마음이 없습니다. 일체의 생활 속에서 자기가 굶주리거나 얼어죽을 것에 대하여 걱정하는 마음이 없고, 다른 사람들이 자기를 경멸하고 천대하더라도 그를 두

---

226) 八風은 利·衰·毁·譽·稱·譏·苦·樂을 말한다.

려워하는 마음이 없습니다. 이와 같은 온갖 마음들 또한 '일체가 사라진 마음이다'라고 할 수 있으니, 이를 이름하여 수도(修道)라고 합니다.

만약 어긋나거나 수순하는 등의 경계에서 조금도 '탐내거나 성내고 사랑하거나 미워한다는 마음'이 없게 된다면 이를 이름하여 득도(得道)라고 합니다. 이것으로 각각 반조(返照)하여 병이 있다면 곧 치료하되, 어떠한 병에도 약이 되지 않는 것이 없습니다.

問이라. 貪嗔等이 卽空하여 便名無一切心인데 何必對治리요. 答이라. 若爾라면 汝今忽遭重病痛苦에 痛苦卽空이라면 便名無病인데 何必藥治리요. 須知이니 貪嗔이 空이라도 而能發業하고 業亦空이나 而能招苦하며 苦亦空이나 只麽難忍이라. 故로 前圖中에 云하되 體空成事니라.[如杌木上鬼는 全空으로 只麽驚人이니 得奔走倒地하여 頭破額裂이라]

問 : 탐내고 성내는 것들이 공(空)하여 '일체의 마음이 없다'라고 했는데, 어찌 반드시 이를 상대하여 다스려야만 하는 것입니까.

答 : 만약 그렇게 말씀하신다면 당신이 지금 홀연 중병이 나서 고통을 당함에, 고통이 공(空)이라면 '병이 없다'라고 해야 할 것인데, 어찌 약으로 치료를 하셔야만 합니까. 탐내거나 화를 내는 것이 공(空)이라 하더라도 업(業)을 발현시킬 수 있고, 업(業)이 또한 공(空)이라 하더라도 고통을 초래할 수 있으며, 고통이 또한 공(空)이라 하더라도 고통은 이렇게 참기 어렵다는 사실을 알아야 합니다. 그러므로 앞의 도표에서 이를 "체(體)는 공(空)이나 사(事)를 이루게 된다"라고 말하는 것입니다.

* 나무 그루터기 위의 귀신이 완전히 공(空)하다 하더라도 귀신이 되어 사람을 놀라게 하니, 놀란 사람이 분주하게 도망치다 땅에 꺼꾸러져 머리와 이마가 다치고 찢어지는 것과 같다.

若以業卽空이나 空이 只麽造業이라면 卽須知地獄燒煮痛楚도 亦空이나 空이 只麽楚痛이라. 若云 亦任楚痛者라면 卽現今에 設有人이 以火燒刀斫이라도 汝何得不任이요. 今觀學道者하니 聞一句違情語해도 猶不能任인데 豈肯任燒斫乎이리요.[如此者가 十中有九也라]

만약 업이 공(空)이나 공(空)인 것으로써 이렇게 업을 짓게 되었다면, 곧 지옥의 태워지고 삶아지는 고통 또한 공(空)이나 이 공(空)인 것이 이렇게 고통을 초래하게 된다는 사실을 모름지기 알아야 할 것입니다. 만약 "또한 일체를 고통스런 아픔에 맡겨둔다"라고 말씀하신다면 지금 곧 이 자리에서, 설사 어떤 사람이 당신을 불로 태우고 칼로 베어낸다 하더라도, 당신은 그 고통을 어찌 그대로 놓아두지를 못하는 것입니까. 지금 도(道)를 배운다고 하는 사람들을 보니, 자기 생각에 어긋나는 말 한 마디만 들어도 오히려 참지를 못하는데, 어찌 불로 태워지고 칼에 베어지는 고통을 그대로 참을 수 있겠습니까.

* 이와 같은 사람들이 십중팔구(十中八九)이다.

불교에 대한 바른 이해와 그것을 바탕으로 도(道)를 닦아야 한다는 것이다. 불법의 근본은 하나라고 해도 수행은 자기한테 맞는 방법을 찾아야 하는 것이다. 마치 거울에 비춰진 모습이 천차만별이더라도 거울은 평등하게 모든 것을 비추고, 금으로 만든 천 개의 그릇이 재료가 동일하더라도 하나하나의 모습이 다른 형태를 지니고 있는 것과 같다.

종밀은 수도하는 마음가짐을 드러내어 이 마음을 바르게 사용하면 미혹의 세계로부터 벗어날 수 있다고 한다. 설사 돈오(頓悟)했다 하더라도 다시 점수(漸修)하여 혜능이 말하는 무심(無心)을 체득해야 하는 것이 수도(修道)의 목적이기 때문이다. 또한 번뇌가 공이라고 말한 것을 그대로 인정하여 번뇌를 퇴치할 필요가 없다는 설에〔홍주종(洪州宗)에 해당한다〕대해서, 도 닦는 사람들이 가져야 할 마음의 엄격한 자세를 설파하고 있다.

Ⅲ. 결론

① 선원제전집(禪源諸詮集)을 편집하는 이유

問이라. 上來所敍한 三種敎三宗禪과 十所以十別異와 輪廻及修證의 又各十重이 理無不窮하고 事無不備이니 硏尋玩味하면 足可修心인데 何必更讀藏經하고 及諸禪偈리요.

問 : 위에서 서술한 교종(敎宗)의 삼교(三敎)와 선종(禪宗)의 삼종(三宗), 이 책을 쓰게 된 열 가지 이유, 공종(空宗)과 성종(性宗)의 열 가지 차이점, 윤회의 미십중(迷十重)과 깨달음을 닦아나가는 수증(修證)의 오십중(悟十重)들이 이(理)와 사(事)를 다 갖추고 있지 않은 것이 없습니다. 이를 연구하여 그 뜻을 충분히 알게 되면 족히 마음을 닦을 수 있는 것인데, 어찌 반드시 대장경(大藏經)과 모든 선종의 게송을 다시 읽어야만 합니까.

答이라. 衆生의 惑病이 各各不同하여 數等塵沙이니 何唯八萬이리요. 諸聖方便에 有無量門이며 一心性相에 有無量義이니 上來所述은 但是提綱이라. 雖統之라도 不出所陳이나 而用之에 千變萬勢니라. 況先哲後俊은 各有所長하고 古聖今賢은 各有所利이니 故로 集諸家之善記니라. 其宗徒에 有不安者라도 亦不改易이라. 但遺闕意義者는 注而圓之하고 文字繁重者는 注而辨之하며 仍於每一家之首에 注評大意하니라. 提綱은 意在張網이라 不可去網存網이며[華嚴에 云하되 張大敎網은 漉人天魚하여 置涅槃岸이라] 擧領은 意在著衣라 不可棄衣取領이라.

答 : 중생의 미혹한 병이 제각기 달라서 그 수를 헤아리면 한량이 없으니, 그 숫자가 어찌 팔만(八萬)의 숫자에만 그치겠습니까. 그러므로 모든 성인의 방편에는 무량한 문(門)이 있게 되고 일심(一心)의 성상(性相)에는 무량한 이치가 있게 되니, 위에서 서술했던

것들은 단지 이들의 큰 요점이 될 뿐입니다. 비록 이들을 통합하더라도 위에서 쓰여진 내용을 벗어나지 않게 되나, 이를 풀어서 사용하게 되면 천변만화(千變萬化)의 힘이 있게 되는 것입니다.

더욱이 뛰어났던 옛날 사람들은 제각기의 장점이 있었고, 고금(古今)의 성현(聖賢)은 제각기 중생들에게 이익되는 바가 있었기에, 그러므로 그들 모든 종파의 훌륭한 기록들을 모으게 되었던 것입니다. 이런 과정에서 이런 종파를 따르는 종도(宗徒)들의 불안한 마음이 있을지라도, 또한 그 내용을 고치거나 바꾸지는 않았습니다.

단지 뜻의 흐름에 문제가 있었던 것은 풀이를 하여 원만하게 하였고, 문장이 번거롭고 무거워 보였던 것은 주석을 달아서 요점을 잘 분별하였으며, 매번 이야기하고자 하는 종파의 첫머리에는 주(注)를 달아 그 대의를 평가해 두었습니다.

그물의 버티는 밧줄을 잡아채는 의도가 그물을 펼치고자 하는 데에 있게 되니 그물을 버리고 밧줄만 있을 수 없는 것이며,

* 화엄경에서는 "큰 가르침의 그물을 펼친 것은 인천(人天)의 고기를 걸러 열반의 언덕에 두려 하는 것이다"라고 하였다.

옷깃을 드는 의도가 옷을 입는 데에 있게 되니 옷을 버리고 옷깃만 취할 수는 없는 것입니다.

若但集而不敍하면 如無綱之網이고 若但敍而不集하면 如無網之綱이라. 思之悉之하면 不煩設難이니라. 然이나 剋己獨善之輩라면 不必遍尋이라. 若欲爲人之師이면 直須備通本末하라. 好學之士가 披閱之時에 必須一一詳之하여 是何宗何教之義라하여 用之不錯이면 皆成妙藥이나 用之差互이면 皆成返惡니라.

만약 단지 그들의 내용만을 모으고 그 요점을 서술하지 않는다면 밧줄이 없는 그물과도 같고, 요점만 서술하고 그 내용들을 모으지 않는다면 그물이 없는 밧줄과도 같습니다. 이를 잘 생각하고 모든 뜻을 헤아리게 되면 번거롭게 힐난할 일이 아닙니다. 그러나 공부를 성취하고도 홀로 즐기려는 무리라면 반드시 모든 내용을 두루 찾아서 볼 것은 아닙니다. 만약 깨달아서 다른 사람의 스승이 되고자 한다면 바로 모든 법의 근본과 지말을 갖추어서 통해야 할 것입니다. 배움을 좋아하는 사람들이 이 내용을 펼쳐 볼 때에는 반드시 하

나하나 "무슨 종(宗)이고, 무슨 교(敎)의 뜻인가"를 자세히 알아서 이를 사용하되, 착오가 없게 되면 모든 것이 묘약(妙藥)이 되나 착오가 있게 되면 모든 것이 병통이 될 것입니다.

◉ 여기서부터 도서의 결론 부분이다. 지금까지 선(禪)과 교(敎)의 큰 줄거리만을 이야기해 왔으나, 여기서는 선원제전집(禪源諸詮集)을 편집하는 이유를 말하고 있다. 요점만으로는 중생의 다양한 욕구에 응할 수 없기에, 지금 새롭게 선(禪)의 모든 종파에서 주장하는 종지(宗旨)에 관한 내용을 써서 기록하겠다는 것이다. 그러면서 보기에 문제가 있는 것은 적절히 주를 달아 그 내용을 보충하고, 각 종파의 첫머리는 그 종파의 대의를 써두겠다고 한다. 불법을 공부하는 이들은 이것에 의지하여 모든 종파의 종지를 철저하게 분석하고 그 근본과 지말을 알아서 모든 방편이 묘약(妙藥)이 되기를 바라는 것이다.

三 심종(心宗)은 삼학(三學)에 통한다

然이나 結集次第를 不易排倫이라. 據入道方便이면 卽合先開本心하여 次通理事하고 次讚法勝妙하며 呵世過患으로 次勸誡修習하여 後示以對治方便漸次門戶니라. 欲令依此編之하려다가 乃覺하니 師資昭穆顚倒로 交不穩便이라. 且如六代之後 多述一眞이면 達磨大師 卻敎四行이라 不可孫爲部首하고 祖爲末篇이라. 數日之中 思惟此事하다 欲將達磨宗旨之外로 爲首하니 又以彼諸家所敎之禪과 所述之理가 非代代可師通方之常道니라.

그러나 결집(結集) 차례를 쉽게 배열할 수 있었던 것은 아닙니다. 도(道)에 들어가는 방편에 근거하게 되면 곧 본심(本心)을 먼저 가르치고 다음에 이(理)와 사(事)를 통하여 법의 수승 미묘함을 찬탄하게 되며, 세상의 허물과 근심을 꾸짖고 수행할 것을 권하여서 맨 뒤에 대치방편(對治方便)의 점차문호(漸次門戶)를 보여주어야 했던 것입니다. 이 방법에 의지하여 편집하려다가 스승과 제자의 순서가 뒤틀리고 섞이어서 '마음이 편하지 않다'라는 사실을 깨닫게 되었습니다.

만일 육조(六祖) 이후의 종파들 대부분이 일진(一眞)을 서술하였다면 달마 대사는 오히려 사행(四行)을 가르친 격이었으니, 후손을 앞에 두고 조상을 뒤에 둘 수는 없었던 것입니다. 여러 날 이 문제로 고민하다가 달마 종지(宗旨) 이외의 것으로서 처음을 시작하려 하였으나, 또한 모든 종파에서 가르쳤던 선(禪)과 서술했던 이치들이 대대로 스승 삼아 어디에나 통할 수 있었던 영원한 도(道)가 아니었습니다.

或因以彼修錬으로 功至證得하여 卽以之示人하며 [求那 慧稠 臥輪之類] 或因聽讀聖敎로 生解하여 卽以之攝衆하며 [慧聞禪師之類] 或降其跡而適性하여 一時間에 警策群迷하며 [志公 傳大師 王梵志之類] 或高其節而守法하여 一國中에 軌範僧侶하며 [廬山遠公之類] 其所製作으로 或詠歌至道하며 或嗟歎迷凡하며 或但釋義하며 或唯勵行하며 或籠羅諸敎해서 竟不指南하며 或偏讚一門하여 事不通衆하니라. 雖皆禪門影響 佛法笙簧이라도 若始終 依之하여 爲釋迦法이면 卽未可也니라. [天台之敎 廣大하여 雖備有始終이나 又不在此集之內니라]

혹 그들이 수련했던 것으로서 그 공(功)이 증득한 곳에 이르렀던 것을 다른 사람에게 보여주는 것이었으며,

* 구나(求那)와 혜조(慧稠)와 와륜(臥輪) 같은 사람의 부류이다.

혹은 성스런 가르침을 듣고 읽어서 알음알이를 내어 이것으로 대중을 섭수하는 것이었으며,

* 혜문(慧聞) 같은 사람의 부류이다.

혹은 정식(情識)의 자취를 항복받아 참 성품에 나아가서 일시에 미혹한 중생들을 경책하던 것이었으며,

* 지공(志公)과 부대사(傅大師)와 왕범지(王梵志) 같은 사람의 부류이다.

혹은 절도(節度) 있게 계율을 지켜서 나라 가운데의 모범 승려가 되는 것이었으며,

* 여산(廬山)의 혜원(慧遠) 같은 사람의 부류이다.

또한 그들이 만든 작품으로 혹 지극한 도를 노래 부르기도 하며, 혹 미혹한 범부를 애달파하기도 하며, 혹 뜻만을 해석하기도 하며, 혹 수행만을 힘쓰기도 하며, 혹 모든 가르침을 모으기만 해서 끝내 공부의 방향이 잡히지 않기도 하며, 혹 하나의 방편만을 지나치게 찬탄하여 수행하는 모습들이 모든 대중에게 통하지 않는 것들이었습니다. 비록 이 모든 것이 선문(禪門)의 그림자나 메아리가 되고 불법(佛法)의 중요한 위치를 차지한다 할지라도, 시종일관 이를 의지하여 부처님의 법을 삼게 된다면 이는 옳지 못한 일이었습니다.

* 천태(天台)의 가르침이 많아 비록 처음부터 끝의 내용을 다 갖추고 있다 하더라도, 또한 선원제전집(禪源諸詮集)에서 모아 놓은 내용에는 들어가지 못한다.

以心傳嗣는 唯達磨宗이라 心是法源이니 何法不備리요. 所修禪行이 似局一門이나 所傳心宗은 實通三學이라. 況覆尋其始하면 〔始者는 迦葉阿難也라〕 親稟釋迦로 代代相承하여 一一面授三十七世하고 〔有云에 西國已有二十八祖者는 六祖傳序中 卽具分析이라〕 至於吾師니라. 〔緬思컨대 何幸得爲釋迦三十八代嫡孫也라〕 故로 今所集之次者는 先錄達磨一宗하고 次編諸家雜述하며 後寫印宗聖敎니라. 聖敎居後者는 如世上官司文案에 曹判爲先하고 尊官判後也라. 〔唯寫文剋的者 十餘卷也니라〕

마음으로서 제자에게 법을 전했던 것은 오직 달마종(達磨宗)뿐이었고, 마음은 법의 근

원이니 이 마음에 어떤 법이 갖추어져 있지를 않겠습니까. 닦아야 하는 선행(禪行)이 하나의 방편에 국한되는 듯하나, 전해졌던 심종(心宗)은 진실로 삼학(三學)에 통하는 것입니다. 하물며 뒤집어서 부처님의 법이 시작된 곳을 찾아보게 되면

* 법의 전수는 가섭(迦葉)과 아난(阿難)부터 시작된다.

친히 석가모니 부처님께 법을 받아서 대대로 이어지고, 서로 얼굴을 맞대어 삼십칠세(三十七世)까지 전해지게 되었으며

* 어떤 사람이 "서국(西國)에서 이미 이십팔조(二十八祖)가 있었다"라고 말한 것은, 밑의 육조전(六祖傳) 서문 가운데서 자세히 분석하였다.

우리 스승에게까지 전해졌던 것입니다.

* 가만히 생각해보건대 석가모니의 삼십팔대 적손(嫡孫)이 될 수 있다는 것이 얼마나 다행한 일인가.

그러므로 지금 『선원제전집(禪源諸詮集)』의 결집하는 차례는 먼저 달마의 일종(一宗)을 기록하게 되었고, 다음 모든 종파의 잡다한 내용을 편집하게 되었으며, 뒤에 가서는 종지를 증명하는 성인(聖人)의 가르침을 옮겨 놓았던 것입니다. 성인의 가르침을 뒤에 두게된 이유는, 마치 세상의 관공서 공문에 직급이 낮은 관리가 먼저 일을 정리하고 나서 직급이 높은 관리가 뒤에 이 일의 옳고 그름을 판단하는 것과 같은 것입니다.

* 오직 핵심만 찌르는 내용을 적어 옮겨 놓은 것이 10여권이다.

就當宗之中에 以尊卑昭穆으로 展轉倫序하여 而爲次第하니 其中에 頓漸이 相間하고 理行이 相參하여 遞相解縛이니 自然心無所住니라. 〔淨名이 云 貪著禪味는 是菩薩縛이나 以方便生은 是菩薩解라하며227) 又 瑜伽에 說하되 悲增智增은 互相解縛也이라〕

달마종(達磨宗)에서 스승과 제자의 순서로서 차례를 삼으니, 그 가운데 돈(頓)과 점(漸)이 섞이고 이(理)와 행(行)이 어울려 서로간의 매듭을 풀어주게 되니 자연 마음이 한 곳에 집착하여 머물 것이 없었습니다.

* 정명(淨名)은 "선정의 삼매를 탐하여 집착하는 것은 보살의 번뇌이나, 방편으로 그 마음을 내는 것은 보살의 해탈이다"라고 하였으며, 또 『유가론(瑜伽論)』에서 "지혜와 자비를 증장시키는 것은 서로 간의 번뇌를 해탈시킨다"라고 설하였다.

---

227) 『禪源諸詮集都序』 하권 미주 (37) 참조 바람.

悟修之道 既備하여 解行이 於是에 圓通하고 次傍覽諸家하여 以廣聞見然後에 捧讀聖教하여 以印始終하면 豈不因此 正法久住리요. 在余之志는 雖無所求라도 然이나 護法之心은 神理라도 不應屈我이며 繼襲之功으로 先祖가 不應捨我하고 法施之恩으로 後學은 不應辜我리라. 如不辜不屈不捨라면 即願共諸同緣으로 速會諸佛會也이니라.

 깨달아 닦아나갈 도(道)가 이미 갖추어져 해(解)와 행(行)이 여기에 원만하게 통하고, 다음에는 모든 종파의 주장을 두루 살피어 견문(見聞)을 넓힌 연후 부처님의 가르침을 받들어 처음과 끝의 모든 내용이 옳았음을 확실하게 증명할 수 있게 되면, 어찌 이것으로 정법(正法)이 세상에 오래 머물지를 않겠습니까.
 나의 뜻에 비록 구하는 바가 없더라도, 그러나 호법(護法)하는 마음은 신의 이치라도 나를 굴복시킬 수 없을 것이며, 불법을 계승한 공덕으로 선조(先祖)들은 나를 버리지 않을 것이며, 법을 베푼 은덕으로 후학들이 나를 허물치 않게 될 것입니다. 만약 나를 허물치 않고 굴복시키지 않으며 버리지를 않게 된다면, 모두 같은 법의 인연으로 모든 부처님의 회상에서 함께 빨리 만나 뵈옵기를 간절하게 바라는 것입니다.

⊙ 도서의 결론에 해당하는 부분으로 『선원제전집』을 편집하는 방법과, 편집할 때 종밀이 결정 내리는 과정에서의 여러 가지 생각을 서술하고 있다. 『선원제전집』을 편집하며 모든 종파의 주장을 나열하면서 여러 가지 곤란한 점이 있었다. 먼저 일심(一心)을 밝히고 뒤에 수도하는 방법을 서술하는 것이 원칙이라 생각했지만, 그리하면 달마의 사행(四行)보다 육조(六祖) 이후의 진심(眞心)이 먼저 설해지게 되어 스승과 제자의 순서가 바뀌어져 마음이 편하지 못했다고 한다. 또 달마 계통 이외의 구나(求那)·혜조(慧稠)·와륜(臥輪)·혜문(慧文)·보지(寶誌)·부대사(傅大士)·왕범지(王梵志)·혜원(慧遠)·지의(智顗) 등이 훌륭한 선사임에 틀림없지만, 그들의 가르침도 대대로 스승 삼을만한 영원한 도(道)는 아니었다고 주저하게 된다. 마음에서 마음으로 법을 전한 것은 달마종 뿐이었고, 이 법은 석가모니 부처님에서 시작되어 가섭을 거쳐 하택까지 전해지게 되었으니, 종밀은 이 법의 전수자로서 제38대가 되는 것이다.

【尾註】

선원제전집도서(禪源諸詮集都序) 상권

(1) 『孟子』公孫丑章句 上
(2) 『旬子集解』勸學篇 (漢文大系 一七)
(3) 『詩經集傳』第卷一八 蕩之什 (金信浩 中和堂 八八○)
　　於乎小子 未知臧否. 匪手攜之 言示之事. 匪面命之 言提其耳. 借曰未知 亦旣抱子. 民之靡盈 誰夙知而莫成.
(4) 『論語』卷第三 八佾
　　或問禘之說 子曰不知也. 知其說者 之於天下也. 其如示諸斯乎 指其掌
(5) 『大般涅槃經』卷第五(大正藏 卷第一二 三九○中)
　　爾時 迦葉菩薩白佛言 世尊 如佛所說 諸佛世尊有秘密藏 是義不然 何以故 諸佛世尊唯有密語無有密藏 ……… 善男子 如汝所言 如來實無秘密之藏 何以故 如秋滿月處空顯露淸淨無翳人皆覩見 如來之言亦復如是 開發顯露淸靜無翳 愚人不解謂之秘藏 智者了達則不名藏
(6) 『詩經』小雅篇 蓼莪章에 나오는 孝子詩
(7) 『楞伽阿跋多羅寶經』卷第四(大正藏 卷第一六 五一○中)
　　佛告大慧 如來之藏是善不善因 能遍興造一切趣生 譬如伎兒變現諸趣 離我我所 不覺彼故 三緣和合方便而生 外道不覺計著作者 爲無始虛僞惡習所薰名爲識藏 生無明住地與七識俱 如海浪身常生不斷離無常過 離於我論 自性無垢畢竟淸淨 其諸餘識有生有滅 意意識等念念有七 因不實妄想 取諸境界種種形處計著名相 不覺自心所現色相 不覺苦樂 不至解脫 名相諸纏 貪生生貪 若因若攀緣 彼諸受根滅次第不生 除自心妄想不知苦樂 入滅受想正受第四禪 善眞諦解脫 修行者 作解脫想 不離不轉名如來藏識藏
(8) 『梵網經盧舍那佛說菩薩心地戒品』第一○卷下(大正藏 卷第二四 一○○四中)
　　佛告諸菩薩言 我今半月半月 自誦諸佛法戒 汝等一切發心菩薩亦誦 乃至十發趣十長養十金剛十地諸菩薩亦誦 是故戒光從口出 有緣非無因故 光光非靑黃赤白黑 非色非心非有非無非因果法 是諸佛之本源 菩薩之根本 是大衆諸佛子之根本 是故大衆諸佛子應受持應讀誦善學
(9) 『維摩詰所說經』卷中(大正藏 卷第一四 五四五中)
　　如佛所說 若自有縛 能解彼縛無有是處 若自無縛能解彼縛 斯有是處 是故菩薩不應起縛 何謂縛 何謂解 貪著禪味 是菩薩縛 以方便生是菩薩解
(10) 『景德傳燈錄』卷第五(大正藏 卷第五一 二四三上)
　　又有法空禪師者 問曰 佛之與道俱是假名 十二分敎亦應不實 何以從前尊宿皆言修道 師曰 大德錯會經意 道本無修大德彊修 道本無作大德彊作 道本無事彊生多事 道本無知於中彊知 如此見解與道

相違 從前尊宿不應如是 自是大德不會 請思之 師又有偈曰

道體本無修/不修自合道/若起修道心/此人不會道/棄却一眞性/却入鬧浩浩/忽逢修道人/第一莫向道

(11) 『景德傳燈錄』卷第三(大正藏 卷第五一 二二一下)

有沙彌道信 年始十四 來禮師曰 願和尙慈悲乞與解脫法門 師曰誰縛汝 曰無人縛 師曰何更求解脫乎 信於言下大人悟

(12) 『圓覺經大疎鈔』卷三之下 (卍續藏經 卷第一四 五五一下 ~ 五五二下)

疏 鞠多之後律敎別行者 從提多迦已下 乃至師子比丘二十三代 但傳心地禪門及大乘輕論 其小乘律藏 但是曇無德等 五部分宗各各異執 遍散諸國土 展轉支分 不可具敍其大乘經論及禪宗心地者 卽鞠多咐囑提多迦 當其第五……罽賓已來唯傳心地者 舍那婆斯第二十四 罽賓卽師子比丘遇難之處也 罽賓往旣毁塔壞寺殺害衆僧 事不異於坑儒 勢必焚於經論 由是師子比丘 但密以心法潛敎 婆斯或隱山林閑僻私語 或變儀式混跡竊言 但示心宗不傳文字

(13) 『維摩詰所說經』卷上(大正藏 卷第一四 五三九下)

爾時 長者維摩詰自念 寢疾于床 世尊大慈寧不垂愍 佛知其意 卽告舍利弗 汝行詣維摩詰問疾 舍利弗白佛言 世尊我不堪任詣彼問疾 所以者何 憶念我昔曾於林中宴坐樹下 時維摩詰來謂我言 唯舍利弗 不必是坐爲宴坐也 夫宴坐者 不於三界現身意 是爲宴坐 不起滅定而現諸威儀是宴坐 不捨道法而現凡夫事是爲宴坐 心不住內亦不在外是爲宴坐 於諸見不動而修行三十七品是爲宴坐 不斷煩惱而入涅槃是爲宴坐 若能如是坐者 佛所印可 時我世尊聞說是語 默然而止不能加報 故我不任詣彼問疾

(14) 『無量義經』(大正藏 卷第九 三八五下)

次復諦觀 一切諸法 念念不住新新生滅 復觀卽時生住異滅如是觀已 而入衆生諸根性欲 性欲無量故說法無量 說法無量義亦無量 無量義者從一法生 其一法者 卽無相也 如是無相. 無相不相 不相無相 名爲實相

(15) 『大乘起信論』(大正藏 卷第三二 五七五下)

摩訶衍者 總說有二種 云何爲二 一者法 二者義 所言法者 謂衆生心 是心則攝一切世間法出世間法 依於此心顯示摩訶衍義 何以故 是心眞如相 卽示摩訶衍體故 是心生滅因緣相 能示摩訶衍者體相用故

(16) 『大乘起信論』立義分 (大正藏 卷第三二 五七五下)

依於此心顯示摩訶衍義 何以故 是心眞如相卽示摩訶衍體故 是心生滅因緣相 能示摩訶衍自體相用故

(17) 『入楞伽經』卷第一 (大正藏 卷第一六 五一九上)

寂滅者 名爲一心 一心者 名爲如來藏

(18) 『勝鬘師子吼一乘大方便方廣經』(大正藏 卷第一二 二二一下)

若於無量煩惱障所纏如來藏不疑惑者 於出無量煩惱障法身亦無疑惑 於說如來藏 如來法身不思議佛境界及方便說 心得決定者 此則信解說二聖諦....世尊 過於恒沙不離不脫不異不思議佛法成就說如來法身 世尊 如是如來法身不離煩惱障名如來藏

(19) 『大乘密嚴經』卷下 (大正藏 卷第一六 七七六上)
佛說如來藏/以爲阿賴耶/惡慧佛能知/藏卽賴耶識

(20) 『小品般若波羅蜜經』卷第一 (大正藏 卷第八 五四〇下)
諸天子言 大德須菩提 亦說涅槃如幻如夢耶 須菩提言諸天子說 復有法過於涅槃 我亦說如幻如夢 諸天子 幻夢涅槃無二無別

(21) 『維摩詰所說經』 (大正藏 卷第一四 五三九下) 미주(13) 참고

(22) 『楞伽師資記』 (大正藏 卷第八五 一二八九中)

(23) 『究竟一乘寶性論』卷第三 (大正藏 卷第三一 八三〇下)
又復略說有二種法 依此二法 如來法身有淨波羅蜜應知何等爲二 一者本來自性清淨 以因相故 二者離垢清淨 以勝相故

(24) 『勝鬘師子吼一乘大方便方廣經』 (大正藏 卷第一二 二二二下)
勝鬘夫人說是難解之法問於佛時 佛卽隨喜 如是如是 自性清淨心而有染汚難可了知 有二法難可了知 謂自性清淨心難可了知 彼心爲煩惱所染亦難了知

(25) 『大方廣佛華嚴經』卷第五一 (大正藏 卷第一〇 二七二下~二七三上)
復次佛子 如來智慧 無處不至 何以故 無一眾生 而不具有如來智慧 但以妄想顛倒執着 而不證得 若離妄想 一切智 自然智 無礙智 則得現前 佛子 譬如有大經卷 量等三千大千世界 書寫三千大千世界中事 一切皆盡 ……… 此大經卷 雖復量等大千世界 而全住在一微塵中 如一微塵 一切微塵 皆亦如是 時有一人 智慧名達 具足成就清淨天眼 見此經卷 在微塵內 於諸眾生 無少利益 卽作是念 我當以精進力 破彼微塵 出此經卷 令得饒益一切眾生 作是念已 卽起方便 破彼微塵 出此大經 令諸眾生 普得饒益 如於一塵 一切微塵 應知悉然 佛子 如來智慧 亦復如是 無量無礙 普能利益一切眾生 具足在於眾生身中 但諸凡愚 妄想執着 不知不覺 不得利益 爾時 如來 以無障礙 清淨智眼 普觀法界一切眾生 而作是言 奇哉奇哉 此諸眾生 云何具有如來智慧 愚癡迷惑 不知不見 我當敎以聖道 令其永離妄想執着 自於身中 得見如來廣大智慧 與佛無異 卽敎彼眾生 修習聖道 令離妄想 離妄想已 卽得如來無量智慧 利益安樂一切眾生

(26) 『大乘起信論』 (大正藏 卷第三二 五七九上)
復次眞如自體相者....所謂自體有大智慧光明義故 遍照法界義故 眞實識知義故 自性清淨心義故....乃至滿足無有所少義故 名爲如來藏亦名如來法身

(27) 『大方廣佛華嚴經』卷第一四 (大正藏 卷第一〇 六九上)
爾時 諸菩薩 謂文殊師利菩薩言 佛子 我等所解 各自說已 唯願仁者 以妙辯才 演暢如來 所有境界 何等 是佛境界 何等 是佛境界因 何等 是佛境界度 何等 是佛境界入 何等是佛境界智 何等 是佛境

界法 何等 是佛境界說 何等 是佛境界知 何等 佛境界證 何等 是佛境界現 何等 是佛境界廣 時 文殊師利菩薩 以頌答日

如來深境界 / 其量等虛空 / 一切眾生入 / 而實無所入 / 如來深境界 / 所有勝妙因 / 億劫常宣說 / 亦復不能盡 / 隨其心智慧 / 誘進咸令益 / 如是度眾生 / 諸佛之境界 / 世間諸國土 / 一切皆隨入 / 智身無有色 / 非彼所能見 / 諸佛智自在 / 三世無所礙

(28)『大佛頂如來密因修證了義諸菩薩萬行首楞嚴經』卷第五（大正藏 卷第一九 一二四下）

阿難雖聞如是法音 心猶未明 稽首白佛言 云何令我生死輪迴 安樂妙常 同是六根 更非他物 佛告阿難 根塵同源 縛脫無二 識性虛妄 猶如空華 阿難 由塵發知 因根有相 相見無性 同於交蘆 是故 汝今知見立知 即無明本 知見無見 斯即涅槃 無漏真淨 云何是中更容他物 爾時 世尊欲重宣此義 而說偈言

真性有爲空 / 緣生故如幻 / 無爲無起滅 / 不實如空華 / 言妄顯諸真 / 妄真同二妄 / 猶非真非真 / 云何見所見 / 中間無實性 / 是故若交蘆 / 結解同所因 / 聖凡無二路 / 汝觀交中性 / 空有二俱非 / 迷晦即無明 / 發明便解脫 / 解結因次第 / 六解一亦亡 / 根選擇圓通 / 入流成正覺 / 陀那微細識 / 習氣成暴流 / 真非真恐迷 / 我常不開演 / 自心取自心 / 非幻成幻法

(29)『大乘起信論』（大正藏 卷第三二 五七七中）

五者名爲相續識 以念相應不斷故 住持過去無量世等善惡之業令不失故 復能成熟現在未來苦樂等報無差違故 能令現在已經之事 忽然而念 未來之事 不覺妄慮 是故三界虛僞 唯心所作 離心則無六塵境界 此義云何 以一切法 皆從心起 妄念而生 一切分別 即分別自心 心不見心 無相可得 當知世間一切境界 皆依眾生無明妄心而得住持 是故一切法 如鏡中像 無體可得 唯心虛妄 以心生則種種法生 心滅則種種法滅故

(30)『華嚴經行願品疏鈔』卷第二（卍續藏經 卷第七 八五八下）

七祖云 疑心即差 正證之時無別能證 能證既無即是本心 所證無得亦唯本心 故能所本絕

(31)『究竟一乘寶性論』卷第四（大正藏 卷第三一 八四一中）

又清淨者 略有二種 何等爲二 一者自性清淨 二者離垢清淨 自性清淨者 謂性解脫無所捨離 以彼自性清淨心體不捨一切客塵煩惱 以彼本來不相應故

(32)『大方廣佛華嚴經』卷第一四（大正藏 卷第一〇 六九上）

非識所能識 / 亦非心境界 / 其性本清淨 / 開示諸群生

(33)『妙法蓮華經』卷第一（大正藏 卷第七 九上）

舍利佛 云何名諸佛世尊唯以一大事因緣故出現於世 諸佛世尊 欲令眾生開佛知見使得清淨故出現於世 欲示眾生佛之知見故出現於世 欲令眾生悟佛知見故出現於世 欲令眾生入佛知見道故出現於世

(34)『寶藏論』（大正藏 卷第四五 一四四上）

未學道者 習無餘 不學道者 習有餘 無餘道近 有餘道疎 知有有壞 知無無敗 真知之知 有無不計

(35) 『大乘起信論』(大正藏 卷第三二. 五八二上)

若修止者 住於靜處 端坐正意 不依氣息 不依形色 不依於空 不依地水火風 乃至不依見聞覺知 一切諸想 隨念皆除 亦遣除想 以一切法本來無相 念念不生 念念不滅 亦不得隨心外念境界 後以心除心 心若馳散 卽當攝來住於正念 是正念者 當知唯心 無外境界

(36) 『金剛三昧經』(大正藏 卷第九 三六八上)

心王菩薩言 禪能攝動 定諸幻亂 云何不禪 佛言 菩薩 禪卽是動 不動不禪 是無生禪 禪性無生 離生禪相 禪性無住 離住禪動 若知禪性 無有動靜 卽得無生 無生般若 亦不依住 心亦不動 以是智故 故得無生般若波羅蜜

(37) 『法句經疏』(大正藏 卷第八五 一四三五上)

若學諸三昧 / 是動非坐禪 / 心隨境界流 / 云何名爲定

(38) 『維摩詰所說經』(大正藏 一四 三五上) 미주 (13) 참고

(39) 『大方廣佛華嚴經』卷第一七 (大正藏 卷第一〇 八九上)

初發心時卽得阿耨多羅三藐三菩提 知一切法卽心自性 成就慧身不由他悟

(40) 『大乘起信論』(大正藏 卷第三二. 五七七中) 미주 (29) 참고

(41) 『入楞伽經』卷第一 (大正藏 卷第一六 五一九上) 미주 (17) 참고

선원제전집도서(禪源諸詮集都序) 하권

(1) 『無量義經』(大正藏 卷第九 三八五下) 卷上 미주 (14) 참고
(2) 『大方廣佛華嚴經』卷第一八 (大正藏 卷第一○ 二○二下 ~ 二○三上)
　此菩薩 常隨四無礙智轉 無暫捨離 何等 爲四 所謂法無礙智 義無礙智 辭無礙智 樂說無礙智 此菩薩 以法無礙智 知諸法自相 義無礙智 知諸法別相 辭無礙智 無錯謬說 樂說無礙智 無斷盡說 復次 以法無礙智 知諸法自性 義無礙智 知諸法生滅 辭無礙智 安立一切法不斷說 樂說無礙智 隨所安立 不可壞無邊說 ……… 復次法無礙智 知諸法一相不壞 義無礙智 知蘊界處諦緣起善巧 辭無礙智 以一切世間易解了解美妙音聲文字說 樂說無礙智 以轉勝無邊法明說 復次法無礙智 知一乘平等性 義無礙智 知諸乘差別性 辭無礙智 說一切乘無差別 樂說無礙智 說一一乘無邊法
(3) 『勝鬘獅子吼一乘大方便方廣經』(大正藏 卷第九 一二 二二二中)
　世尊 如來藏者 是法界藏 法身藏 出世間上上藏 此(自)性淸淨如來藏 而客塵煩惱所染 不思議如來境界 何以故 刹那善心非煩惱所染 刹那不善心亦非煩惱所染 煩惱不觸心 心不觸煩惱 云何不觸法 而能得染心 世尊 然有煩惱有煩惱染心 自性淸淨心而有染者 難可了知 唯佛世尊 實眼實智 爲法根本 爲通達法 爲正法依 如實知見
(4) 『大乘起信論』(大正藏 卷第三二 五七六上)
　心眞如者 卽是一法界大總相法門體 所謂心性不生不滅 一切諸法唯依妄念而有差別 若離妄念 則無一切境界之相 是故一切法從本已來離言說相 離名字相 離心緣相 畢竟平等 無有變異 不可破壞 唯是一心 故名眞如 以一切言說 假名無實 但隨妄念 不可得故
(5) 『楞伽經』卷第一 (大正藏 卷第一六 四八一下)
(6) 『大方廣佛華嚴經』卷第三○ (大正藏 卷第一○ 一六二下)
　譬如眞如照明爲體 善根迴向亦復如是 以普照明以爲其性
(7) 『大乘起信論』(大正藏 卷第三二 五七九上)
　復次眞如自體相者 一切凡夫聲聞緣覺菩薩諸佛 無有增減 非前際生 非後際滅 畢竟常恒 從本已來 性自滿足一切功德 所謂自體有大智慧光明義故 遍照法界義故 眞實識知義故 自性淸淨心義故 常樂我淨義故 淸凉不變自在義故 具足如是過於恒沙不離不斷不異不思議佛法 乃至滿足無有所少義故 名爲如來藏 亦名如來法身
(8) 『大般涅槃經』卷第二 (大正藏 卷第一二 六一七上~中)
　我今當說勝三修法 苦者計樂樂者計苦 是顚倒法 無常計常常計無常 是顚倒法 無我計我我計無我 是顚倒法 不淨計淨淨界不淨 是顚倒法 有如是等四顚倒法 是人不知正修諸法 …………以顚倒故世間知字而不知義 何等爲義 無我者卽生死 我者卽如來 無常者聲聞緣覺 常者如來法身 苦者一切外道 樂者卽是涅槃 不淨者卽有爲法 淨者諸佛菩薩所有正法 是名不顚倒 以不顚倒故知字知義 若欲遠離四顚倒者 應知如是常樂我淨

尾註 199

(9) 『金剛般若波羅密經』(大正藏 卷第八 七五二上)

若以色見我 / 以音聲求我 / 是人行邪道 / 不能見如來

(10) 『中論』卷第四 (大正藏 卷第三〇 二九下)

問曰 一切世中尊 唯有如來正遍知 號爲法王 一切智人是則應有 答曰 今諦思惟 若有應取 若無何所取 何以故 如來非陰不離陰 / 此彼不相在 / 如來不有陰 / 何處有如來

(11) 『金剛般若波羅密經』(大正藏 卷第八 七五四中)

世尊 我今得聞如是法門信解受持 不足爲難 若當來世其有衆生得聞是法門信解受持 是人則爲第一希有 何以故 此人無我相人相衆生相壽者相 何以故 我相卽是非相 人相衆生相壽者相卽是非相 何以故 離一切諸相則名爲佛

(12) 『大方廣圓覺修多羅了義經』(大正藏 卷第一七 九一八上 ~ 九一九上)

(13) 『大乘起信論』(大正藏 卷第三二 五七六下)

復次本覺隨染分別 生二種相 與彼本覺不相捨離 云何爲二 一者智淨相 二者不思義業相 智淨相者 謂依法力熏習 如實修行 滿足方便故 破和合識相 滅相續心相 顯現法身 智淳淨故 此義云何 以一切心識之相 皆是無明 無明之相 不離覺性 非可壞 非不可壞 如大海水 因風波動 水相風相不相捨離 而水非動性 若風止滅 動相卽滅 濕性不壞故如是衆生自性淸淨心 因無明風動 心與無明俱無形相 不相捨離 而心非動性 若無明滅 相續卽滅 智性不壞故 不思議業相者 以依智淨 能作一切勝妙境界 所謂無量功德之相 常無斷絶 隨衆生根 自然相應 種種而現 得利益故

(14) 『十玄門』華嚴一乘敎義分齊章 (五敎章) 卷四 (大正藏 卷四五 五〇五上 ~ 五〇七下)

華嚴一乘十玄門 杜順說 智儼 撰 (大正藏 卷第四五 五一四 ~ 五一九)

(15) 王之渙 (唐代 詩人 六八八 ~ 七四二)의 「登觀鵲樓」에 나오는 詩句

白日依山盡 / 黃河入海流 / 欲窮千里目 / 更上一重樓

(16) 『景德傳燈錄』卷第二八 (大正藏 卷第五一 四三九中 ~ 下)

心非生滅性絶推遷 自淨則境慮不生 無作乃攀緣自息 吾於昔日轉不退輪 今得定慧雙修如拳如手 見無念體不逐物生

(17) 『金剛三昧經』(大正藏 卷第九 三六七上)

善男子 修空法者 不依三界 不住戒相 淸淨無念 無攝無放 性等金剛 不壞三寶 空心不動 具六波羅蜜

(18) 『妙法蓮華經』卷第六(大正藏 卷第九 四七下)

爾時 佛告常精進菩薩摩訶薩 若善男子善女人 受持得法華經 若讀若誦若解若說若書寫 是人當得八百眼功德 千二百耳功德 八百鼻功德 千二百舌功德 八百身功德 千二百意功德 以是功德莊嚴 六根皆令淸淨 是善男子善女人 父母所生淸淨肉眼 見於三千大天世界 內外所有山林河海下至阿鼻地獄上至有頂 亦見其中一切衆生及業因緣果報生處 悉見悉知

(19) 『楞伽經』卷第一(大正藏 卷第一六 四八五下 ~ 四八六上)

(20) 『妙法蓮華經』(大正藏 卷第九 七上 ~ 中) 卷上 미주 (33) 참고
(21) 『大方廣佛華嚴經』卷第一 (大正藏 卷第一○ 一中 ~ 下)
　　如是我聞 一時 佛在摩竭提國阿蘭若法菩提場中 始成正覺 其地 堅固 金剛所成 上妙寶輪 及衆寶華 清淨摩尼 以爲嚴飾 諸色相海 無邊顯現 摩尼爲幢 常放光明 恒出妙音 衆寶羅網 妙香華纓 周帀垂布 摩尼寶王 變現自在 雨無盡寶 及衆妙華 分散於地 寶樹 行列 枝葉光茂 佛神力故 令此道場一切莊嚴 於中影現 其菩提樹 高顯殊特
(22) 『大方廣佛華嚴經』(大正藏 卷第一○ 二七二下) 卷上 미주 (25) 참고
(23) 『大方等如來藏經』(大正藏 卷第一六 四五七中~下)
　　如是善男子 我以佛眼觀一切衆生 貪欲恚癡諸煩惱中 有如來子 一切衆生 雖在諸趣煩惱身中 有如來藏常無染污德相備足如我無異
(24) 『大方廣佛華嚴經』卷上 미주 (25) 참고
(25) 『大方廣佛華嚴經』卷第二 (大正藏 卷第一○ 五中)
　　爾時 如來道場衆海 悉已雲集 無邊品類 周帀徧滿 形色部從 各各差別 隨所來方 親近世尊 一心瞻仰 此諸衆會 已離一切煩惱心垢 及其餘習 摧重障山 見不無礙 如是 皆以毘盧遮那如來 往昔之時 於劫海中 修菩薩行 以四攝事 而曾攝受
(26) 『大方廣佛華嚴經』卷第五一 (大正藏 卷第一○ 二七二中)
　　佛子 如來智慧大藥王樹 唯於二處 不能爲作生長利益 所謂二乘 墮於無爲廣大深坑 及壞善根非器衆生 溺大邪見貪愛之水 然亦於彼 曾無厭捨
(27) 『妙法蓮華經』譬喩品 第二 (大正藏 卷第九 一二下)
(28) 『大乘起信論』(大正藏 卷第三二 五八五上)
　　心生滅門者 謂依如來藏有生滅心轉 不生滅 與生滅和合 非一非異 名阿黎耶識 此識有二種義 謂能攝一切法能生一切法
(29) 『大乘起信論』(大正藏 卷第三二 五七六中)
　　所言覺義者 謂心體離念 離念相者 等虛空界 無所不徧 法界一相 卽是如來平等法身 依此法身說名本覺 何以故 本覺義者 對始覺義說 以始覺者 卽同本覺 始覺義者 依本覺故而有不覺依不覺故說有始覺
(30) 『大乘起信論』(大正藏 卷第三二 五七七上)
　　復次依不覺故生三種相 與彼不覺相應不離 云何爲三 一者無明業相 以依不覺故心動 說名爲業 覺卽不動 動卽有苦 果不離因故 二者能見相 以依動故能見不動卽無見 三者境界相 以依能見故境界妄現 離見卽無境界
(31) 『大乘起信論』(大正藏 卷第三二 五七八中)
　　云何熏習起淨法不斷 所謂以有眞如法故 能熏習無明 以熏習力故 卽令妄心厭生死苦 樂求涅槃 以此妄心有厭求因緣故 卽熏習眞如 自信己性 知心妄動 無前境界

(32) 『大乘起信論』(大正藏 卷第三二 五八一下)

略說信心有四種 云何爲四 一者信根本 所謂樂念眞如法故 二者信佛有無量功德 常念親近供養恭敬 發起善根 願求一切智故 三者信法有大利益 常念修行諸波羅蜜故 四者信僧能正修行自利利他 常樂親近諸菩薩衆 求學如實行故

(33) 『大乘起信論』(大正藏 卷第三二 五八一下)

修行有五門 能成此信 云何爲五 一者施門 二者戒門 三者忍門 四者進門 五者止觀門

(34) 『大乘起信論』(大正藏 卷第三二 五八〇下)

復次信成就發心者 發何等心 略說有三種 云何爲三 一者直心 正念眞如法故 二者深心 樂集一切諸善行故 三者大悲心 欲撥一切衆生苦故

(35) 『大乘起信論』(大正藏 卷第三二 五七六中)

如菩薩地盡 滿足方便 一念相應覺心初起 心無初相 以遠離微細念故 得見心性 心卽常住 名究竟覺

(36) 『維摩詰所說經』(大正藏 卷第一四 五四五中) 卷上 미주 (9) 참고

찾아보기

(ㄱ)

가섭(迦葉) 41, 191
가제(假諦) 125
각(覺) 154, 172
각수(覺首) 97
간심법(看心法) 85
강서(江西) 10
강서마조(江西馬祖) 44
건율타야(乾栗陀耶) 60
견실심(堅實心) 60, 62, 115
경론(經論) 29, 42
경률(經律) 45
경사(經師) 43
경산(徑山) 70
계빈국(罽賓國) 42
계정혜(戒定慧) 31
고락(苦樂) 71
고제(苦諦) 78
공(空) 10, 45, 176
공교(空教) 15
공능(功能) 120
공업(共業) 76
공적주의(空寂主義) 70
공제(空諦) 125
공종(空宗) 10, 12, 91, 111, 113, 114, 122
공행(功行) 73
과랑선십(果閬宣什) 44, 68
관조반야(觀照般若) 131
관행(觀行) 132
광백론(廣百論) 87

교(教) 17
교가(教家) 29
교진여(憍陣如) 146
구경각(究竟覺) 162
구경도(究竟道) 64
구경일승(究竟一乘) 147
구경해탈(究竟解脫) 99
구나(求那) 190
구나발타라(求那跋陀羅) 45, 68
구시나가라 15
구시나성(拘尸那城) 147
구정(垢淨) 56
규봉 대사 11
근기(根機) 31
근신(根身) 79
근신종자(根身種子) 59
금강경(金剛經) 43
금강삼매경(金剛三昧經) 104, 137
기계(器界) 79
기사신(起四信) 172
기세계(器世界) 59
기신론(起信論) 57, 100, 104, 107, 115, 159, 174
기연(機緣) 102, 128

(ㄴ)

남신지선(南侁智詵) 44, 68
남악혜사(南岳慧思) 27
남종 66

남종(南宗) 90
남천축 42
낭랑소소(朗朗昭昭) 118
노사나(盧舍那) 144
녹야원(鹿野園) 146
논사(論師) 43
능가경(楞伽經) 29, 43, 61, 107, 138
능견(能見) 87, 155, 164
능변식(能變識) 87
능엄경(楞嚴經) 98

(ㄷ)

단혹멸고교(斷惑滅苦教) 75
달마 27
달마다라선경(達磨多羅禪境) 85
달마선(達磨禪) 26, 101
달마선경(達磨禪經) 84
달마종(達磨宗) 140, 190
대각존(大覺尊) 162
대방편지(大方便智) 177
대보리심(大菩提心) 160
大菩提心開發 173
대소승(大小乘) 49
대승(大乘) 13, 39, 146
대승기신론(大乘起信論) 98
대승법(大乘法) 14
대승선(大乘禪) 26
대승시교(大乘始教) 82
대장경(大藏經) 39

대지도론(大智度論) 113, 120
대총상(大總相) 175
대총지(大總持) 137
대품반야경(大品般若經) 125
도(道) 15, 72
도신(道信) 84
돈(頓) 41, 62
돈교(頓敎) 30, 131
돈문(頓門) 30, 91, 131
돈설(頓說) 140
돈수(頓修) 63
돈수점오(頓修漸悟) 135
돈오(頓悟) 26, 62, 99, 172
돈오돈수(頓悟頓修) 17, 137
돈오문(頓悟門) 163
돈오선(頓悟禪) 85
돈오성불(頓悟成佛) 54
돈오점수(頓悟漸修) 136
돈오주의(頓悟主義) 66
돈점(頓漸) 49
돈종(頓宗) 10, 30
두타행(頭陀行) 173
등정각(等正覺) 162

(ㅁ)

마갈제국(摩竭提國) 142
마명(馬鳴) 10, 42, 57, 96, 101
마사제파(摩訶提婆) 42
마하반야(摩訶般若) 36
마하연(摩訶衍) 57, 168
만행(萬行) 25, 73
망(妄) 10, 12, 23
망념(妄念) 173
망식(妄識) 153
망식공(妄識空) 175
망심(妄心) 168
맹자 11

멸제(滅諦) 78
명(名) 120
명교(名敎) 36
명자상(名字相) 175
모상지유(摸象之諭) 65
묘엄품(妙嚴品) 144
묘유(妙有) 89
무기(無記) 60
무념(無念) 73, 162
무량의경(無量義經) 56, 113
무루(無漏) 86
무루성(無漏性) 176
무루지(無漏智) 26, 181
무루지혜(無漏智慧) 25
무루행(無漏行) 177
무상(無常) 117
무색계 선정 26
무색계(無色界) 26, 75
무생(無生) 36
무생법인(無生法忍) 91
무생선(無生禪) 105
무심(無心) 183
무아(無我) 78, 117
무애지(無碍智) 94
무자성(無自性) 124
무장애법계(無障碍法界) 134
무착(無着) 90
미망(迷妄) 70
미십중(迷十重) 17, 154, 178
민절무기종(泯絶無寄宗) 67, 69, 88
밀계(密契) 15
밀엄경(密嚴經) 61, 100
밀의(密意) 74, 86
밀의의성설상교(密意依性說相敎) 67, 74, 146
밀의파상현성교(密意破相顯性敎) 67, 86, 147

(ㅂ)

바라내국(波羅奈國) 146
반야바라밀(般若波羅蜜) 147
반야부(般若部) 87
반야삼론학(般若三論學) 92
반연 36
반열반(般涅槃) 142
반주삼매(般舟三昧) 25
발보리심(發菩提心) 172
발타파라삼장(跋陀波羅三藏) 84
방편반야(方便般若) 131
백론(百論) 87
백천삼매(百千三昧) 27
번뇌(煩惱) 63
번뇌보리(煩惱菩提) 56
번뇌장(煩惱障) 81
범망경(梵網經) 23
범부선(凡夫禪) 26
범성(凡聖) 56
법거래(法去來) 36
법계론(法界論) 100
법공(法空) 26, 81, 161, 164
법구경(法句經) 105
법무애(法無碍) 113
법상교(法相敎) 131
법상종(法相宗) 103
법성(法性) 23, 160
법성신(法性身) 81
법신(法身) 176
법의(法義) 34
법집(法執) 155, 164
법화경(法華經) 15, 99, 137
법화회상(法華會上) 144
벽관(壁觀) 83, 85, 102
변계소집성(遍計所執性) 112, 125
별업(別業) 76

보당무주(保唐無住) 44, 68
보리도량 143
보리심(菩提心) 179
보살문명품(菩薩問明品) 96, 116
보살본업경(菩薩本業經) 125
보성론(寶性論) 92, 100
보시(布施) 75, 173
보신(報身) 176
보장론(寶藏論) 99
본각(本覺) 65, 126, 154, 158, 163, 169, 177
본각진성(本覺眞性) 21
본법(本法) 166
부대사(傅大師) 190
북종 66
북종(北宗) 66, 90, 98
북종선(北宗禪) 85
북종신수(北宗神秀) 44, 68
불각(不覺) 152, 154, 163, 170
불공(不空) 175
불과(佛果) 132
불도(佛道) 132
불립문자(不立文字) 43
불변(不變) 55, 153, 174
불성(佛性) 21, 93
불성론(佛性論) 100
불심(佛心) 50
불안(佛眼) 95
불언량(佛言量) 40, 50
불정경(佛頂經) 132
불지(佛智) 95
불지견(佛智見) 99
불지견(佛知見) 141
불타야사(佛陀耶舍) 84
비량(比量) 40, 50
비장(秘藏) 15, 16

(ㅅ)

사(事) 40
사대(四大) 159
사무량심(四無量心) 106
사무애변(四無碍辯) 106
사생육도(四生六道) 106
사선팔정(四禪八定) 27, 52, 105
사섭법(四攝法) 81, 144
사유수(思惟修) 21, 22
사자빈신삼매(師子頻伸三昧) 144, 148
사자상승(師資相承) 17
사자존자(師子尊子) 42
사제(四諦) 87, 146
사제교(四諦敎) 77
삼계육도(三界六道) 74
삼관(三觀) 10, 125
삼교(三敎) 39, 48, 67
삼독(三毒) 36, 156
삼독심(三毒心) 76, 171, 179
삼량(三量) 50, 51
삼론(三論) 87
삼론종(三論宗) 125
삼성설(三性說) 126
삼승(三乘) 15, 25, 151
삼시교판(三時敎判) 131
삼십이상(三十二相) 64
삼십칠조도품(三十七助道品) 64, 96
삼악도(三惡道) 29, 145
삼업(三業) 137
삼장(三藏) 42
삼제(三諦) 27, 112, 124
삼종(三宗) 17, 39, 48, 67
삼종교의(三種敎義) 11
삼종선문(三種禪門) 11
삼지(三止) 125
삼지삼관(三止三觀) 27
삼학(三學) 31, 189

삼현십성(三賢十聖) 136
상(想) 77
상(相) 9, 40, 49, 57
상교(相敎) 15
상근기(上根機) 48
상시교(相始敎) 82
상종(相宗) 57, 91, 122
상주불멸(常住不滅) 93
상즉상입(相卽相入) 134
색계 선정 26
색계(色界) 26, 75
색자재지(色自在地) 174
생멸문(生滅門) 57, 152
생사(生死) 117
서다림(逝多林) 144
서역(西域) 10
석두희천(石頭希遷) 44, 70
선(禪) 17, 21
선교일치(禪敎一致) 30, 32, 150
선근(善根) 13
선나(禪那) 21
선나이행(禪那理行) 21
선리(禪理) 21
선문(禪門) 21, 25, 30
선사(禪師) 43
선심(禪心) 40, 50
선장(禪藏) 9, 21, 42, 141
선정(禪定) 23, 25, 75
선종(禪宗) 11
선행(禪行) 21
聖位 174
설상교(說相敎) 108
성(性) 9, 40, 49, 57
성교(性敎) 15
성기사상(性起思想) 100
성문(聲聞) 147
성사(成事) 168, 170
성성적적(惺惺寂寂) 119

성종(性宗) 10, 12, 57, 111, 122
세족지회(洗足之誨) 65
소견(所見) 87
소승(小乘) 15, 39
소승교(小乘教) 82, 131
소승선(小乘禪) 26
소지장(所知障) 81
속제(俗諦) 113, 124
수(受) 77
수기(授記) 145, 147
수다원과(須陀洹果) 78
수도(修道) 184
수보(受報) 171
수연(隨緣) 55, 153, 170, 174
수증(修證) 43
順性修六波羅密 173
순자(荀子) 11
승만경(勝鬘經) 61, 93, 114
승조(僧肇) 99
시각(始覺) 126, 152, 162
시경(詩經) 16
식(識) 77, 154
식망수심종 85
식망수심종(息妄修心宗) 67, 68
신수(神秀) 83
신해수증(信解修證) 34, 35
실상교(實相教) 147
실상반야(實相般若) 131
심생멸문(心生滅門) 153
심소(心所) 60
심식(心識) 81
심연상(心緣相) 175
심인(心印) 102
심자재지(心自在地) 174
심종(心宗) 32, 189
심지(心地) 21, 93
심지법문품(心地法門品) 23
심진여(心眞如) 175

심진여문(心眞如門) 153
십력(十力) 106
십바라밀(十波羅蜜) 180
십신(十身) 127
십악(十惡) 173
십육관선(十六觀禪) 25
십이문론(十二門論) 87
십이인연(十二因緣) 87, 146
십지(十地) 81, 180
십지(十智) 127
십지론(十地論) 100, 133
십지품(十地品) 113
십팔계(十八界) 87
십현문(十玄門) 134
십회향품(十迴向品) 116

(ㅇ)

아공(我空) 26, 81, 161, 164
아난(阿難) 36, 191
아뇩다라삼먁삼보리 147
아뇩보리(阿耨菩提) 36, 133
아리야식(阿梨耶識) 61, 154, 169
아상(我相) 73
아집(我執) 156, 164
아함경(阿含經) 79
애견(愛見) 31
언교(言敎) 39
언설상(言說相) 175
업(業) 72, 152, 184
업과(業果) 169
업보(業報) 75
업식(業識) 181
업혹(業惑) 75
여래장(如來藏) 23, 60, 93, 169
여래장경(如來藏經) 143
여래출현품(如來出現品) 94, 142
연각(緣覺) 146

연려심(緣慮心) 59, 62
연좌(宴坐) 105
열반경 15, 23
열반경(涅槃經) 15, 17, 117
열반론(涅槃論) 100
염법(染法) 166
염불삼매(念佛三昧) 25
영감광명(靈鑑光明) 118
영락본업경(瓔珞本業經) 125
오교판(五敎判) 82
오도(五道) 76
오사망언(五事妄言) 42
오시교판(五時教判) 131
오십중(悟十重) 17, 158, 179
오온(五蘊) 75, 77, 159
오욕(五欲) 13
오욕락(五欲樂) 13
오장론(五藏論) 59
오장심(五藏心) 59
오해수증문(悟解修證門) 140
오행(五行) 173
오후수증(悟後修證) 158
와륜(臥輪) 190
왕범지(王梵志) 190
외도선(外道禪) 26
요의(了義) 39, 46, 49, 84
용수(龍樹) 10, 42, 89
우두(牛頭) 10
우두법융(牛頭法融) 44, 68, 70, 92
우두선(牛頭禪) 92
우두융(牛頭融) 137
우두종(牛頭宗) 66
우파국다 42
원각(圓覺) 131
원각경 132
원교(圓敎) 12, 16
원성실성(圓成實性) 112, 125

원융무애 49
원이삼점(圓伊三點) 65
원종(圓宗) 83
유(有) 10
유가론(瑜伽論) 191
유루(有漏) 78, 169
유루무루(有漏無漏) 56
유루식(有漏識) 169
유마경(維摩經) 105
유식(唯識) 82
유식관(唯識觀) 81
유식교(唯識敎) 87
유아(有我) 117
육단심(肉團心) 59, 62
육도(六度) 81
육도(六道) 151, 154
육바라밀(六波羅密) 25, 96, 106, 146, 160, 173, 177
육식(六識) 80
육조단경(六祖壇經) 29
율사(律師) 43
응신(應身) 177
응화신(應化身) 107
의무애(義無碍) 113
의타기성(依他起性) 112, 125
이(理) 40
이구청정(離垢淸淨) 92, 99
이승(二乘) 117, 145
이심전심(以心傳心) 43
이십사조(二十四祖) 42
이언(離言) 175
이제(二諦) 112, 124
인과(因果) 26, 34, 43
인상(人相) 73
인천교(人天敎) 131
인천인과교(人天因果敎) 75
일대사인연(一大事因緣) 141
일대시교(一代時敎) 14

일대장경(一大藏經) 50
일법계(一法界) 170, 175
일불승(一佛乘) 142
일성(一性) 15
일승(一乘) 113
일심(一心) 57, 61, 115, 186
일심이문(一心二門) 58
일체지(一切智) 94
일행삼매(一行三昧) 27, 104

(ㅈ)

자리이타(自利利他) 73
자성청정(自性淸淨) 92, 99
자성청정심(自性淸淨心) 93, 104, 114
자성해탈(自性解脫) 99
자연지(自然智) 94
장식(藏識) 23, 60
장식파경교(將識破境敎) 79
적멸(寂滅) 61, 107
적멸정(寂滅定) 148
적묵(寂默) 45
전도망상(顚倒妄想) 70
점(漸) 41, 62
점교(漸敎) 30, 83, 131
점문(漸門) 30, 91, 131
점설(漸說) 140
점수(漸修) 62, 63
점수돈오(漸修頓悟) 135
점수점오(漸修漸悟) 135
점오(漸悟) 63
점오주의(漸悟主義) 66
점종(漸宗) 10
점찰경(占察經) 168
정(定) 21
정각(正覺) 52, 136, 142
정념(正念) 173

정려(靜慮) 21
정명(淨名) 83
정명경(淨名經) 30
정식(情識) 10, 16, 31, 36, 70, 156
정실심(貞實心) 60
정중종(淨衆宗) 66
정혜(定慧) 32
제다가(提多加) 42
제파(提婆) 89
제팔식(第八識) 60
제팔장식(第八藏識) 79
조계(曹溪) 54
조계하택(漕溪荷澤) 83
조식조신(調息調身) 85
종지(宗旨) 39, 65
좌선(坐禪) 83, 105
주례(周禮) 11
주역약례(周易略例) 12
중도제(中道諦) 125
중도제일의제(中道第一義諦) 124
중론(中論) 87, 127
중생심(衆生心) 151, 168
중중무진(重重無盡) 134
중하(中夏) 10
즉심시불(卽心是佛) 122
즉심즉불(卽心卽佛) 43
지견(知見) 10, 73
지견각조(知見覺照) 118
지계(持戒) 75
지공(志公) 190
지관(止觀) 160, 173
지도론(智度論) 87
지혜(智慧) 31
직현심성종(直顯心性宗) 67, 71, 104
진(眞) 10, 12, 23, 26, 174

진공(眞空) 90
진망교철(眞妄交徹) 153
진성(眞性) 23, 72
진성종(眞性宗) 87
진실심(眞實心) 175
진심(眞心) 126, 168
진아(眞我) 117
진여(眞如) 10, 60, 81, 118, 152, 170, 175
진여문(眞如門) 57, 152, 169
진여삼매(眞如三昧) 27
진제(眞諦) 113, 124
진지(眞智) 116
진지(眞知) 116
질다야(質多耶) 60
집기심(集起心) 60, 62
집제(集諦) 78

(ㅊ)

천안(天眼) 95
천태(天台) 10
천태종(天台宗) 125
천태지의(天台智顗) 27
천태지자(天台智者) 45, 68
청변(清辯) 89
청정선(清淨禪) 27
체(體) 120
체공(體空) 168, 175
초발심(初發心) 132, 162
최상승선(最上乘禪) 26
축기돈(逐機頓) 131
칠식(七識) 80

(ㅌ)

탐진치(貪瞋痴) 36, 71

(ㅍ)

파사론(婆沙論) 79
파상(破相) 111
파상교(破相敎) 89, 108, 131
파상종(破相宗) 103
팔부중(八部衆) 33
팔식(八識) 57, 59, 81
팔풍(八風) 183
편공(偏空) 90

(ㅎ)

하근기(下根機) 48
하택(荷澤) 10, 98, 102, 122
하택선(荷澤禪) 100
하택신회(荷澤神會) 44
하택종(荷澤宗) 53, 66, 74
함인(函人) 11
해심밀경(解深密經) 81
해오(解悟) 136
행(行) 77
행주좌와(行住坐臥) 45, 105
현량(現量) 40, 50
현성(顯性) 111
현시진심즉성교(顯示眞心卽性敎) 67, 92, 100, 104, 148
현위(賢位) 173
혜(慧) 21
혜문(慧聞) 190
혜원(慧遠) 190
혜조(慧稠) 45, 68, 190
호법(護法) 89
호월지격(胡越之隔) 30
홍주종(洪州宗) 53, 66, 74
화엄경 34, 136
화엄경(華嚴經) 34, 96, 107, 113, 136, 142

화엄교학(華嚴敎學) 153
화엄종(華嚴宗) 82
화의돈(化儀頓) 131
황정경(黃庭經) 59
회광반조 36
회통 47
회통(會通) 16, 45, 57, 74
회향품(廻向品) 96
흘리타야(紇利陀耶) 59

선원제전집도서

●

초판 발행 | 2000년 1월 20일
초판 3쇄 | 2010년 10월 15일

펴낸이 | 열린마음
풀어쓴이 | 원순

펴낸곳 | 도서출판 법공양
등록 | 1999년 2월 2일·제1-a2441
주소 | 110-170 서울시 종로구 견지동 110-22
대성스카이렉스 102동 403호
전화 | 02-734-9428 · 010-5442-5592
팩스 | 02-6008-7024
이메일 | dharmabooks@chol.com

ⓒ 원순, 2010
ISBN 978-89-950189-9-2

값 15,000원

부처님의 가르침을 올바르게 _ 도서출판 법공양